江苏传统制造业数字化转型的价值生态构建机制研究

———— 王文平 ◎著 ————

东南大学出版社
SOUTHEAST UNIVERSITY PRESS
·南京·

图书在版编目(CIP)数据

江苏传统制造业数字化转型的价值生态构建机制研究 / 王文平著. --南京：东南大学出版社，2024.12
ISBN 978-7-5766-1810-5

Ⅰ. F426.4-39

中国国家版本馆 CIP 数据核字第 2024XG0585 号

责任编辑：罗 杰   责任校对：子雪莲   封面设计：毕 真   责任印制：周荣虎

江苏传统制造业数字化转型的价值生态构建机制研究

Jiangsu Chuantong Zhizaoye Shuzihua Zhuanxing De Jiazhi Shengtai Goujian Jizhi Yanjiu

著　　者	王文平
出版发行	东南大学出版社
出 版 人	白云飞
社　　址	南京市四牌楼 2 号　邮编：210096　电话：025 - 83793330
网　　址	http://www.seupress.com
电子邮箱	press@seupress.com
经　　销	全国各地新华书店
印　　刷	广东虎彩云印刷有限公司
开　　本	700 mm×1000 mm　1/16
印　　张	19
字　　数	367 千字
版　　次	2024 年 12 月第 1 版
印　　次	2024 年 12 月第 1 次印刷
书　　号	ISBN 978 - 7 - 5766 - 1810 - 5
定　　价	68.00 元

本社图书若有印装质量问题，请直接与营销部联系，电话：025 - 83791830。

前言

百年未有之大变局下,制造业既担负当前逆全球化下突破欧美发达国家科技封锁的历史使命,同时也是推动国民经济高质量发展的根本和基础。制造业是一个由各类行业交互作用所形成的动态进化的复杂系统。传统制造业与新兴制造业不是相对概念,传统不仅不意味着落后,而且传统制造业与新兴制造业是一个整体,传统制造业既是孕育新兴行业的载体和基础,同时自身也在突飞猛进的新技术带来的创造性破坏中不断变革和蜕变。

以云计算、大数据、人工智能等为代表的数字技术,正在推动全球产业竞争格局在新一轮科技革命和产业变革中快速重构;数字技术引致的从生产要素、生产方式到组织结构的全方位"创造性毁灭"过程,推动全球传统制造业发展模式深度调整,数字化转型成为各国传统制造业发展的战略选择。江苏作为产值占全国近七分之一的制造业大省,产业规模居全国首位,工业门类齐全,企业类型多样,传统制造业产值占工业总产值超过70%,以徐工集团、中车南京浦镇车辆有限公司等为代表的智能工程机械、轨道交通行业的龙头企业,已成为我国传统制造业转型升级的先行者。但如何突破产业整体数字化转型能力低、转型路径不清晰等瓶颈,是化解江苏传统制造业当前面临的总体增加值率偏低、"低端过剩,高端不足"等系统性问题,推动江苏经济高质量发展的关键。

数字技术作为引领当前科技革命和产业变革的共性基础核心技术,其驱动传统制造业数字化转型的本质,是以数据作为关键核心生产要素,赋能劳动力、资本、土地、技术等传统生产要素及不同主体间的各类连接关系。具体地,数字化转型是通过单个企业内部不同业务单元间、同一产业部门的不同企业间、不同产业部门间等不同层级的关系重构及新关系连接,以及各类要素跨业务单元边界、流程边界和组织边界的流动、聚合,生成各层级主体数字化转型所需的业务单元级、流程级和网络级能力。传统制造业数字化转型的各主体所具有的能力分布(包括能力水平及类型),形成驱动传统制造业通过数字化转型实现新价值创造的根本动力——传统制造业数字化转型的能量。传统制造业数字化转型过程中,各层级主体不断吸聚、配置和利用价值创造要素,突破业务单元边界、流程边界和组织边界,形成上下游供需、横纵向合作与竞争等价值创造关系,实现新价值创造、分享和扩散,最终形成新型价值共创共享有机系统——价值生态。这是产业全新应用场景开发、传统业态转变和新业态衍生,进而创造并获取数字化转型新价值的源泉,也是当前江苏传统制造业数字化转型升级亟待解决的关键问题。因此,本项目针对江苏传统制造业大多处于局部业务单元数字化、单个企业的业务流程数字化阶段的现状,调研分析江苏传统制造业数字化转型及价值生态构建存在的问题,研究面向江苏传统制造业数字化转型的价值生态构建机理、路径及政策体系,具有重要现实意义和应用价值。

为系统性剖析江苏传统制造业数字化转型的价值生态构建机制,探索数字化转型跃迁路径,并提出针对性政策建议和对策措施,本书研究过程如下:在系统综述国内外相关研究基础上,首先从数字化转型要素及关系赋能入手,界定传统制造业数字化转型及能量的概念内涵,分析传统制造业数字化转型价值生态多层级组织结构和转型的过程性特征,将传统制造业数字化转型视为从业务单元级、流程级到网络级的价值生态能级跃迁过程,从而突破现有研究存在的关注企业层面单一、静态价值创造过程的局限;其次,创新性地引入内能、动能和势能概念,基于动能内涵,从"数量""质量""速度"出发,将动能的影响因素分解为数字化转型要素动态吸聚和利用的主体数量规模、投入产出质量和投入产出增长率,基于势能内涵,从产生"相互作用力"的主体类型出发,将势能的影响因素分解为产业部门内、产业部门间数字化转型协同关系,并分别构建传统制造业数字化转型价值生态内能指数、动能分指数和势能分指数,测度各能级能量水平,为定量分析传统制造业数字化转型能量水平变化趋势提供量化分析工具;再次,在此基础上分别构建遗传算法—扩展灰色关联分析模型和边际效应分析模型,针对传统制造业数字化转型关键影响因素的时变性特征,从历史和未来两阶段,识别能级跃迁关键影响因素;从次,基于多

Agent 模型(Multi-Agent Model),仿真分析江苏传统制造业数字化转型价值生态的构建过程,识别从单元级、流程级到网络级数字化转型的临界条件,并结合能级跃迁关键影响因素和临界条件,提出"要素—关系"差异化路径,克服现有相关研究和实践中存在的针对单一时点进行静态分析的局限;最后,将传统制造业数字化转型价值生态划分为数字化赋能子系统、传统制造业要素子系统和传统制造业关系子系统,选取政策控制变量和各子系统变量,分析变量间因果关系,构建江苏传统制造业数字化转型价值生态政策优化系统动力学仿真模型,进而提出江苏传统制造业数字化转型的政策建议和对策措施,不仅为江苏传统制造业数字化转型提供理论支撑,而且对我国其他省份传统制造业数字化转型提供实践参考,具有较高的应用价值。

通过上述研究,主要结论如下:①目前,江苏传统制造业数字化转型主要存在数字化关键核心技术严重依赖进口、复合型数字化人才培养体系有待完善、大中小企业间尚未形成紧密的数字化转型协同关系等突出问题。②2011—2020 年,内能指数总体呈现先波动上升后波动下降的趋势,说明近年来江苏传统制造业数字化转型价值生态的能量水平有所下降,对系统实现能级跃迁未起到有效支撑作用。在数字化转型要素吸聚和利用方面,动能分指数总体呈现先上升后下降再上升的趋势,并且产业部门内数字化转型主体数量规模分指数、产业部门数字化转型要素投入产出质量分指数和产业部门数字化转型要素投入产出增长率分指数的变化趋势与动能指数基本相同,说明江苏传统制造业近年来在价值创造主体数量、价值创造要素投入产出方面建设成效明显。在数字化转型关系构建方面,势能分指数总体呈现波动较大的升降交替变化趋势,并且产业部门内数字化转型协同关系分指数和产业部门间数字化转型协同关系分指数变化趋势与势能指数基本相同,近三年呈现明显下降趋势,说明江苏传统制造业产业部门内部处于不同数字化转型水平的各类大中小企业间以及跨产业部门边界的数字化转型协同关系不够紧密,阻碍江苏传统制造业数字化转型价值生态实现能级跃迁。③江苏传统制造业金属冶炼和压延加工业、通用及专用设备传统制造业、木材加工和家具传统制造业、金属制品业等部分产业部门间基于供应链网络、产业链网络、创新链网络形成的跨产业部门边界的数字化转型协同关系,对 2011—2020 年江苏传统制造业数字化转型价值生态能级跃迁起到较强的正向促进作用;而其他制品和废弃资源综合利用业与其他部分产业部门间的数字化转型协同关系抑制了 2011—2020 年江苏传统制造业数字化转型;金属冶炼和压延加工业、金属制品业、交通运输设备传统制造业、电气机械和器材传统制造业、计算机、通信和其他电子设备传统制造业间数字化转型协同关系,是影响江苏传统制造业数字化转型的未来性关键因素。④在单元级数字化转型阶段,头部企业与中小企业间数字化转型实力差距过大,大多数中小企业由于自身资源基础薄弱而"不能转"。在流程级和网络级阶段,越来越多的中小企业能够参与协同数字化转型,且此时形成的价值生态网络呈现出明显的"核心—边缘"结构。通过单元级、流程级到网络级数字化转型的跃迁,中小企业和头部企业均能实现价值创造水平的提升。特别地,在网络级数字化转型阶段,其系统的价值创造水平呈指数增长。⑤基于历史性关键影响因素、未来性影响因素和临界条件识别,设计能级跃迁差异化路径,具体包含基于多产业部门间数字化转型协同关系赋能、基于产业部门内数字化转型主体数量—数字化要素投入产出增长率赋能、基于多产业部门间—产业部门内数字化转型协同关系赋能、基于多产业部门间—产业部门内数字化转型协同关系—数字化转型要素投入产出质量赋能等四条能级跃迁路径。⑥江苏传统制造业在均衡型为最优情景,即通过加大数字化人才培养、财政支持、金融支持、知识产权保护及新型基础设施建设(简称"新基建")投入的政策组合实施力度,可以实现要素结构和协同关系最优化及价值创造水平最大化。

为构建江苏传统制造业数字化转型价值生态,本书从产业人才培养试点项目政策、产业技术政策、产业财税政策、产业组织政策、产业激励政策等政策类型出发,针对江苏传统制造业数字化转型价值生态构建的最优政策组合,提出以下政策建议:强化复合型数字化人才支撑,落实产业人才培养试点项目政策;面向数字化技术研发及新场景应用,出台产业技术政策;以推动数字化资本多元化吸聚为目标,构建组合式产业财税政策;以形成大中小企业协同价值生态为导向,强化产业组织政策制定;围绕数字化新型基础设施建设,制定资费减免等产业激励政策。在此基础上,本书从江苏传统制造业数字化转型本质出发,围绕构建有机协同价值生态的目标,有针对性地提出以下对策措施:政府主导建设统一的数字化人才标准,提供官方认证服务,建立健全以创新能力、质量、实效、贡献为导向的科技人才评价机制和技能人才评价体系,完善人才价值实现机制,突破行业评价机制;加大对中小企业数字化转型专项资金等投入力度,引导专项资金用于工业传感器、工业软件等数字化共性技术研发与攻关;鼓励江苏省级以下政府相关部门在省级财政补贴的基础上,叠加一定的配套补助;聚焦数字化转型关键共性技术成果保护,政府主导建立"专利池",健全数字化转型知识产权转化机制,通过推进知识产权质押融资、知识产权证券化等方式,加快实现江苏传统制造业数字化技术创新成果市场化进程；发挥灯塔工厂、龙头企业、链主企业的引领带动作用，通过示范引领、标杆输出，强化上下游企业衔接协同，带动更多企业参与数字化转型；支持大中型企业剥离软件开发、系统集成、信息服务等分支机构，成立独立法人实体，提供专业的数字化转型服务；总结复制先进经验和优秀方案，鼓励有实力的行业标杆企业依托自身综合优势，输出典型做法和管理模式，放大"溢出效应"，打造一批示范企业、示范工厂、示范项目，形成更多示范点；通过5G基站、工业互联网平台、数据中心等新型基础设施，营造良好的数字化转型环境，推动实现企业间信息传递和获取，促进江苏传统制造业数字化转型价值生态建设。

目录

第一章 引言 ·· 1
  1.1 研究背景 ······································ 3
  1.2 研究意义 ······································ 4
  1.3 研究内容 ······································ 5
  1.4 研究方法 ······································ 7
  1.5 创新之处 ······································ 9

第二章 传统制造业数字化转型的价值生态构建机制研究综述 ·· 11
  2.1 数字化转型内涵研究现状 ················· 13
  2.2 传统制造业数字化转型研究现状 ········· 14
  2.3 价值生态相关概念研究现状 ··············· 16
  2.4 传统制造业数字化转型的价值生态能级评价研究现状 ·· 18
  2.5 传统制造业数字化转型价值生态政策作用机理相关研究 ·· 20
  2.6 传统制造业数字化转型的政策设计优化相关研究 ·· 21
  2.7 研究述评 ······································ 22

第三章 江苏传统制造业数字化转型及价值生态构建现状调研 ·· 23
  3.1 江苏传统制造业发展概况 ················· 25
    3.1.1 江苏传统制造业部门分类 ··············· 25
    3.1.2 江苏传统制造业发展历程 ··············· 26

3.2 江苏传统制造业数字化转型政策环境现状分析 …………………… 31
    3.2.1 政策梳理及类型划分 ………………………………………… 31
    3.2.2 扩大数字化转型要素投入的推动型政策现状分析 ………… 36
    3.2.3 强化组织间数字化协同关系的拉动型政策现状分析 ……… 38
    3.2.4 江苏传统制造业数字化转型相关政策存在的问题 ………… 39
3.3 江苏传统制造业关键数字化资源分布现状分析 …………………… 42
    3.3.1 装备制造、计算机电子设备、汽车制造等行业的企业数字化转型
        成熟度较高 …………………………………………………… 42
    3.3.2 关键数字化资源主要集中于大型企业 ……………………… 44
    3.3.3 云服务技术应用水平提升空间较大 ………………………… 46
3.4 江苏传统制造业数字化转型协同关系构建现状分析 ……………… 47
    3.4.1 以数字化转型诊断服务为手段,提升"专精特新"中小企业专业化
        水平 …………………………………………………………… 47
    3.4.2 以智能制造示范工厂为引领,形成"一行业一标杆"数字化协同
        布局 …………………………………………………………… 48
    3.4.3 以工业互联网云平台建设为契机,推进"云上"数字化转型生态体
        系形成 ………………………………………………………… 50
3.5 江苏传统制造业数字化转型及价值生态构建存在的问题 ………… 51
    3.5.1 数字化关键核心技术对外依存度高 ………………………… 51
    3.5.2 复合型数字化人才培养体系有待完善 ……………………… 53
    3.5.3 龙头企业和平台型企业的数字化转型引领作用有待提高 … 54
    3.5.4 部分中小企业仍处于"不会转""不敢转"的困境 …………… 55
    3.5.5 大中小企业间尚未形成紧密的数字化转型协同关系 ……… 55

第四章 传统制造业数字化转型的价值生态形成机理分析 …………… 57
4.1 传统制造业数字化转型及价值生态相关概念界定 ………………… 59
4.2 传统制造业数字化转型价值生态能级跃迁内涵界定 ……………… 61
4.3 传统制造业数字化转型价值生态能级跃迁的指数构建 …………… 67
    4.3.1 内能指数构建 ………………………………………………… 68
    4.3.2 动能分指数构建 ……………………………………………… 70
    4.3.3 势能分指数构建 ……………………………………………… 75
4.4 传统制造业数字化转型价值生态能级跃迁关键影响因素识别 …… 77

4.4.1　历史性和未来性关键影响因素内涵界定 …………………… 77
　　4.4.2　基于遗传算法－扩展灰色关联分析模型的能级跃迁历史性关键
　　　　　影响因素识别 ………………………………………………… 78
　　4.4.3　不同干预强度和干预时间下的能级跃迁未来性关键影响因素识
　　　　　别 ……………………………………………………………… 80
4.5　基于多 Agent 模型的传统制造业数字化转型价值生态能级跃迁临界条
　　件识别 …………………………………………………………………… 83
　　4.5.1　模型假设 ……………………………………………………… 83
　　4.5.2　主体属性及参数设计 ………………………………………… 85
　　4.5.3　交互规则设计 ………………………………………………… 87
　　4.5.4　临界条件识别原则 …………………………………………… 89
4.6　不同临界条件下"要素—关系"赋能的能级跃迁差异化路径设计机理
　　…………………………………………………………………………… 90

第五章　江苏传统制造业数字化转型的价值生态能级评价 ……………… 93

5.1　江苏传统制造业产业部门划分及投入产出表补全 ………………… 95
5.2　动能分指数测算及分析 ………………………………………………… 98
　　5.2.1　产业部门内数字化转型主体数量规模分指数测算及分析 …… 98
　　5.2.2　产业部门数字化转型要素投入产出质量分指数测算及分析
　　　　　………………………………………………………………… 100
　　5.2.3　产业部门数字化转型要素投入产出增长率分指数测算及分析
　　　　　………………………………………………………………… 103
5.3　势能分指数测算及分析 ……………………………………………… 105
　　5.3.1　产业部门内数字化转型协同关系分指数测算及分析 ……… 105
　　5.3.2　产业部门间数字化转型协同关系分指数测算及分析 ……… 107
5.4　内能指数测算及分析 ………………………………………………… 113

第六章　基于价值生态能级跃迁的江苏传统制造业数字化转型路径研究
　　………………………………………………………………………… 117

6.1　江苏传统制造业数字化转型价值生态能级跃迁历史性关键影响因素识
　　别 ……………………………………………………………………… 119
6.2　江苏传统制造业数字化转型价值生态能级跃迁未来性关键影响因素识
　　别 ……………………………………………………………………… 123

6.2.1 影响因素及内能指数灰色预测 …………………………………… 123
6.2.2 影响因素边际效应分析及未来性关键影响因素识别 ………… 126
6.3 江苏传统制造业数字化转型价值生态能级跃迁临界条件识别 …… 129
6.3.1 基于多 Agent 的仿真模型设计 ………………………………… 129
6.3.2 临界条件分析 …………………………………………………… 131
6.3.3 基于临界条件的江苏传统制造业数字化转型分析 …………… 136
6.4 基于"要素—关系"赋能的江苏传统制造业数字化转型价值生态能级跃迁差异化路径设计 ……………………………………………… 141

第七章 基于系统动力学的江苏传统制造业数字化转型价值生态构建政策作用机理研究 ……………………………………………………… 149

7.1 传统制造业数字化转型价值生态政策作用分析 …………………… 151
7.1.1 扩大数字化转型要素投入的推动型政策作用分析 …………… 151
7.1.2 强化组织间数字化协同关系的拉动型政策作用分析 ………… 152
7.2 传统制造业数字化转型价值生态政策优化仿真模型构建 ………… 154
7.2.1 建模基础 ………………………………………………………… 155
7.2.2 变量选取 ………………………………………………………… 156
7.2.3 子系统因果关系分析 …………………………………………… 162
7.2.4 流图分析 ………………………………………………………… 166
7.2.5 模型主要方程建立 ……………………………………………… 170
7.3 江苏传统制造业数字化转型价值生态政策优化仿真模型设计与运行分析 ……………………………………………………………… 172
7.3.1 政策优化仿真模型方程设计 …………………………………… 172
7.3.2 政策优化仿真模型检验 ………………………………………… 180
7.3.3 政策优化仿真模型运行 ………………………………………… 184
7.4 江苏传统制造业数字化转型价值生态政策优化仿真分析 ………… 187
7.4.1 基于"要素—关系"的目标情景设计 ………………………… 187
7.4.2 基于正交试验法的政策组合方案设计 ………………………… 191
7.4.3 政策组合方案及目标情景仿真模拟分析 ……………………… 193

第八章 面向江苏传统制造业数字化转型的价值生态构建政策建议和对策措施 ……………………………………………………………… 199

8.1 江苏传统制造业数字化转型价值生态构建政策建议 ……………… 201

8.1.1 强化复合型数字化人才支撑，落实产业人才培养试点项目政策 ································· 201
8.1.2 面向数字化技术研发及新场景应用，出台产业技术政策 ······ 202
8.1.3 以推动数字化资本多元化吸聚为目标，构建组合式产业财税政策 ································· 203
8.1.4 以形成大中小企业协同价值生态为导向，强化产业组织政策制定 ································· 203
8.1.5 围绕数字化新型基础设施建设，制定资费减免等产业激励政策 ································· 204

8.2 江苏传统制造业数字化转型价值生态构建对策措施 ············ 205
8.2.1 完善数字化人才培养体系以提供坚实智力队伍支撑 ········· 205
8.2.2 健全以数字化技术成果为重点的知识产权保护体系 ········· 206
8.2.3 构建数字化转型资金多元化吸聚机制 ············ 206
8.2.4 依托标杆引领促进工程和高端服务平台发挥龙头企业带动作用 ································· 207
8.2.5 加快新型基础设施建设和数字技术应用推广 ········· 208

参考文献 ············ 209

附录 ············ 221
附录A 2011—2020年全国投入产出补全表 ············ 236
附录B 2011—2020年江苏省投入产出补全表 ············ 236
附录C 江苏传统制造业数字化转型价值生态能级跃迁影响因素指标体系 ············ 236
附录D 2011—2020年江苏传统制造业数字化转型价值生态能级跃迁影响因素灰色关联分析结果 ············ 248
附录E 2021—2027年江苏传统制造业数字化转型价值生态能级跃迁影响因素预测结果 ············ 255
附录F 江苏传统制造业数字化转型价值生态能级跃迁影响因素边际效应分析结果 ············ 262

后记 ············ 287

第一章

引言

1.1 研究背景

云计算、物联网、5G 等新一代信息技术的发展和应用,深刻影响并推动全球传统制造业资源配置与组织结构变革,数字化转型成为各国传统制造业发展的战略选择。具体地,美国相继发布《先进制造业伙伴计划 2.0》《美国先进制造业国家战略计划》《工业数字化转型白皮书》等,聚焦前沿技术和先进传统制造业,领跑全球传统制造业数字化转型浪潮;欧盟委员会启动"数字化欧洲工业"计划对德国"工业 4.0"、英国"数字战略"、法国"工业版图计划"等成员国传统制造业数字化转型计划进行统筹和补充;俄罗斯相继发布《2017—2030 年俄罗斯联邦信息社会发展战略》和《俄罗斯联邦数字经济规划》,并计划 2024 年前在智能制造、机器人、智能物流等领域进入全球五强;中国在"十四五"和"双循环"布局下,明确提出要"打造数字经济新优势",并提出"充分发挥海量数据和丰富应用场景优势,促进数字技术与实体经济深度融合,赋能传统产业转型升级"。为此,我国着重部署 5G、工业互联网、数据中心等数字技术基础设施,规定包括智能制造在内的十大数字化应用场景的具体范围,以及实施传统制造业数字化转型行动、智能制造工程、中小企业数字化改造等,以加快传统制造业数字化转型升级。

传统制造业数字化转型的本质是指传统制造业顺应新一轮科技革命和产业变革趋势,不断深化应用云计算、大数据、物联网、人工智能、区块链等新一代信息技术,激发数据要素创新驱动潜能,加速业务优化升级和创新转型,改造提升传统动能,培育发展新动能,创造、传递并获取新价值,实现转型升级和创新发展的过程。在这一过程中,各类价值创造主体不断吸聚、配置和利用价值创造要素,彼此间基于供应链、产业链、创新链等功能网链结构,逐渐形成跨业务单元边界、流程边界和组织边界的价值创造关系,实现价值创造、价值分享和价值扩散,最终形成传统制造业数字化转型的新型价值共创共享有机系统——价值生态,使企业朝着更为复杂的组织水平汇聚,将产业系统推向更高层次发展水平,实现提"能"升"级",创造并获取数字化转型新价值的源泉,这也是数字经济背景下我国传统制造业转型升级亟待解决的关键问题。

改革开放以来,江苏作为制造大省,其传统制造业门类齐全,数字化产业基础扎实,发展位居全国前列。据统计,"十三五"时期,江苏省参与创建的中国软件名城数量位居全国第一,物联网、软件和信息服务等产业集群成功入选全国先进制造业集群,同时获批国家新一代人工智能创新发展试验区和国家级车联网先导建设区等;数字技术不断取得突破与创新,围绕5G、物联网、人工智能、大数据等数字技术重点领域,通过实施产业关键核心技术等重点研发计划,取得了重大技术突破以及一大批原创性成果,例如"神威·太湖之光""昆仑"超级计算机等。然而,丰富的数字化资源尚未为江苏传统制造业数字化转型提供有效支撑,如何突破传统制造业整体数字化转型能力低、转型路径不清晰、"低端过剩、高端不足"等系统性问题,将成为推动江苏经济高质量发展的关键。因此,本书在界定传统制造业数字化转型内涵的基础上,分析其实现过程中的关键影响因素和临界条件,进而基于江苏传统制造业数字化转型实践,设计差异化路径,提出针对性政策建议和对策措施,为我国及江苏传统制造业数字化转型的实现提供具有理论意义和实践意义的现实参考。

1.2 研究意义

在理论层面,首先,本书在价值理论基础上,从数字化转型要素和关系赋能入手,界定传统制造业数字化转型及能量内涵,并充分考虑传统制造业数字化转型价值生态多层级组织结构和多阶段转型特征,将价值生态划分为业务单元级、流程级和网络级三个层级,将传统制造业数字化转型划分为初始级数字化、业务单元级数字化、流程级数字化和网络级数字化四个阶段,从而突破现有研究存在的关注企业层面单一、静态价值创造过程的局限。其次,本书在能级跃迁理论基础上,创新性地引入内能、动能和势能概念,基于动能内涵,从"数量""质量""速度"出发,将动能的影响因素分解为数字化转型要素动态吸聚和利用的主体数量规模、投入产出质量和投入产出增长率;基于势能内涵,从产生"相互作用力"的主体类型出发,将势能影响因素分解为产业部门内、产业部门间数字化转型协同关系,并分别构建传统制造业数字化转型价值生态内能指数、动能分指数和势能分指数,以衡量传统制造业数字化转型价值生态能级跃迁过程中的能量水平,为定量分析传统制造业数字化转型能量水平变化趋势提供量化分析工具。最后,在灰色系统理论基础上,本书拓宽灰色关联分析公理体系,提出扩展灰色关联分析模型,以克服现有模型无法将系统正向关联与负向关联因素纳入同一分析框架的缺陷,并将遗传算法与所提出的扩展灰色关联分析模型相结合,构建了遗传算法—扩展灰色关联分析模型,并基于所构建的模型分析能级跃迁既有过程的促进性和抑制性关键影响因素,揭示数字化转型价值生态能级跃迁的内在机理。

在实践层面,本书以江苏传统制造业为例,首先,根据《国民经济行业分类》和《全国投入产出表》产业部门分类,将江苏传统制造业划分为16个产业部门,并补全2011—2020年《全国投入产出表》和《江苏省投入产出表》,为定量分析江苏传统制造业数字化转型现状填补产业层面的统计数据空白;其次,分别构建遗传算法—扩展灰色关联分析模型和边际效应分析模型,针对传统制造业数字化转型关键影响因素的时变性特征,从历史和未来两阶段,识别能级跃迁关键影响因素,从产业部门层面设计差异化路径,克服现有相关研究和实践中存在的针对单一时点进行静态分析的局限;最后,从"要素—关系"赋能维度,设计江苏传统制造业数字化转型价值生态能级跃迁路径,这是江苏传统制造业数字化转型实践研究的创新,可以为我国传统制造业数字化转型提供实践参考。

1.3 研究内容

本书围绕江苏传统制造业数字化转型的价值生态构建机制研究展开,主要研究内容如下。

(1) 传统制造业数字化转型的价值生态构建机制研究综述。本书针对现有传统制造业数字化转型概念及价值生态内涵和构建机制的相关研究进行系统的归纳与总结,理清当前研究的理论背景与理论演化进程,为后续分析传统制造业数字化转型的价值生态内涵、研究价值生态构建机制等奠定研究基础。

(2) 江苏传统制造业数字化转型及价值生态构建现状调研。本书从江苏传统制造业发展历程出发,分析江苏传统制造业数字化转型的政策环境、关键数字化资源分布和数字化转型协同关系构建现状,识别阻碍江苏传统制造业数字化转型的关键问题,为后续研究江苏传统制造业数字化转型的价值生态构建机制提供实践支持。

(3) 传统制造业数字化转型的价值生态形成机理分析。针对第二章研究述评所提出的现有研究存在的缺少从系统性和过程性视角对传统制造业数字化转型进行内涵界定、缺少传统制造业数字化转型价值生态能级跃迁定量分析工具等问题,本书从数字化转型要素及关系赋能入手,首先界定传统制造业数字化转型及能量内涵,分析传统制造业数字化转型价值生态多层级组织结构和转型的过程性特征,将传统制造业数字化转型视为从业务单元级、流程级到网络级的价值生态能级跃迁过程,并创新性地引入内能、动能和势能概念,基于动能内涵,从"数量""质量""速度"出发,将动能的影响因素分解为数字化转型要素动态吸聚和利用的主体数量规模、投入产出质量和投入产出增长率,基于势能内涵,从产生"相互作用力"的主体类型出发,将势能的影响因素分解为产业部门内、产业部门间数字化转型协同关系,并分别构建传统制造业数字化转型价值生态内能指数、动能分指数和势能分指数,测度各能级能量水平;其次,分别构建遗传算法—扩展灰色关联分析模型和边际效应分析模型,针对传统制造业数字化转型关键影响因素的时变性特征,从历史和未来两阶段,识别能级跃迁关键影响因素;再次,基于多 Agent 模型,识别能级跃迁临界条件;最后,综合能级跃迁关键影响因素和临界条件,分析两类临界条件下的"要素—关系"赋能差异化路径设计机理,为后续能级跃迁关键影响因素识别和差异化路径设计奠定理论基础。

(4) 江苏传统制造业数字化转型的价值生态能级评价。针对第三章江苏传统制造业数字化转型及价值生态构建现状分析提出的数字化关键核心技术严重依赖进口、大中小企业间尚未形成紧密的数字化转型协同关系等突出问题,本书基于构建的传统制造业数字化转型价值生态能级跃迁指数,分别测算 2011—2020 年江苏传统制造业的内能指数、动能分指数和势能分指数,分析当前江苏传统制造业数字化转型价值生态所处的能级水平,为后续设计江苏传统制造业数字化转型路径、制定针对性政策建议和对策措施提供理论基础。

(5) 基于价值生态能级跃迁的江苏传统制造业数字化转型路径研究。本书针对江苏传统制造业数字化转型关键影响因素的时变性特征,首先,基于江苏传统制造业数字化转型价值生态内能指数及各分指数,建立遗传算法—扩展灰色关联分析模型,测算内能指数与具体影响因素的灰色关联度,识别能级跃迁历史性关键影响因素;其次,建立灰色预测模型,预测传统制造业数字化转型价值生态内能指数,开展影响因素边际效应分析,识别能级跃迁未来性关键影响因素;再次,基于多 Agent 模型,识别能级跃迁临界条件;最后,结合能级跃迁历史性、未来性关键影响因素以及临界条件,从数字化转型的要素赋能和关系赋能两个维度,设计差异化路径。

(6) 基于系统动力学的江苏传统制造业数字化转型价值生态构建作用机理研究。本书首先从要素—关系维度,剖析传统制造业数字化转型价值生态的政策作用机理;其次,基于系统动力学理论,构建传统制造业数字化转型价值生态政策优化的系统动力学模型,解析政策与系统运行的相互作用机理;再次,本书以江苏传统制造业为研究对象,进行数字化转型价值生态构建政策仿真研究。具体地,根据劳动生产率增长率、价值生态协同关系强度增长率、GDP 增速三个指标,设计基准型、要素或关系导向型及均衡型等六种目标情景,根据江苏传统制造业数字化转型相关政策规划,设置政策变量的三种执行水平,然后基于正交试验法,选取代表性政策组合方案,仿真分析不同政策组合变动下价值生态价值创造水平的变化情况,挖掘江苏传统制造业数字化转型政策作用点,为后续提出政策建议和对策措施提供依据。

(7) 面向江苏传统制造业数字化转型的价值生态构建政策建议和对策措施。为有效解决第三章提出的江苏传统制造业数字化转型政策实施存在的数字化人才培养与引进的配套政策制定较为滞后、产业技术政策未能有效提升数字技术支撑能力、产业链政策缺乏操作性实施细则等问题,根据第六章基于价值生态能级跃迁的转型路径设计及第七章江苏传统制造业数字化转型价值生态构建政策仿真结果,本书从江苏传统制造业数字化转型的本质出发,围绕扩大数字化转型要素投入,强化组织间数字化协同关系,构建有机协同的价值生态等目标,一方面从补贴、奖励、税收减免、试点项目等政策类型出发,针对江苏传统制造业数字化转型价值生态构建的最优政策组合,制定具体的政策建议;另一方面,从数字化人才培养、数字化资金吸聚、数字化知识产权保护、企业数字化协同、数字化技术创新和应用推广等方面提出针对性的对策措施,为江苏传统制造业数字化转型价值生态构建提供实践支撑。

本书共包含 8 章,分别为第一章引言;第二章,传统制造业数字化转型的价值生态构建机制研究综述;第三章,江苏传统制造业数字化转型及价值生态构建现状调研;第四章,传统制造业数字化转型的价值生态形成机理分析;第五章,江苏传统制造业数字化转型的价值生态能级评价;第六章,基于价值生态能级跃迁的江苏传统制造业数字化转型路径研究;第七章,基于系统动力学的江苏传统制造业数字化转型价值生态构建政策作用机理研究;第八章,面向江苏传统制造业数字化转型的价值生态构建政策建议和对策措施。本书结构框架如图 1-1 所示。

1.4 研究方法

本书综合运用定性和定量研究方法,具体如下。

(1) 文献研究法。一方面,本书系统综述现有传统制造业数字化转型价值生

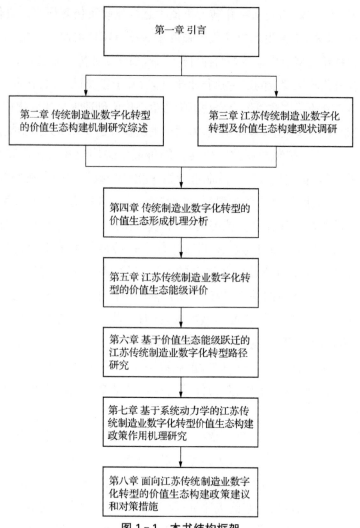

图 1-1 本书结构框架

态能级跃迁相关研究成果。具体地，对价值生态内涵、传统制造业数字化转型、传统制造业数字化转型价值生态能级跃迁机理等相关领域文献资料进行搜集、整理及系统综述。另一方面，本书结合《2020数字中国指数报告》《数字生态指数2021》《2021中国数字经济产业发展指数报告》等对于传统制造业数字化转型的评价框架及指标，构建传统制造业数字化转型价值生态能级跃迁影响因素指标体系。

（2）实证研究法。本书通过《中国科技统计年鉴》《中国统计年鉴》《江苏统计年鉴》等统计年鉴和《全国投入产出表》《江苏省投入产出表》、中央及地方政府公报等收集相关数据,测算 2011—2020 年江苏传统制造业数字化转型价值生态内能指数、各个影响因素的灰色关联系数和灰色关联度,识别促进性、抑制性关键影响因素。具体地,通过实证研究方法,系统分析江苏传统制造业数字化转型价值生态能级跃迁现状与能量水平变化趋势,明确当前江苏传统制造业数字化转型存在的主要问题,为分析江苏传统制造业数字化转型现状、识别存在问题提供理论支撑。

(3)建模仿真法。在对江苏传统制造业数字化转型价值生态能级评价的实证研究基础上,本书采取建模仿真方法,以江苏传统制造业数字化转型价值生态构建为目标,设计江苏传统制造业数字化转型价值生态能级跃迁差异化路径及政策组合。具体地,将江苏传统制造业作为一个复杂协作系统,通过模拟不同干预强度和干预时间下各个影响因素的边际效应,进而仿真干预后的江苏传统制造业数字化转型价值生态内能指数的发展变化情况,以此识别边际效应高的影响因素;基于多 Agent 模型,仿真分析传统制造业数字化转型价值生态从业务单元级数字化到流程级数字化再到网络级数字化的阶段性演变过程,识别能级跃迁临界条件,为不同阶段的跃迁路径设计提供理论支撑。同时,构建江苏传统制造业数字化转型价值生态政策优化的系统动力学模型,进行政策仿真研究。具体地,根据劳动生产率增长率、价值生态协同关系强度增长率、GDP 增速三个指标,设计基准型、要素或关系导向型及均衡型等六种目标情景,根据江苏传统制造业数字化转型相关政策规划,设置政策变量的三种执行水平,然后基于正交试验法,选取代表性政策组合方案,仿真分析不同政策组合变动下价值生态价值创造水平的变化情况,挖掘江苏传统制造业数字化转型政策作用点,为后续提出政策建议和对策措施提供依据。

1.5 创新之处

本书创新之处如下。

(1)本书在价值理论基础上,从数字化转型要素及关系赋能入手,界定传统制造业数字化转型及能量内涵,分析传统制造业数字化转型价值生态多层级组织结构和多阶段转型特征,将传统制造业数字化转型视为从业务单元级、流程级到网络级的价值生态能级跃迁过程,从而突破现有研究存在的关注企业层面单一、静态价值创造过程的局限。

(2)本书创新性地引入内能、动能和势能概念,基于动能内涵,从"数量""质量""速度"出发,将动能的影响因素分解为数字化转型要素动态吸聚和利用的主体数量规模、投入产出质量和投入产出增长率;基于势能内涵,从产生"相互作用力"的主体类型出发,将势能影响因素分解为产业部门内、产业部门间数字化转型协同关系,并分别构建传统制造业数字化转型价值生态内能指数、动能分指数和势能分指数,衡量能级跃迁过程中价值生态各类能量水平,为定量分析传统制造业数字化转型能量水平变化趋势提供量化分析工具。

(3) 在开展江苏实践研究时,针对传统制造业数字化转型关键影响因素的时变性特征,本书从历史和未来两阶段,识别能级跃迁关键影响因素,同时基于多Agent模型动态仿真分析江苏传统制造业数字化转型价值生态从单元级、流程级到网络级数字化转型的动态过程和临界条件,进而从产业部门层面设计差异化路径,克服现有相关研究和实践中存在的针对单一时点进行静态分析的局限。

(4) 将传统数字化转型价值生态划分为数字化赋能子系统、传统制造业要素子系统和传统制造业关系子系统,选取人才培养投入因子、财政支持因子、金融支持因子、税率影响因子、知识产权保护因子、新基建投入因子、产业链协作支持因子作为政策控制变量,选取信息与通信技术(Information and Communication Technology,ICT)产业从业人员数量、ICT产业研发投入、ICT技术水平、新基建完善程度、ICT产业产值作为数字化赋能子系统变量,选取传统制造业从业人员数量、传统制造业数字化专业人才数量、传统制造业数字化转型经费投入、政府科技投资、金融机构贷款、传统制造业企业自身经费投入、传统制造业有效发明专利数量、传统生产要素结构优化程度、传统制造业产品开发数量、传统制造业产值作为传统制造业要素子系统变量,选取传统制造业企业内业务数字化集成程度、传统制造业产业部门内数字化转型协同程度、传统制造业产业部门间数字化转型协同程度、数据信息流通性、传统制造业数字化转型价值生态协同关系强度作为传统制造业关系子系统变量,分析变量间因果关系,进而构建江苏传统制造业数字化转型价值生态政策优化系统动力学仿真模型,为面向江苏省传统制造业数字化转型价值生态政策优化系统动力学模型的检验、运行与仿真奠定模型基础。

(5) 设计基准型、要素或关系导向型及均衡型等六种目标情景,基于系统动力学仿真模型,识别出江苏传统制造业在均衡型为最优情景,即通过加大数字化人才培养、财政支持、金融支持、知识产权保护及新基建投入的政策组合实施力度,可以实现要素结构和协同关系最优化及价值创造水平最大化,为制定江苏传统制造业数字化转型对策措施提供理论基础。

第二章

传统制造业数字化转型的价值生态构建机制研究综述

为把握传统制造业数字化转型的价值生态构建机制相关领域研究现状,本章对现有传统制造业数字化转型概念、价值生态内涵和构建机制等相关研究进行系统的归纳与总结,理清当前研究的理论背景与理论演化进程,为后续分析传统制造业数字化转型的价值生态内涵、研究价值生态构建机制等奠定研究基础。

2.1 数字化转型内涵研究现状

随着数字经济的蓬勃发展,数字化转型成为国内外学者研究的热点话题,国内外众多学者从数字化转型主体、数字技术范畴、数字化转型效果等不同角度对数字化转型的概念内涵进行阐述,不同学者之间的观点存在一定的差异性和共通性[1]。Coile 在基于数字技术的互联网医疗商业模式研究中,创新性地提出"数字化转型"一词[2]。在数字化转型主体方面,有学者从微观视角出发,认为企业是执行数字化转型的主体。Vial 和 Gobble 等认为数字化转型是指利用数字技术重新组合现有业务,并从根本上实现企业组织特性的变革,包括业务流程、产品服务以及商业模式等,进而实现提质降本增效、改善企业绩效的目标,这成为企业获得竞争优势和公司差异化的一种方式[3-4]。也有学者聚焦宏观视角,认为数字化转型是一种社会层面的行为,应将国家、市场作为研究主体,数字技术应用成为主流的商业逻辑,社会各主体应充分利用数字技术带来的机遇,推动市场、产业发生深刻变化,促进改善产业绩效和区域经济发展[5]。Vial 将数字化转型定义为通过信息技术、云计算、通信和连接技术的组合和集成,从而引起实体属性发生重大变化,进而改进实体的过程,其中实体不仅局限于企业组织层面,还包括社会和产业[3]。Chanias 等提出数字化转型是一种基于互联网、信息技术、大数据等数字技术支撑的整体业务转型,它同时带动组织和行业发生巨大的经济和技术变革[6]。

在数字技术范畴,学者们围绕哪些技术属于数字化转型范畴开展研究。Chanias 等认为数字化只是信息技术变革的升级,基于信息化技术实现的转型可以认定为数字化转型[6]。Hess 等则认为数字化转型必须依靠新一代数字技术[7],但对于其具体涵盖范围尚未达成一致,目前普遍认可的是 Sebastian 等将新一代数字技术涵盖内容总结为 SMACIT,即社交技术、移动技术、分析技术、云技术和物联网技术[8]。目前,我国也有学者认为数字技术包括信息技术、大数据以及互联网技术[9]等,这与我国后来对于数字技术范畴逐渐形成的广泛共识有相似之处,即 T/

AIITRE 10001—2020《数字化转型 参考架构》提出的数字化转型需要深化应用以云计算、物联网、大数据、人工智能等为代表的新一代信息技术。

对于数字化转型效果,从微观企业层面研究数字化转型的学者们认为数字化转型可以推动企业业务模式创新和重塑、组织架构变革等[10];而聚焦于宏观视角研究数字化转型的学者则认为通过数字化转型可以显著推动产业发展[11],提高社会生活质量和促进区域经济发展[12]。

在此基础上,部分学者强调协同数字化转型的重要性,基于已有的转型主体、转型工具、转型范围以及转型结果方面的数字化转型定义,将协同数字化转型作为关键视角,将数字化转型定义为企业通过信息、计算、通信和连接等数字技术,进行全面协同转型,最终实现业务的数字化改造,从而建立生产和经营竞争优势,产生生态、产业和社会效应的过程[13]。此外,除学术界以外,一些行业的权威机构也对数字化转型的内涵做了不同的界定,例如:中关村信息技术和实体经济融合发展联盟(以下简称"中信联")发布的《数字化转型 参考架构》将数字化转型定义为运用新一代数字信息技术,充分利用数据要素等数字化资源,激发创新潜力,实现数字经济时代新的生存与发展,加快业务的优化与重组,创造、传递、获取新价值,进而完成转型升级与创新发展的过程[14]。

2.2 传统制造业数字化转型研究现状

进入数字化、信息化、智能化时代,越来越多的学者将数字化转型作为传统制造业摆脱粗放式发展模式、激活新发展动能的重要手段,传统制造业数字化转型也因此成为热点研究话题。产业是由提供同类属性产品或服务的企业的集合,其数字化转型也是以企业数字化转型为底层逻辑和微观基础,进而实现从微观到宏观的涌现过程[5]。对于传统制造业企业数字化转型,早在20世纪90年代就有学者认为IT技术实现企业转型有5个阶段,即局部应用、内部集成、业务流程、经营网络和经营范围的重新设计[15]。而近年来,随着信息技术的进步,其在促进传统制造业企业节约成本、提质增效等方面有积极作用[16]。也有学者指出,传统制造业企业数字化转型是利用信息技术对研发设计、加工制造、物流和销售等环节进行全方位渗透融合,以实现企业价值重塑与价值创造[17]。还有学者从组织变革视角研究,通过搭建产业链生态协同平台、推广数字驱动柔性生产模式、培养导向型与应用实践型人才等路径来实现传统制造业企业数字化转型[18]。

而产业数字化转型虽然以企业数字化转型为基础,但也绝非只是简单地通过企业层面技术或商业模式变革的叠加,其演化机理在于,单个企业数字化转型造成产业内的竞争加速和优胜劣汰,促进了整个产业运作和价值创造方式的变革,最终推动了产业和经济社会的全面改造[19]。有学者指出,在数字经济背景下,数字技术赋能传统制造业转型升级,并成为传统制造业发展新动能[20],即随着大数据等技术的指数性增长、原有产业链条和格局的解构、生产要素和生产关系的重新组合,新兴产业生态与发展模式不断涌现[21]。也有学者指出,针对现有产业集群,按垂直领域整体加快实现传统制造业全方位、全链条的数字化改造与转型升级[22]。

另外,部分学者在研究传统制造业数字化转型的过程中,从数字化转型要素和关系视角强调数字技术的赋能作用。在数字化转型要素赋能维度,王树祥等认为知识经济时代,知识要素(数据要素)与其他生产要素相结合的复合生产要素成为企业价值创造的重要源泉。企业价值创造从要素型发展到关系型,又从关系型发展到结构型的过程中,物质性生产要素实现了向知识性生产要素的升级,企业生产方式实现了向信息化、网络化与全球化的转变,价值创造源泉从有形物质拓宽到了无形资源,价值创造方式从实体经营拓展到了虚拟运营,价值创造空间从企业内部延伸到了企业外部[23]。刘平峰等构建新的数字化生产函数,提出数字技术通过赋能传统生产要素,例如数字技术与传统劳动要素结合成新型劳动力(机器人),实现传统行业新价值的创造[24]。孔存玉等认为传统制造业数字化转型是"技术—经济"范式变革在制造领域的深化与应用,是现代信息技术对传统制造业的要素结构、生产方式、组织结构以及价值来源的根本性变革。我国传统制造业数字化转型的困境本质上是企业层面数字化转型能力、产业层面数字化支撑能力和多元主体数字化协同能力不足以及整体层面开放共享不充分的表现[17]。严子淳等认为"数据"已经被作为一种新的生产要素,将成为国家、区域和产业稳固核心竞争力的重要基础。数据的价值不只体现在销售、生产、财务管理等单一环节,更体现在对全业务、全流程信息网和价值链的联通[25]。曾可昕等认为以数字商务为表现形式的新一代信息技术,能驱动产业集群沿着要素配置效率提升、要素共享平台构建、协同网络形成、数字生态圈演进的路径实现数字化转型[26]。王谦等认为数字技术开拓了生产要素的交流范围,重置了资源要素的地位与序列,许多原本重要的生产要素如土地、原材料等的重要性地位下降,而数据、智力、信息、云空间(虚拟空间)等要素崭露头角,成为新经济的主要依托。数据要素融合传统生产要素,激发了管理、知识等生产要素的潜能,推动传统要素的价值增值[27]。

在数字化转型关系赋能维度,伴随着产业数字化转型进程的加速,整个生态系统都会实现数字化,并能快速响应市场变化,且支持利益相关方的自动协调与跨界合作[28]。在微观层面,以网络效应理论、协同理论、价值创造理论、开放式创新理论、服务主导逻辑理论和双边市场理论等为基础,Mithas 等通过实证分析,研究了产业竞争环境、数字化战略与企业实现数字化商业价值创造之间的关系[29];吴群提出传统企业的数字化转型的本质是利用互联网等数字技术对企业进行改造,即将数字技术应用到企业生产、销售、物流、产品创新等各个环节中,让数字技术为我国传统制造业的转型升级提供有效的支撑[30]。在中观层面,Esposito 等和 Song 等充分证明了数字化转型能够促进产业间相互融合并影响产业结构的改变[31-32];李春发等认为数字经济对产业链上的资源配置方式、分工组织机理与价值分配形态带来巨大冲击,驱使制造企业的生产组织管理、合作分工逻辑与产业链价值地位发生变革,进而推动传统制造业产业链发生重构[33];李煜华等认为数字设施搭建、数字技术跃迁是推动先进传统制造业数字化转型的主要力量,管理模式变革、生产流程改进是先进传统制造业数字化转型活动的必要空间,行业发展水平、企业竞争压力是先进传统制造业数字化转型萌芽的重要基础[34]。

此外,部分学者从新能力构建的视角,对传统制造业数字化转型进行了研究,例如:Sousa-Zomer 等提出数字化转型能力的微观基础,将数字化转型能力划分为数字素养、数字化强度以及数字化行动与交互的条件三个层级[35];还有学者采用探索性案例研究方法,提出"数字感知能力—数字获取能力—数字化转型能力"的数字化转型动态能力演进过程[36]。

2.3 价值生态相关概念研究现状

价值生态的提出体现了价值理论从线性和网状的研究模式向系统性研究模式的转变。迈克尔·波特首次提出价值链概念,并认为每一个企业都是由设计、生产、营销、交货及对产品起辅助作用等各种相互分离的价值创造活动所构成的集合,这些分布于不同企业的价值创造活动共同组成价值链[37]。随着全球竞争加剧及新技术的应用,波特提出的静态线性的价值创造模式已无法解释更为复杂的经济现象,因此,Normann 等、Rayport 等和 Brandenburger 等学者相继提出价值星系、虚拟价值链和价值网等概念[38-40],使得价值理论的研究从静态线性的模式,逐步向动态非线性及系统性的模式转变。Hearn等在前人的研究基础之上,首次提出价值生态,并认为价值生态强调了系统成员间竞争和合作的网络关系,能够帮助理解价值产生和创造过程,为从演化的角度分析价值形成提供了有效途径[41]。

在价值生态内涵研究方面,现有研究主要从微观层面,根据价值创造主体的构成,对价值生态内涵进行界定。孙野认为价值生态是由平台企业、围绕平台所产生的价值群落、平台加以整合的社会资源,以及其内外部环境等要素所共同构成的一种全新的组织形态[42];李震认为价值生态是中枢企业、价值群落和周边环境之间形成互惠共生、共创共享的良性循环,是具备生态系统特征的新型产业组织[43];苏昕等认为制造企业、生产性服务企业、顾客、科研服务机构、金融服务机构、行业机构、地方政府及其他利益相关者依据自身价值主张,进行资源和服务交换,共同担任服务型制造价值共创的参与主体[44]。

在价值生态结构特征研究方面,董必荣认为企业外部价值网络体系由企业与其外部的顾客、供应商、合作企业等共同形成,其通过与其他企业间的交易、合作等方式间接获取利益,彼此之间的资源联系和价值往来是企业外部价值网络体系的核心[45];贾湖等认为集群作为一个复杂适应系统,其内部企业与其他企业以及服务性机构间发生着不间断的交互作用,促使系统内部物质流、信息流和价值的有效流动,呈现出复杂系统的涌现性与数量关系的非线性[46];金帆认为价值生态具有层级特征,各层级的种群或个体可以相互转化,这种转化既可以自发实现,也可以在中枢企业的引导下实现,并将价值生态演化过程分为幼儿期、成长期和成熟期阶段[47];孙野认为价值生态的核心位置由中枢企业占据,其作用并非斥巨资建设硬件设施,而是更多地像神经中枢一样,以组织、协调和寻找数据等方式手段充分对顾客信息和社会资源加以分析利用,从根本上设计系统运行规则,维护系统整体运转,从而促进整个价值生态不断成长壮大,拓展现有价值空间,寻找新的价值空间[42];孙国民以战略新兴产业为对象,认为产业生态系统中存在基于价值链理论的产业与要素间、产业与产业间的耦合关系[48];许其彬等认为价值生态核心系统中的价值要素才是系统序参量,其决定系统的协同演化,而子系统的物资、人力资源、工具、知识、技术、信息等要素都是在一定程度、一定阶段和一定区域上发挥作用,是系统的控制变量,而价值生态中的链接机制是价值生态机制,不同主体之间通过价值生态动态的协同机制形成有机整体,对多主体进行整合的动力是对价值的追求[49];余东华等从微观、中观和宏观三个层面分析产业链群生态体系的构成要素,微观层面包含处于不同生态位的企业、具有不同偏好的消费者、具有讨价还价能力的供应商、生产替代品的竞争者和其他风险承担者,中观层面包含链式产业组织和群落产业组织,宏观层面包含产业发展的支撑因素与外部环境等构成的产业赖以生存和发展的有机系统[50]。

2.4 传统制造业数字化转型的价值生态能级评价研究现状

现有将能级跃迁理论引入传统制造业数字化转型的研究,主要分为微观轨道能级跃迁和宏观系统能级跃迁两方面。在微观轨道能级跃迁方面,张洪军首先提出"生态轨道理论",并认为生物体在其生存时空范围内具有自己特定的生态轨道,通过轨道区间存在的场强进行物质交换、能量流动和信息传递,不同生态轨道上的生命体各自有其确定的能量,具有一系列分立的能量值,每一个这样的能量值称为能级[51]。李晟璐在量子隐喻视域下,分析数字经济时代文化产业技术轨道的跃迁机制,并将产业技术轨道跃迁分为萌芽期、发展期、成熟期和衰退期[52]。在宏观系统能级跃迁方面,Haken认为从演化的观点来看,产业系统处在不断演化发展的过程中,是一个不断分化、生长和重组的过程。当产业系统能量的累积达到一定程度时,随机"涨落"力在临界点处将系统内某一微小涨落放大成为巨涨落,使能量朝着更为复杂的组织水平汇聚,促使该产业领域选择更能适应产业环境的结构或运行模式,将产业系统推向更高层次的发展水平[53]。Laszlo基于对工业社会到信息化社会的系统演进的整体认知,认为产业系统的演化发展过程可看作是一系列的"分叉点"跃迁到更高阶段水平的一个不连续发展进程[54-55]。熊惠平基于"能级"最本源的物理学内涵,经过微观粒子系统、物质系统两次内涵扩展,认为"能"是指传统制造业整体或某具体产业部门在某时点上所蕴含的能量,"级"是指传统制造业与其他产业之间、传统制造业内部各具体产业部门之间、具体产业部门内部各环节之间的内在联系[56]。张铁男等引入能级跃迁的相关理论对组织知识创造的过程进行研究,试图通过建立知识创造的能级跃迁模型分析知识创造成果呈阶段性跳跃的原因,解释知识创造量变的规律特征,揭示不同种类的知识在知识创造过程中作用的变化[57]。张立超等认为产业作为一个由劳动力、土地、物质资本、自然资源等初级要素和包括技术、知识、信息等在内的高级要素构成的复杂系统,其系统演化是在技术、制度、市场等因素的交互催化、互相强化的作用下,向更高层次的组织水平的跃进行为,其过程体现了演进发展中的不确定性、创造性和临界性。此外,他们建立产业温度的概念。温度是表示物体冷热程度的物理量,物体在获得能量的作用后,系统的温度将会升高,粒子的热运动加剧,彼此之间发生激烈的碰撞,同时发生结构改变的几率也将相应增大。产业温度主要表征产业领域投资、生产、研发的热度,其引入将有利于刻画产业内各企业的运动轨迹与活跃程度。当产业温度升高时,大量的企业聚集于该轨道上进行研发生产活动,被激发到高能态的企业数量日益增多,当处于高能态的企业数量达到一定临界阈值(跃迁点)时,就易发生产业系统的能级跃迁现象[58]。可星等从技术渐进式创新、技术突破视角出发,描述产业系统能级跃迁现象,并认为产业系统能级跃迁是伴随着技术轨道从路径依赖低位态到路径依赖高位态再到路径突破高位态,不断向更高层次水平跃进的行为[59]。

传统制造业数字化转型价值生态跃迁的能量水平测度相关指标、模型等有待剖析,现有研究大多基于能值理论对农业生态系统进行能值测度。裴雪以太阳能值为标准,从投入产出角度定量测算2001—2010年哈尔滨农业生态系统能值[60]。王玲等认为能值分析是以能质作为衡量尺度,借助能值转换率,将生态环境系统或社会经济系统中不同类、不同质的能量转换为统一标准尺度的能值来衡量和分析,并将系统中的各种生态流(能物流、货币流、人口流和信息流)形成以能值为锚点的链接,得出一系列能值的综合指标,以定量分析系统的结构功能特征、经济效益以及该系统的可持续性的综合分析方法。生态系统价值按照生态学价值和经济学价值重新分类为生态系统资源功能价值和生态系统生态服务价值。生态系统资源功能价值主要指生态系统资源的供给价值,包括食物、原材料以及能源资源等,这方面的价值为社会提供直接价值,维持社会的运转。生态系统生态服务价值主要指生态系统的社会和环境生态功能价值,包括生态系统的文化价值、生态价值及环境支持价值等,这方面的价值为人类社会提供间接价值,为社会经济提供一个健康的发展环境,提高人类的生存质量[61]。伏润民等基于拓展的能值模型(生态服务功能价值模型、生态资源稀缺价值模型和生态价值自身消费模型)测算生态功能区的生态外溢价值(包含生态服务功能价值、生态资源稀缺价值和生态价值自身消费)[62]。

2.5 传统制造业数字化转型价值生态政策作用机理相关研究

在研究传统制造业数字化转型过程中,国内外有不少学者侧重于从政府视角出发,基于不同研究视角探析政府政策对传统制造业数字化转型的影响作用或者政策绩效等,取得了丰富的研究成果。

有学者认为在传统制造业数字化转型过程中,政府主要通过有目的性的鼓励、扶持和保障政策扮演重要的规划、引领、促进和指导角色[63],通过出台相应的干预或扶持政策,有效推动产业发展与转型升级[64]。有学者通过对比美德英法等国传统制造业的智能化转型政策,发现其共同点在于聚焦关键领域加大技术研发支持、基础设施建设投入、财税政策鼓励、标准体系建设等政策倾斜力度[65]。有学者指出美国创新性地融合立法、财税和服务等政策,已形成了针对萌芽、先进和成熟等不同阶段传统制造业互动互联、协同增效的创新支持政策体系[66]。欧盟通过增加市场准入、改善融资渠道等多项措施鼓励中小企业实现数字化转型以及可持续发展[67]。也有学者通过对比美德中三国推进传统制造业发展的政策举措发现,需要通过规划、经费支持等充分发挥政府政策的引导激励作用,通过完善贸易规则和知识产权保护细则等保护传统制造业发展[68]。

针对我国传统制造业数字化转型,有学者指出,我国中央—地方已形成跨越单个职能部门边界的纵向层级耦合的传统制造业数字化转型政策体系,主要利用人才、资本、知识产权等领域的政策工具,致力于促进传统制造业信息化改造和创新能力提升[69]。有学者在信息化背景下,基于宏观和微观两层面的政策目标以及产学研合作、人才培养、知识产权、财政补贴、税收优惠和金融支持等六种政策手段,构建出我国传统制造业绿色创新政策体系[70]。有学者以我国海洋工程装备传统制造业为例,系统梳理相关政策,发现我国目前主要通过人才培养、信息支持、基础设施建设、资金投入、宏观规划等政策手段促进产业的自主创新和产业结构优化[71]。也有学者以装备传统制造业为对象探索技术创新政策机理,认为可以通过政府财政、技术创新税收减免等激励型政策,公共服务、产业政策等引导型政策,技术创新服务机构建设等协调型政策共同促进装备传统制造业技术创新[72]。也有学者探索战略性贸易政策对传统制造业技术创新、产业结构优化产生的积极推动作用[73]。还有学者认为构建系统性的政策环境能够整体促进传统制造业智能化、数字化发展,提高其在全球范围内的竞争力[74]。还有学者指出企业数字化创新离不开政策介入,在需求侧通过表明市场需求动向和在供给侧通过基础数字设施建设,可以为企业提供降低风险、增加配套、关联协同等附加值[75]。

2.6 传统制造业数字化转型的政策设计优化相关研究

目前,有不少学者致力于研究关于传统制造业的政策优化相关问题,主要集中于传统制造业转型升级和高质量发展等方面,取得了一定的研究成果。有学者针对我国传统制造业企业盈利能力下降、供应链上下游的利润挤压效应等矛盾,研究发现费用、增值税、土地类税等是最显著的成本影响因素,并据此提出政策优化路径,即精准对接融资需求,细化融资政策,针对不同规模企业的情况,相应地扩大税收抵扣的范围和比例[76]。也有学者针对京津冀地区产业发展现状探索未来的产业政策优化路径,即要不断优化政策制定程序、政策要实现功能性转型和跨区域协同联动以及向推动产业融合发展的政策倾斜[77]。还有学者针对目前我国传统制造业发展面临的税收负担等严峻形势,认为需通过增值税改革、政策组合拳等方式优化税收政策,营造良好营商环境,以推动传统制造业产业发展[78]。

虽然聚焦到传统制造业数字化转型的相关政策优化分析较少,但目前我国也有部分学者在此领域做出了创新性的研究。有学者指出我国传统制造业呈现信息化、服务化的特征,现行的部分标准体系、金融财税政策等已不再适应制造产业智能化发展的要求,因此亟需加快形成与传统制造业智能化发展相适配的政策体系[79]。也有学者指出在《中国制造2025》背景下,我国需要完善财政支出和补贴、税收优惠等财税政策,加大对传统制造业数字化、高端化发展的政策扶持力度[80]。也有学者认为产业政策、科技政策和财政政策有助于促进传统制造业信息化发展,但盲目提升政策强度也会存在政策边际效益递减的问题,因此要根据区域和数字化发展阶段实施适度和差异性政策措施[81]。还有学者构建"政策工具—产业集群"的政策框架,通过对比中美德日四国的智能制造产业集群政策,提出我国的政策优化建议,即利用需求侧政策工具强化市场需求、优化集群环境、注重集群网络化建设等[82]。还有学者利用系统动力学方法研究装备传统制造业智能化转型升级的影响要素,认为在维持技术引进、产学研合作程度现有水平的基础上,通过人才政策、资本政策等加大对人才建设、设备投入的支持力度,能有效地促进装备传统制造业智能化转型升级[83]。

2.7 研究述评

综上,现有的关于传统制造业数字化转型的价值生态构建机制的研究具有一定的借鉴作用,但需进一步深化与拓展。

首先,现有研究大都基于价值理论和企业能力理论,从企业或产业等单一层面探讨传统制造业数字化转型的机制与路径,忽略了传统制造业数字化转型价值生态的多层级组织结构特征和传统制造业数字化转型的过程性特征,亟须从系统性和过程性视角,挖掘数字化转型各个阶段下,传统制造业数字化转型价值生态构建不同层级和阶段的差异化特征,进而分析其实现数字化转型的内在机理。

其次,目前从系统层面对传统制造业数字化转型价值生态能级跃迁的定量研究较少,且目前基于能值理论对农业价值生态能量水平的测算主要是将各类能量统一转换为太阳能,并不适用于传统制造业价值生态能量水平的定量研究,亟须针对传统制造业产业特征,建立一种有效量化分析工具。

最后,在传统制造业数字化转型价值生态的政策调控和优化等方面,现有研究大多侧重于分析某种单一政策或者某几种政策对传统制造业转型升级或者产业发展的影响,且较多地以装备传统制造业等单一产业为研究对象,进而提出相对应的政策建议。而对广大传统制造业的研究较少,将其数字化转型生态系统作为分析对象的研究更为缺乏,不同政策组合之间的综合效果分析也有待进行更深入细致的研究。

因此,本书拟调研分析江苏传统制造业数字化转型及价值生态构建存在的问题,研究面向江苏传统制造业数字化转型的价值生态构建机理、路径及政策体系,为我国传统制造业数字化转型提供实践参考,具有重要现实意义和应用价值。

第三章

江苏传统制造业数字化转型及价值生态构建现状调研

江苏作为制造大省，其传统制造业门类齐全，发展位居全国前列。"十三五"时期，江苏物联网、软件和信息服务等产业集群成功入选全国先进制造业集群。围绕5G、物联网、人工智能、大数据等数字技术重点领域，江苏省数字技术不断取得突破与创新，通过实施产业关键核心技术等重点研发计划，取得了重大技术突破以及一大批原创性成果。然而，丰富的数字化资源尚未为江苏传统制造业数字化转型提供有效支撑，仍存在传统制造业整体数字化转型能力低、转型路径不清晰、"低端过剩、高端不足"等系统性问题，如何突破将成为推动江苏经济高质量发展的关键。因此，本章从江苏传统制造业发展历程出发，分析江苏传统制造业数字化转型的政策环境、关键数字化资源分布和数字化转型协同关系构建现状，识别阻碍江苏传统制造业数字化转型的关键问题，为后续研究江苏传统制造业数字化转型的价值生态构建机制提供实践支持。

3.1 江苏传统制造业发展概况

3.1.1 江苏传统制造业部门分类

纵观江苏传统制造业发展历程，江苏传统制造业从新中国成立初期开始发展，改革开放之后，经历了由非农化发展的乡镇企业逐渐向高新技术产业的转变。而传统制造业作为隶属于制造业的一个分类范畴，目前并没有一个严格、统一的概念界定，是相对于高新技术产业或先进传统制造业而言提出的一个相对宽泛的概念。在江苏传统制造业长期发展历程中，江苏传统制造业也逐渐形成了区别于高新技术产业的典型特征，主要体现为大部分是劳动密集型或者资本密集型，且使用传统、通用技术为主要生产手段，生产效率较为低下的加工制造产业。因此，本书根据中华人民共和国国家统计局 2017 年发布的《国民经济行业分类》(GB/T 4754—2017)，将农副食品加工业，橡胶和塑料制品业，食品传统制造业，非金属矿物制品业，酒、饮料和精制茶传统制造业，金属制品业，烟草制品业等行业划入江苏传统制造业范畴，具体行业门类如表 3-1 所示。

表 3-1 江苏传统制造业产业部门具体分类

门类	行业名称	门类	行业名称
C13	农副食品加工业	C29	橡胶和塑料制品业
C14	食品传统制造业	C30	非金属矿物制品业
C15	酒、饮料和精制茶传统制造业	C33	金属制品业
C16	烟草制品业	C34	通用设备传统制造业
C17	纺织业	C35	专用设备传统制造业
C18	纺织服装、服饰业	C36	汽车传统制造业
C19	皮革、毛皮、羽毛及其制品和制鞋业	C37	铁路、船舶、航空航天和其他交通运输设备传统制造业
C20	木材加工和木、竹、藤、棕、草制品业	C38	电气机械和器材传统制造业
C21	家具传统制造业	C40	仪器仪表传统制造业
C22	造纸和纸制品业	C41	其他传统制造业
C23	印刷和记录媒介复制业	C42	废弃资源综合利用业
C24	文教、工美、体育和娱乐用品传统制造业	C43	金属制品、机械和设备修理业
C26	化学原料和化学制品传统制造业		

3.1.2 江苏传统制造业发展历程

江苏历来重视发展以传统制造业为主体的实体经济,雄厚的产业基础支撑江苏成为我国制造大省。据统计,江苏传统制造业规模自 2013 年起连续 8 年居全国第一。截止到 2020 年底,江苏传统制造业产值占全国传统制造业总产值比重为 13%,有力地支撑了全省实体经济发展,同时强大的省域经济也奠定了江苏融入长三角一体化的雄厚动力基础。而纵观改革开放以来江苏传统制造业的发展历程,其发展模式也在不断变化。

从新中国成立初期到改革开放前,江苏经济发展主要依赖于农业发展,江苏传统制造业处于初创期。改革开放以后,江苏响应国家号召,在大力推广家庭联产承包责任制的同时,大规模发展乡镇企业。以乡镇经济为载体,江苏的传统制造业门类日益健全,产业规模显著增加,同时形成了以乡镇企业为代表的"苏南模式"这一典型发展模式。该模式由费孝通在 20 世纪 80 年代初率先提出,是江苏所特有的一种经济发展模式——在集体经济基础上发展乡镇企业,并逐渐形成先工业化再市场化的发展路径,通过乡镇企业规模的不断扩张,实现传统制造业企业的初步发展。在这一阶段,江苏主要发展机械、纺织、化学、食品和建材等工业。根据《江苏统计年鉴1985》的统计数据,江苏传统制造业总产值中排名前三的分别是机械工业、纺织工业与化学工业,占据份额分别是30.09%、24.90%、12.30%,同时集中在苏州、无锡、常州等地。

随着改革开放的深入,在20世纪90年代,江苏部分地区发展重心开始由传统制造产业向高新技术产业转移,借助高新技术产业园、经济开发区等平台,开始大力发展中小型高科技企业,形成了以中小高新技术制造上市公司为特征的"江阴模式"。同时,在这段期间内,江苏积极推行外商投资拉动型增长模式,形成了以外资企业投资高新技术产品为主的"昆山模式",极大提高了企业的管理水平、生产工艺和科技含量等,有效实现了江苏传统制造业"质"的提升。

2007年之后,江苏传统制造业企业尤其是民营传统制造业企业,开始新一轮"量"与"质"并重的转型发展。传统行业龙头企业为进一步夯实行业地位,不断向产业链上下游环节延伸。同时在2011年,江苏积极响应国家提出的传统制造业应迈向高端的政策要求,加紧实施传统制造业创新驱动战略,出台《江苏省"十二五"培育和发展战略性新兴产业规划》等政策。基于此,江苏高端装备传统制造业,新一代信息技术和软件、新材料、新能源等战略性新兴产业发展迅猛,并逐步形成了以产业集聚为主要表现形式的先进传统制造业集聚区。

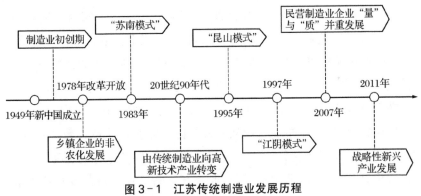

图3-1 江苏传统制造业发展历程

江苏作为经济强省和制造大省,其地区生产总值和传统制造业产值始终呈现较高增长态势,如图3-2所示。统计资料显示,2010—2020年间,江苏省地区生产总值、第二产业产值以及传统制造业产值均呈逐年递增之势。从整体层面来看,江苏省地区生产总值自2010年到2020年已从41 425.48亿元增长至102 718.98亿元,并成功突破了十万亿元大关。与此同时,传统制造业产值在第二产业产值中占据非常大的比重。2010年至2020年间,传统制造业产值占第二产业产值比重均在80%以上,是江苏省工业经济的主体,对促进江苏第二产业以及经济发展起到举足轻重的作用。

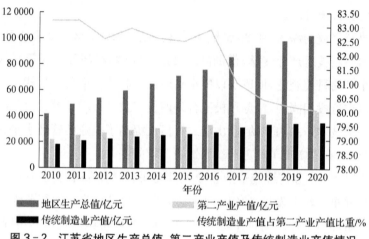

图3-2 江苏省地区生产总值、第二产业产值及传统制造业产值情况

此外,江苏传统制造业企业发展状况良好,规模以上传统制造业企业单位数整体呈平稳增长态势。如图3-3和3-4所示,江苏省规模以上制造业企业单位数从2011年至2020年实现了由42 832家增长到49 280家,其中江苏省规模以上传统制造业企业单位数也从2011年至2020年实现了由36 354家增长到42 567家,且江苏省规模以上制造业企业单位数占江苏省规模以上工业企业单位数比重均在98%以上,江苏省规模以上传统制造业企业单位数占制造业的比重均在80%以上。与此同时,江苏省规模以上工业企业从业人数呈现出逐年递减的趋势,其中规模以上制造业从业人数也从2011年的1 062.05万人减少到2020年的838.27万人,但是江苏省规模以上制造业企业从业人数占工业企业从业人数比重均在97%以上,其中,江苏规模以上传统制造业企业从业人数占制造业的比重均在70%以上。可以看出,江苏省是制造大省,制造业是江苏省工业经济的支柱产业和主体,体量巨大。同时,在江苏省制造业中,传统制造业占据一定的比重,并且有效吸收了江苏省工业经济的劳动力,为居民的就业提供了重要途径,也是江苏省经济发展的主要动力和源泉。

江苏省制造业是江苏工业化发展的支柱产业,对于提高江苏省生产力、促进经济发展发挥着重要作用。而在江苏制造业中,传统制造业又占据较大比重,其发展状况在很大程度上促进或制约着江苏整体的传统制造业发展。目前,江苏传统制

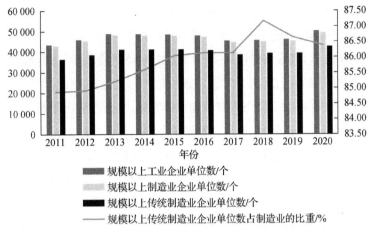

图 3-3　2011—2020 年江苏省规模以上传统制造业及传统制造业企业单位数情况

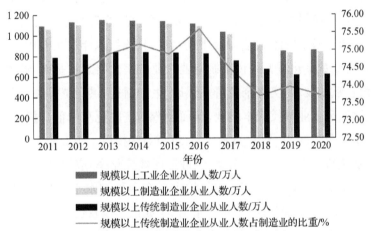

图 3-4　2011—2020 年江苏省规模以上传统制造业及传统制造业企业从业人员情况

造业仍存在创新能力较弱、产品附加值低等固有弊端。江苏统计年鉴数据显示,江苏规模以上工业企业中传统制造业企业研发经费支出占比从 2015 年的 74.5% 逐年下降到 2020 年的 69.9%,阻碍了江苏传统制造业企业创新能力的增强,制约着江苏产业和经济高质量发展。面对快速工业化带来的环境和资源压力,江苏这个传统制造业大省正在经历显而易见的"转型之痛"。

与此同时,以互联网、大数据和人工智能等为代表的新一代信息技术蓬勃发展,我国数字经济始终保持蓬勃发展态势。统计数据显示,2020 年我国数字经济规模达 39.2 万亿元,数字经济体量仅次于美国,位居世界第二;同时数字经济占国内生产总值(Gross Domestic Product,GDP)比重为 38.6%,对推动我国经济高质量发展的作用愈发提升。而自改革开放以来,江苏凭借自身独特的地理区位优势和丰富的劳动力资源,形成了多层次对外开放格局和较为完备的产业体系,支撑江苏成为全国经济强省,其数字经济保持较快发展,总体规模稳步扩张,地位愈发凸显。据江苏政府报告,2020年江苏省数字经济规模超4万亿元,位居全国第二,占GDP比重超过4成。且江苏省数字经济内部结构持续优化,产业数字化逐渐占据主导地位,产业数字化规模超过2万亿元,以良好发展的态势推动江苏社会和经济高质量发展。数字经济成为推动新旧动能转换的主要动力,在此背景下,顺应变革趋势进行传统制造业的数字化转型是江苏省传统制造业高质量发展的重要着力点和必然选择。

从数字化转型的发展进程来看,江苏省高度重视传统制造业数字化转型的推进,积极推动全省传统制造业加快向数字技术与传统制造业深度融合发展阶段迈进,并且取得了良好的成效。如图3-5所示,中华人民共和国工业和信息化部(以下简称"工信部")统计数据显示,2021年第四季度江苏省两化融合发展水平指数达64.8,明显高于全国两化融合发展平均水平,且连续六年位居全国第一。此外,传统制造业企业数字化转型是传统制造业产业数字化转型的基础,通过投入数字化工具和设备赋能技术,实现企业研发设计、生产制造、供应链等关键环节的数字化改造,能够实现企业提质降本增效,从而创造和获取更高价值。据工信部统计,截至2021年第四季度,如图3-5所示,江苏全省规模以上工业企业的生产设备数字化率、数字化研发设计工具普及率、关键工序数控化率、应用电子商务比例分别达到58.4%、87.9%、60.1%、76.2%,均远超全国平均水平。此外,在被评定的29 867家企业中,处于起步建设、单项覆盖、集成提升以及创新突破的企业比例分别为5.2%、62.4%、24.8%、7.6%,企业数字化转型主要集中在后三个阶段,结构优于全国平均水平。

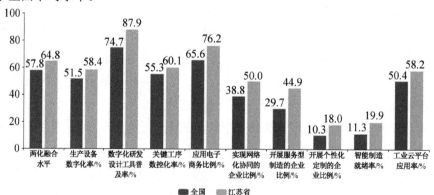

图3-5 2021年第四季度江苏和我国两化融合水平对比

3.2 江苏传统制造业数字化转型政策环境现状分析

3.2.1 政策梳理及类型划分

江苏省高度重视传统制造业的数字化转型,相继出台了一系列政策,旨在通过政策牵引作用,营造良好的数字化转型环境,推动传统制造业向数字化、智能化发展。而随着政策数量的日益积累、涵盖范围的逐步扩大,有必要系统性地梳理江苏现行有效的推进传统制造业数字化转型的相关政策文本,以及对相关政策类型进行划分,这是对政策作用方式和政策调控效果进行评估和优化的切入点。

1)政策文本梳理

为提高江苏传统制造业数字化转型政策梳理结果的有效性和代表性,本书一方面按照如下原则,对江苏现行有效的推进传统制造业数字化转型的相关政策文本进行系统筛选:(1)考虑到市级及以下政府部门基本遵循省级部门政策指导,因此,本书仅针对江苏省级政府部门发布的政策文本中涉及传统制造业数字化转型相关的纲领性内容和具体措施进行统计,以保证更加直观、全面地反映省级政府部门政策的选择倾向;(2)政策主题应与传统制造业数字化转型密切相关,具体包括传统制造业数字化、信息化、智能制造、工业互联网、两化融合等;(3)本书仅选择通知、办法、意见、规划、计划等政策类型,其他类型诸如函、答复、讲话等暂不统计。基于上述原则,本书基于江苏省人民政府、江苏省工业和信息化厅(以下简称"工信厅")、北大法宝等官方权威网站渠道,对江苏省现有推进传统制造业数字化转型的相关政策文本进行梳理,最终得到31份符合本书筛选原则的政策文本,如表3-2所示。

表3-2 江苏省传统制造业数字化转型相关政策一览表

序号	政策文本名称	时间	发文单位
1	《关于全省制造业信息化示范工程的实施意见》	1999年8月	省科委
2	关于印发《江苏省"十一五"制造业信息化示范工程实施方案》的通知	2007年2月	科技厅
3	关于认真做好全省"两化"融合水平评估试点工作的通知	2012年5月	经信委

序号	政策文本名称	时间	发文单位
4	关于实施江苏省企业信息化与工业化深度融合"百千万"工程的意见	2012年5月	经信委
5	省经济和信息化委 省财政厅关于组织2014年度省工业和信息产业转型升级专项引导资金项目的通知	2014年8月	经信委、财政厅
6	关于发布江苏省两化融合发展水平报告(2014)的通知	2014年10月	经信委
7	省政府关于加快推进"互联网+"行动的实施意见	2016年3月	省政府
8	关于印发《江苏省推进"互联网+小微企业"行动计划》的通知	2016年6月	经信委
9	关于推进制造业与互联网融合发展的实施意见	2016年12月	办公厅
10	省政府关于加快发展先进制造业振兴实体经济若干政策措施的意见	2017年3月	省政府
11	江苏省"十三五"智能制造发展规划	2017年5月	办公厅
12	关于印发《制造业"双创"平台建设三年行动计划》的通知	2017年12月	工信厅
13	省政府关于加快培育先进制造业集群的指导意见	2018年6月	省政府
14	关于印发江苏省智能制造示范工厂建设三年行动计划(2018—2020年)的通知	2018年6月	经信委
15	关于组织实施江苏省工业互联网创新发展"365"工程的通知	2018年7月	经信委
16	关于印发《江苏省智能制造示范区培育实施方案(试行)》的通知	2018年11月	工信厅
17	关于印发《江苏省智能制造领军服务机构遴选培育实施方案(试行)》的通知	2018年11月	工信厅
18	关于印发江苏省落实工业互联网APP培育工程实施方案(2018—2020年)推进计划的通知	2019年1月	工信厅
19	工业和信息化部关于加快培育共享制造新模式新业态 促进制造业高质量发展的指导意见	2019年10月	工信厅
20	关于组织实施江苏省工业互联网应用提档升级专项行动的通知	2020年4月	工信厅
21	转发工信部《中小企业数字化赋能专项行动方案》	2020年4月	工信厅
22	关于组织实施全省工业互联网解决方案应用推广工作的通知	2020年4月	工信厅
23	关于印发《江苏工业互联网平台"强链拓市"专项行动方案》的通知	2020年5月	工信厅
24	关于组织实施江苏省工业互联网加速器工程的通知	2020年5月	工信厅

续表

序号	政策文本名称	时间	发文单位
25	江苏省加快推进工业互联网创新发展三年行动计划（2021—2023年）	2020年11月	工信厅
26	关于推进服务型制造赋能制造业高质量发展的实施意见	2020年12月	工信厅
27	省政府办公厅关于深入推进数字经济发展的意见	2020年10月	办公厅
28	江苏省"十四五"制造业高质量发展规划	2021年8月	办公厅
29	江苏省"十四五"数字经济发展规划	2021年8月	办公厅
30	江苏省制造业智能化改造和数字化转型三年行动计划（2022—2024年）	2021年12月	办公厅
31	关于实施数字技能提升行动服务数字经济强省战略的指导意见	2022年2月	省人资社保厅等联合

另一方面，基于筛选结果，本书对江苏省传统制造业数字化转型相关政策文本进行描述性统计分析，如图3-6所示。结果显示，江苏省传统制造业数字化转型相关政策发布数量整体呈现波动增长态势，且明显以2015年为分界线。在此之前，数字化转型相关政策发文数量较少，而在2015年之后，相关政策发文数量呈快速增加态势，并于2020年达到统计年限中政策发文数量峰值(8个)。其原因可能是，2015年我国制定了首个制造强国战略十年行动纲领——《中国制造2025》，开始全面推进传统制造业转型发展，因此，江苏省政府为与国家战略部署保持高度一致，推进江苏传统制造业智能化、数字化的高质量发展，从2015年开始，加大传统制造业数字化转型相关政策调控力度，陆续发布《江苏省"十四五"制造业高质量发展规划》等政策。

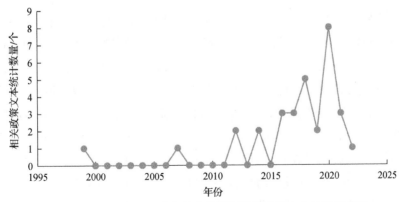

图3-6 江苏省传统制造业数字化转型相关政策文本统计数量图

同时,在江苏省传统制造业数字化转型政策梳理过程中,笔者发现不同时期政策主题存在差异。具体地,2015 年之前,政策大多聚焦于传统制造业信息化、两化融合等主题,且相关政策发布数量较少,其中统计到的最早现行有效的政策是 1999 年 8 月省科委印发的《关于全省制造业信息化示范工程的实施意见》。自 2015 年国务院印发了《国务院关于积极推进"互联网+"行动的指导意见》这一纲领性文件后,相关政策主题变成以"互联网+"为主,致力于通过将传统制造业与互联网融合促进产业转型升级。2017 年之后,随着工业互联网的大力发展,政策更多侧重于智能制造、工业互联网、数字化等主题,政策数量显著增加,直到 2020 年达到峰值,说明这一时期江苏省政府大力支持基于工业互联网促进传统制造业智能化、数字化转型的政策导向。

2) 基于"要素—关系"的政策类型划分

传统制造业数字化转型的本质是在数字技术引领下,传统制造业生产要素和生产关系发生系统性变革。具体地,传统制造业数字化转型是指基于数字技术赋能,优化劳动力、资本、技术等要素的投入和配置,依托数字平台,实现传统制造业由单个企业数字化业务集成向跨企业、跨产业数字化协作的方向变革,进而促进传统制造业价值创造水平最大化的过程。这一过程中,政府通过有目的性的鼓励、扶持和保障政策,发挥政策引导与支持作用,有效推动传统制造业数字化转型和发展。因此,为深入分析江苏传统制造业数字化转型相关政策的作用点和作用方式,本书在参考现有政策类型划分方法的基础上,基于 3.1.2 相关政策梳理结果,划分江苏传统制造业数字化转型政策类型,明确各类型政策措施中针对江苏传统制造业数字化转型的具体作用点和作用方式[69]。

产业政策是现阶段政府推动实现产业转型升级与创新发展的重要抓手[84],其是政府为实现经济社会发展而干预产业活动的各种政策的总称[85]。现有产业政策相关研究中,部分学者按照政策目标、生产要素、作用方向等不同维度进行划分[86]。具体地,按照政策目标可以划分为产业结构、布局、组织政策;按照生产要素可以划分为产业金融、资源、技术政策;按照作用方向可以划分为产业扶持、规范、抑制政策等。但是政策类别与作用也存在一定的交叉重复,如产业结构政策主要通过主导产业选择、战略产业扶持、衰退产业撤让、幼小产业保护等方式,调整产业关系并促进产业结构优化,而这与产业扶持、规范、抑制政策存在一定的重复,也没有充分体现政策的着力点和作用方式。

因此,本书基于传统制造业数字化转型本质,并借鉴产业政策划分相关研究,从数字化转型的要素和关系两个维度,将传统制造业数字化转型相关政策划分为扩大数字化转型要素投入的推动型政策以及强化组织间数字化协同关系的拉动型政策。其中,扩大数字化转型要素投入的推动型政策是指通过政策保障传统制造业数字化转型要素的稳定投入,包括产业技术政策、金融财税政策和产业资源政策等;强化组织间数字化协同关系的拉动型政策表现为,通过政策促进传统制造业企业内、跨企业、跨产业数字化转型协同关系,包括产业结构政策、产业组织政策和产业布局政策等。基于此,本书将表3-2中江苏省现行的传统制造业相关数字化转型政策进行拆分与归类,详细分析政策的作用方式,结果如表3-3所示。

表3-3 江苏省传统制造业数字化转型政策分类及具体举措

政策类别	政策子类别	具体举措
扩大数字化转型要素投入的推动型政策	产业技术政策	围绕工业软件、智能硬件、数控系统等领域部署关键核心技术研发计划;支持数字技术对智能制造生产线进行智能化改造等
		加大数字技术创新成果的知识产权侵权惩治力度,提高法定赔偿上限;建立知识产权保护机制,加快数字技术创新成果转移转化等
	金融财税政策	省级财政设立专项资金;鼓励地方在省级补助基础上叠加配套补助;设立传统制造业转型升级基金;制定重点产业技术改造投资指南;探索社会资本多渠道投入机制;资金支持向中小企业数字化转型倾斜等
		加大传统制造业中长期贷款的力度;贴息、风险补偿等降低传统制造业融资成本;融资租赁享受同等财政政策;为"专精特新"企业开设金融绿色通道等
		将数字化转型费用纳入研发费用并加计扣除;进行增值税改革;扩大抵扣范围;首台(套)重大技术装备保险补偿等
	产业资源政策	搭建数字化转型人才智库平台;依托工业互联网平台实训基地强化职业教育,培养"工匠型"人才;引进国际"顶尖型"人才和团队;完善适合数字化转型需求的人事和薪酬制度、技术入股和期权等激励机制等
		实施5G基站、工业互联网等新型基础设施提升工程;加快传统制造业企业内网改造和外网建设;加快"双千兆"网络覆盖重点产业集群;推进工业互联网平台建设工程,形成综合型、特色型、专业型工业互联网平台生态体系;实施传统制造业数据中心、产业创新中心等服务平台支撑能力提升工程等

续表

政策类别	政策子类别	具体举措
强化组织间数字化协同关系的拉动型政策	产业结构政策	聚焦钢铁、化工、纺织等优势传统产业优先实现高端化、智能化发展等
	产业组织政策	实施龙头骨干企业引领工程(认定龙头企业智能制造示范工厂和车间、工业互联网标杆工厂等);实施中小企业数字化转型推进工程(中小企业"上云上平台"等);培育生态主导型产业链"链主"企业,搭建重点产业链协作平台,推动产业链数字化协作;面向产业链上下游企业建设产业数字化转型促进中心;培育数字化产业生态等。
	产业布局政策	依地区的产业优势建设产业数字产业园区、工业园区、特色基地;打造国际先进的产业集群等

注:具体举措为根据 3.2.1 统计的 31 份政策文本梳理拆分所得。

3.2.2 扩大数字化转型要素投入的推动型政策现状分析

在江苏传统制造业数字化转型过程中,政府通过相应的政策引导,扩大传统制造业数字化转型要素投入,具体包括人才培养政策、金融财税政策、产业技术政策、新基建政策等,以保证江苏传统制造业数字化转型的顺利开展。

江苏省政府通过建立健全人才培养和引进政策体系,营造数字化转型引才、聚才、用才的良好氛围,为江苏传统制造业数字化转型提供数字化专业人才支撑。江苏省高度重视数字化专业人才培养,支持江苏各大高校与数字化转型服务机构、工业互联网平台商、传统制造业企业等联合开展数字化转型相关学科专业建设,支持校企合作共建现代产业学院、实习基地,构建产教融合人才培养体系,培养传统制造业数字化转型卓越工程师及青年科技人才;支持数字化转型人才培训公共服务平台建设,如江苏省人社部和工信部门联合建立"数字工匠"培育库,定期发布数字技能类职业就业、培训、岗位需求等信息。同时,江苏省重视数字化专业人才引进,如搭建数字化转型人才智库平台等高水平人才创新载体,聚焦"高精尖缺"引进数字化转型领域的战略科学家、科技领军人才和创新团队,通过薪酬、技术入股和期权等激励政策对符合条件的人才予以奖励。

江苏省政府通过加大财税资金政策支持力度,保证江苏传统制造业数字化转型充足的资金投入。数字化转型是一项复杂的系统工程,需要在软硬件购买、系统运维、设备升级等方面持续投入大量时间和资金。因此,江苏省财政部门每年安排 12 亿元专项资金支持传统制造业企业进行数字化转型,并鼓励省级以下政府部门在省级财政补助基础上继续叠加一定的配套补助,同时对符合条件的制造企业进口智能设备免税、将数字化转型费用纳入企业研发费用加计扣除等措施给予支持。具体地,江苏省工信厅和税务局联合发布的《制造业"智化数改"研发费用加计扣除政策执行指引》,明确了数字化转型费用加计扣除范围和口径等内容,引导江苏制造企业能够充分享受税收优惠政策,进一步激励企业加大数字化转型投入。

江苏省政府通过创新金融服务方式,拓宽了江苏传统制造业数字化转型融资渠道。江苏政府通过建立政银合作机制,为"专精特新"企业开设了金融绿色通道;鼓励制造企业通过融资租赁方式开展数字化转型,并享受同等财政政策;鼓励省内不同地区设立不同规模的风险补偿专项资金池;对使用金融机构"数字贷"等金融产品的传统制造业企业予以贷款贴息,对发放"数字贷"等用于传统制造业数字化转型金融产品的金融机构予以风险补偿。同时,江苏政府不断引导金融机构加大传统制造业中长期贷款的力度,并实现较好的成效。据江苏银保监局统计,截止到2021年底,江苏省传统制造业中长期贷款余额7 787亿元,同比增长39.77%;同时江苏省内金融机构工业企业技术改造升级项目贷款余额为2 061亿元,同比增长了21.74%,助力传统制造业数字化转型。

江苏省政府通过产业技术政策,强化数字技术对传统制造业数字化转型的技术支撑。传统制造业数字化转型的核心要义在于数字技术与传统制造业的深度融合,数字化转型过程必然离不开数字技术的赋能,因此江苏通过针对性的技术政策,强化数字技术对传统制造业数字化转型的技术支撑,具体包括围绕传统制造业的数字化转型需求,开展工业软件、智能硬件等领域的技术攻关与应用推广,部署重大技术研发计划与项目等;支持企业研制高端数控机床、工业机器人等数字化智能制造装备并加以应用,以实现企业关键工序、生产线等的数字化改造,以及智能工厂、智能车间的数字化建设。

5G基站、工业互联网平台、大数据中心等新型基础设施建设,为传统制造业提供技术与平台支撑,在一定程度上成为推动传统制造业数字化转型的先决条件。江苏省正在加快5G网络建设,目标在2024年底建成22.5万座5G基站;积极实施工业互联网平台建设工程,以形成综合型、特色型、专业型工业互联网平台生态体系;鼓励打造省级以上重点工业互联网平台,并支持在工业制造领域开展"5G+工业互联网"建设,打造国家级"5G+工业互联网"融合应用先导区。同时,江苏省组织制造企业与网络运营商对接,实现传统制造业企业内网改造;加快"双千兆"网络覆盖重点产业集群聚集区域,推动制造企业外网建设。此外,江苏省加快实施传统制造业数据中心、产业创新中心等服务平台支撑能力提升工程等,目前已建成了南通国际数据中心产业园等国家级数据类产业示范基地。江苏省通过加大新型基础设施建设力度,有效促进传统制造业数字化转型。

3.2.3 强化组织间数字化协同关系的拉动型政策现状分析

对江苏传统制造业而言,仅实现单个企业内部生产线数字化等局部改造,无法获得传统制造业整体价值创造的最大效益,而只有通过企业、产业部门等组织间的协同数字化转型,才能实现跨企业、跨产业部门的资源共享、分险共担,进而实现数字化转型价值创造水平的最大化。因此,江苏政府也通过制定产业结构政策、产业组织政策、产业布局政策等,强化传统制造业跨企业、跨产业部门的数字化转型协同关系。

聚焦江苏重点优势产业,优先实现智能化、网络化、数字化发展。江苏省在《江苏省"十四五"制造业高质量发展规划》中指出,聚焦新兴领域,以高端化、智能化为发展方向,打造6个综合实力国际领先、10个综合实力国内领先的先进制造业集群,其中包括工程机械、化工、材料、纺织、装备制造等江苏传统优势产业,实现数字化转型资源的重点配置与政策倾斜,如实施"一业一策""一群一策",支持重点行业数字化转型实施方案、路线图的制定与研究;支持在产业集群中建设数字化转型促进中心,为集群内传统制造业企业提供数字化转型诊断评估、规划设计、培训指导、政策指引、解决方案等服务功能。

通过产业链政策,提升重点产业链数字化水平。江苏省出台的《江苏省"产业强链"三年行动计划(2021—2023年)》指出,通过实施产业链"智改数转"升级工程,到2023年,江苏要培育50条重点产业链,做强其中30条优势产业链,以及实现10条产业链卓越提升,包括特高压设备、起重机、品牌服装、高技术船舶、轨道交通装备等江苏传统制造业。具体地,搭建促进产业链上下游企业数字化协同的产业链协作平台,鼓励行业有实力的龙头骨干企业成为产业链"链主"企业,并基于平台带动产业链上下游企业数字化协作和精准对接;鼓励重点产业链上的核心企业利用工业互联网平台,建立工业互联网标杆应用示范项目等;鼓励产业链上的中小微型企业利用工业互联网平台实现"上云上平台",并围绕龙头企业数字化转型相关需求提升协作配套水平,全面提升江苏重点产业链的数字化水平。

因地制宜发挥产业优势,形成彰显江苏区域特色的产业新格局。目前,江苏省形成了沿江、沿海和苏北三大区域协同发展的产业格局,支持苏锡常、宁镇扬等沿江地区协同培育新材料、高端装备、高技术船舶等重点传统制造业产业链和产业集群;支持南通、盐城、连云港等沿海城市大力发展海洋工程装备、海洋药物和生物制品、海水淡化装备、高技术船舶等产业,以及化工、钢铁等临港产业;支持苏北地区推动石化、轻工、建材等重点产业加快数字化转型升级。同时,江苏省将开发区、产业聚集区、产业园区等作为产业链和集群发展的核心载体,实现整体的数字化管理,如遴选优质数字化转型服务商,为园区内中小制造企业开展数字化转型诊断服务等,促进了园区整体数字化转型水平的提升,从而带动了整个产业链及产业集群的数字化转型。

3.2.4　江苏传统制造业数字化转型相关政策存在的问题

基于3.2.2和3.2.3江苏传统制造业数字化转型政策制定现状分析笔者发现,江苏省各部门十分重视传统制造业的数字化转型,并出台一系列政策措施:通过强化人才支撑、加大财政支持、创新金融服务等多种方式,加大数字化人才、资本等数字化转型要素投入;针对传统制造业缺乏生态化有机协同等问题,制定促进产业链数字化协作的政策,开展产业链数字化提升工程等。但是,目前,江苏省现有的关于传统制造业数字化转型的扶持政策仍存在一定的不足,具体包括数字化人才培养与引进的配套政策制定较为滞后、大中小企业难以享受同等财税金融政策红利、产业技术政策未能有效提升数字技术支撑能力、产业链政策缺乏操作性实施细则等,严重阻碍江苏传统制造业实现数字化转型。

1) 数字化人才培养与引进的配套政策制定较为滞后

数字化人才是传统制造业数字化转型的基础和关键。虽然江苏省已经以企业数字化转型为重点,精准开展数字化人才培训,实施数字技能提升行动,并预计每年为江苏省传统制造业培养10万数字化人才,然而江苏传统制造业数字化转型所需数字化人才缺口仍然较大。

一方面,传统制造业数字化转型具有周期长、见效慢等特点,需要高稳定性的数字化人才,而数字技术通用性高这一特征使得兼备数字技术能力和管理能力的复合型人才的跨区域、跨行业流动性较高。另一方面,人工智能、IT等高薪产业对数字化人才的"虹吸"效应,持续挤压传统制造业数字人才储备,如2021年南京发布的八大产业链紧缺人才需求目录中,大数据研发、挖掘工程师等职位的需求排名前二。众多因素共同导致目前传统制造业数字化专业人才缺口依旧较大。

然而江苏政府并未完善相关数字化人才培养与引进政策,人才配套政策制定较为滞后,具体表现为部分人才待遇落实不到位,如针对数字化专业人才安居落户、生活设施配套服务、住房优惠政策、子女教育等缺乏具体的政策制定和执行部门,相关政策得不到有效的落实,导致数字化人才"留不住"。相关研究报告显示①,长三角地区传统制造业数字化专业人才渗透率仅为5%~10%,远低于ICT行业;江苏省部分城市如南京、无锡等人才流失较严重,处于人才净流出状态。

2) 大中小企业难以享受同等财税金融政策红利

目前,江苏省相关政府部门已经加大了对传统制造业数字化转型的财政资金支持,但是财税金融政策对传统制造业中小企业扶持力度较小,导致大中小企业间数字化转型水平"鸿沟"进一步扩大。

其一,江苏中小企业享受到的财税政策红利低于龙头企业。江苏省统计局2020年开展的传统制造业企业减税降费政策成效调研研究结果显示,对于部分小规模企业而言,其因会计核算不健全等,无法享受税率下调政策优惠;而产业链上的核心企业又可以通过较强的议价能力,从产业链上下游中小企业中攫取更多政策红利。其二,江苏省出台的《省政府关于金融支持制造业发展的若干意见》(苏政规〔2023〕6号)显示,该项政策将对先进传统制造业、战略性新兴产业、部分符合条件的传统产业、高新技术企业、龙头骨干企业等进行重点扶持。但政策扶持的优先性和限制条件,导致江苏省面广量大的传统制造业尤其是传统制造业中的中小企业难以享受到金融政策红利。其三,小微企业因其自身偿还债务能力弱、信用评估难度大、抗风险能力低等,难以获得金融机构贷款。众多因素共同导致江苏传统制造业中的中小企业难以充分享受数字化转型政策红利,因此江苏省传统制造业与先进传统制造业间以及中小企业与龙头企业间的数字化转型差距进一步扩大。

3) 产业技术政策未能有效提升数字技术支撑能力

传统制造业实现数字化转型,离不开数字技术的支撑作用。目前,江苏政府高度重视工业软件、智能硬件等重点领域的技术攻关,然而由于政策支持不连贯、尚未建立数字化的核心共性技术研发创新体系及数字化转型成果推广应用机制等,传统制造业数字化转型亟须的关键核心装备、零部件、高端软件等难题仍未攻克,现有的技术政策未能有效促进数字技术支撑能力的提升。

一方面,江苏政府尚未聚焦传统制造业数字化转型,其通过政策引导建立共性技术研发创新体系,导致江苏传统制造业的数字技术基础相对薄弱。相关权威报

---

① 数据来源:《长三角数字人才与制造业数字化转型研究报告》

告①指出,江苏省传统制造业数字化转型的核心技术领域,包括关键工业软件、底层操作系统、嵌入式芯片、开发工具、新材料和关键元器件等,目前仍然依赖进口。例如,新材料、先进制造与自动化等行业的原材料和零部件绝大部分依赖美国进口,若通过国内替代,则会导致质量下降或成本上升等问题。

另一方面,知识产权保护力度不足,数字化转型成果推广应用机制尚未完善,导致数字化转型所需的核心技术专利仍然较为缺乏。江苏省知识产权局统计数据显示,截止到2021年9月底,江苏省在我国数字经济领域专利申请量中排名第二,但是在芯片、软件、核心元器件等核心技术领域专利申请量偏少,控制系统、数据开发工具等领域的专利多为外围应用类,缺少核心专利,反映出江苏省传统制造业数字化转型所需的核心数字技术水平有待进一步提升。

4)产业链政策缺乏操作性实施细则

目前,江苏省正在加大促进传统制造业产业链上下游协同数字化转型相关政策支持力度,大力开展产业强链"531"行动,并针对重点产业链实施产业链数字化提升工程,一方面,鼓励龙头企业要带动上下游中小企业开展采购、制造、销售等数字化协同,另一方面,鼓励中小企业要提高配套协作能力。但是政府过于重视发挥政策的鼓励引导作用,忽视制定操作性的实施细则,包括如何发挥龙头企业的数字化带动能力以及中小企业的配套服务能力,导致江苏省传统制造业中龙头企业与中小型企业间的数字化转型水平、速度仍然存在明显的差异,"信息孤岛"现象仍未能有效解决,低效率协同与同质化竞争仍然存在,制约着江苏省传统制造业数字化转型整体水平提升。

具体地,缺乏具体的完善措施来保障江苏传统制造业龙头企业与中小型企业之间拥有共同的数字化转型价值主张和目标。一方面,龙头企业依靠自身强劲实力,积极开展工业互联网建设,但是其目标大部分仍是以实现企业内部综合集成为主,并没有聚焦于实现产业链上下游企业间业务协同,甚至部分强势企业利用其议价能力要求上下游企业让利。同时,由龙头企业建设的工业互联网平台针对人员、算法、模型、任务等数据的开放和共享程度普遍不高,导致很多中小微型企业无法参与数字化合作,影响了企业之间的数据共享与协同应用。另一方面,对于中小微型企业而言,其对参与由龙头企业主导的数字化转型合作存在一定的顾虑。除了上述资源开放度不高的因素之外,最重要的还是目前江苏省乃至全国范围内仍然

---

① 资料来源:江苏省科技战略研究院开展的《江苏支撑国家科技自立自强战略路径的思考》专题研究。

存在诸多网络信息安全隐患。因此,政府没有完善相应的奖励与惩罚措施、建立健全信息网络安全保障机制等多种操作性实施细则,导致产业链政策未能发挥较好的政策效果。在江苏传统制造业数字化转型过程中,大中小企业间资源共享和业务协同水平和效率仍然低下。

3.3 江苏传统制造业关键数字化资源分布现状分析

3.3.1 装备制造、计算机电子设备、汽车制造等行业的企业数字化转型成熟度较高

中国电子技术标准化研究院研究发布的《智能制造发展指数报告(2021)》[①]显示,江苏共 4 654 家传统制造业企业参与智能制造能力成熟度自诊断,主要集中在装备制造、计算机电子设备、汽车制造等行业。从区域参与程度来看,如图 3-7 所示,江苏、山东、宁夏、北京、广东等地区的工业和信息化主管部门高度重视,有效推动标准应用和落地,企业发展智能制造的意愿较强。其中,江苏有 4 654 家传统制造业企业参加自诊断,山东有 2 753 家企业参与,宁夏有 1 108 家企业参与,北京、广东、湖南自诊断企业数量超过 500 家,安徽、福建、江西自诊断企业数量超过 300 家。

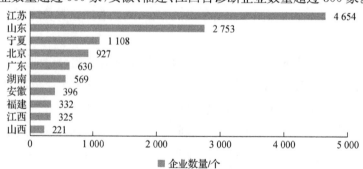

图 3-7 参与智能制造能力成熟度自诊断企业的区域分布

---

① 《智能制造发展指数报告(2021)》基于《智能制造能力成熟度模型》(GB/T 39116—2020)等两项国家标准,结合智能制造评估评价公共服务平台 20 000 多家制造企业数据,综合分析目前我国智能制造发展现状和态势。其中,《智能制造能力成熟度模型》(GB/T 39116—2020)是在工业和信息化部、国家市场监督管理总局等的指导下于 2021 年 5 月正式发布实施的国家标准,目前在全国大部分区域开展标准应用推广工作,已在 31 个行业大类、31 个省市自治区中开展了智能制造能力成熟度自诊断工作,为制造企业提升智能制造能力、主管部门了解产业发展现状提供了重要参考。

从企业智能制造能力成熟度分布来看,在省级层面,如表 3-4 所示,2021 年,江苏省参与智能制造能力成熟度自评估且达到成熟度二级及以上的企业数量为 1 233 家,居全国首位。在城市级层面,如表 3-5 所示,无锡和苏州为排名前五城市,分别位列第一名和第三名,分别拥有智能制造能力成熟度二级及以上的企业数量 630 个和 248 个。这说明,江苏传统制造业,特别是装备制造、计算机电子设备、汽车制造等行业,企业数字化转型能力较强,为全省传统制造业加快智能化改造和数字化转型奠定了坚实基础。

表 3-4　2021 年省级参与智能制造能力成熟度自评估且达到成熟度二级及以上企业数量排名前十的省份

地区	区域内达到成熟度二级及以上的企业数量/个	排名
江苏省	1 233	1
山东省	966	2
广东省	371	3
湖南省	313	4
安徽省	222	5
北京市	202	6
江西省	180	7
浙江省	135	8
湖北省	134	9
宁夏回族自治区	131	10

表 3-5　2021 年城市级参与智能制造能力成熟度自评估且达到成熟度二级及以上企业数量排名前五的城市

城市	区域内达到成熟度二级及以上的企业数量/个	排名
无锡	630	1
长沙	253	2
苏州	248	3
深圳	236	4
北京	202	5

3.3.2 关键数字化资源主要集中于大型企业

当前,在新冠疫情刺激和国际国内双循环作用背景下,全球各主要国家纷纷开始加快推进数字化转型的战略部署,依托数字技术,聚焦数字创新,实现数据生产力的转化和新价值的创造。其中,推动传统企业,特别是传统制造业中的中小企业数字化转型、实现大中小企业的融通创新和共同发展,已经成为各国立足新发展时期构建新发展格局的关键。

中小型企业是市场经济的主要构成,依据从业人员、营业收入等标准进行划分,目前江苏省中小型企业面广量大,是江苏传统制造业的基座。根据江苏省统计局数据,如图3-8所示,截止到2020年,全省规模以上(以下简称"规上")工业中小型企业数达49 214家,占全省规模以上工业企业总数的98.1%,从业人员数量达602.89万人,占全省规模以上工业从业人数的70.4%,说明中小企业是中国经济的重要支撑,也是推进江苏传统制造业高质量发展的重要着力点,对推动中小企业的数字化转型进程至关重要。与之形成对比的是,江苏规上工业只有不到2%的企业属于大型企业,但这2%的大型企业却创造了将近40%的规上工业营业收入,反映出江苏传统制造业中大型企业相较于中小企业来说,规模实力更雄厚,数字化转型基础能力更好。

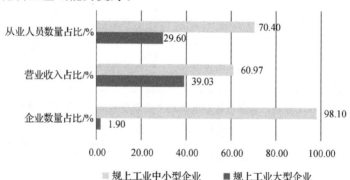

图3-8 2020年江苏规上工业大中小型企业规模情况

江苏共有各类工业企业超50万家,涵盖传统制造业31个大类、176个中类。其中,规上工业企业超4.6万家,营业收入超百亿元的工业大企业大集团达148家,超千亿元企业有12家。江苏拥有国家传统制造业单项冠军104家,均居全国前列。以规模和效益位于全国第一的江苏装备制造产业为例,海洋工程装备、轨道交通、智能工程机械等行业中,头部企业如江苏省熔盛重工有限公司、中车南京浦镇车辆有限公司、徐工集团等,已形成较强数字化转型能力体系。以位居世界工程机械行业第5位的徐工集团为例,其已拥有先进的数控机床、焊接机器人、涂装机器人、自动化运输车等智能设备,生产执行系统、产品数据管理系统等精益制造系统,以及自主研发的工业互联网平台Xrea,已实现基本业务流程的数字化、研发及生产的自动化和智能化。

从行业来看,纺织业、装备传统制造业、机械、化工等江苏省传统优势产业中实力强劲的行业龙头企业的整体的数字化转型水平优于其他行业。以纺织业为例,纺织业一直是国民经济的传统支柱产业和民生产业,江苏纺织产业总量连续35年一直稳居全国之首,龙头企业数量已位居全国第一。其中,红豆集团大力布局物联网、工业互联网,发起长三角智慧零售服务产业链联盟等,实现多方共建、共筑、共享和共赢,数字化转型程度全国领先。因此可以看出,江苏省不断推进传统制造业企业的数字化转型进程,部分传统制造业龙头企业数字化发展水平已在国内处于领先地位。

受全球新冠疫情、5G、物联网等数字技术不断成熟及政府培育引导等多重因素影响,当前,江苏传统制造业数字化转型速度加快,但多数制造企业特别是中小型制造企业尚处于面向单个业务单元,依赖工具级数字化设备、设施及技术系统应用的初级数字化阶段,尚未有效发挥数字技术在企业及产业的系统级赋能作用,产业整体的数字化转型路径不清晰。此外,产业链上下游中小企业大多存在设备老旧、能耗大、生产效率低等问题,不少企业尚处于数字化初期,数字化转型步履维艰。

究其根本,部分中小型传统制造业企业没有深刻意识到数字化转型的紧迫性和重要性,数字化转型意愿不强。即使部分中小型企业的数字化转型意愿强烈,同时具备较大的数字化转型需求,但是普遍缺乏清晰的战略目标与实践路径。一是没有将企业数字化转型上升到企业发展战略规划的高度,仅仅从局部规划和设计企业数字化转型,通过购置一批工业软件、设备或者生产线等方式提高生产效率和产品质量。二是苦于自身实力和积累限制,创新基础较为薄弱,在人才、资金、技术、管理等方面都面临瓶颈,不清楚具体怎么运用数字技术革新企业的生产与管理方式,很难在数字经济时代持续获得竞争优势。中国电子技术标准化研究院发布的《中小企业数字化转型分析报告(2020)》显示,89%的中小企业仍处于数字化转型初级探索阶段,数字化基础水平薄弱,仅有5%的企业能够采用大数据分析技术为企业生产制造环节提供决策支持;同时中小企业需要的数字化转型成本更高,仅有12%的中小企业能够获得银行贷款,与大企业存在较大差距。因此,多方因素导致江苏省中小型传统制造业企业数字化转型难度大。

3.3.3 云服务技术应用水平提升空间较大

云服务作为重要的网络计算模式,能为大数据挖掘和人工智能分析提供充分的计算资源和计算能力,已成为支撑各区域传统制造业数字化转型的关键应用基础设施。近年来,江苏传统制造业基于云服务技术,进行智能化和数字化改造升级,云服务技术的整体应用水平得到提升。但与北京、广东、上海等省市相比,江苏省云服务技术应用水平的提升空间较大。

阿里云研究中心2020年发布的《我国区域数字化转型"云"观察报告》显示,在云服务应用整体水平方面,江苏的云栖总指数在我国各区域中处于第三梯队,较北京、广东、上海和浙江等区域存在较大差距。具体地,江苏云栖总指数仅为22.24,不及北京云栖总指数(94.06)的四分之一,不及上海云栖总指数(47.03)的二分之一。在购买云服务的资金投入方面,江苏的云服务投资指数在我国各区域处于第二梯队,与排名第一的北京仍有较大差距。具体地,江苏云服务投资指数为15.36,不及北京云服务投资指数(100)的六分之一。在使用云计算资源的规模方面,江苏的云计算力指数在我国各区域中处于第四梯队,较北京、广东、浙江和上海等区域存在较大差距。具体地,江苏云计算力指数仅为13.07,约为北京云计算力指数(93.18)的七分之一,约为上海云计算力指数(40.8)的三分之一。在消耗云存储空间的规模方面,江苏的云存储指数在我国各区域处于第三梯队,较北京、浙江、广东、上海等区域存在较大差距。具体地,江苏云存储指数仅为5.63,而北京云存储指数高达100,约为第二梯队的上海云存储指数(42.14)的八分之一。在使用云服务的用户数量方面,江苏的云普及指数在我国各区域处于第二梯队,较广东和北京存在一定差距,与浙江、上海、山东较为接近。具体地,江苏云存储指数为39.35,约为广东云存储指数(88.87)的二分之一。在使用云服务的活跃程度方面,江苏的云活跃指数在我国各区域处于第二梯队,较广东、北京上海等区域存在一定差距。具体地,江苏云活跃指数为37.76,不及广东云活跃指数(96.47)和北京云活跃指数(90.91)的二分之一。

从典型地区云服务特征来看,在长三角地区,上海、浙江、江苏的云栖总指数排名分别为第三、四、五,都表现出较高的云服务应用综合水平,如图3-9所示。江苏省的云栖总指数与各个分指数均低于上海和浙江,其中,云存储指数和云计算力指数与上海和浙江的差距较大,云普及指数差距较小,说明江苏在消耗云存储空间和使用云计算资源的规模等方面的应用水平提升空间较大。

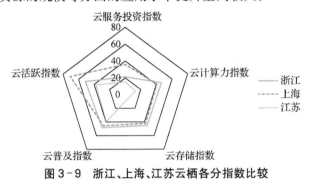

图3-9 浙江、上海、江苏云栖各分指数比较

3.4 江苏传统制造业数字化转型协同关系构建现状分析

3.4.1 以数字化转型服务为手段,提升"专精特新"中小企业专业化水平

江苏于2012年率先启动专精特新"小巨人"企业培育工作,目前累计培育国家传统制造业单项冠军138家、国家专精特新"小巨人"企业285家、省级专精特新"小巨人"企业1 998家,带动市县培育各类"专精特新"中小企业近两万家。"专精特新"中小企业在工业强基、科技创新、强链补链等方面,发挥着不可或缺的作用。但在江苏传统制造业数字化转型的迫切需求下,许多中小企业在业务单元数字化协同、数字技术研发、数字化生产设备应用、数字人才培养等方面缺少精确有效的解决方案。为有效解决企业数字化转型过程中"缺方案、不会转"等管理问题和发展"瓶颈",江苏聚焦"专精特新"中小企业,通过政府采购,使省、市、县各级协同开展智能制造免费诊断服务,建立智能制造顾问制度,组织专家走进企业"把脉问诊",帮助企业找准管理上的"病根症结",针对发现的企业数字化转型重点、难点、痛点和堵点问题,免费为企业"开良方、抓良药",精准发力,靶向治疗,给出任务改善清单与改善步骤,提出可实施、可落地的数字化转型解决方案,加速提升"专精特

新"中小企业数字化及专业化水平,引领全省中小企业数字化转型高质量发展。

2020—2021年,江苏全省问诊"专精特新"中小企业190多家,深度诊断企业86家,企业反映解决问题建议清单有效率达到96%。以苏州市为例,2020年,苏州市依托工业和信息化部电子第五研究所(以下简称"工信部电子五所")、北京机械工业自动化研究所等9家中标的智能制造诊断服务商,针对苏州市20家工厂和320个车间开展2 578次现场诊断和668场培训等一系列智能制造水平现场诊断服务,对每个被诊断工厂和车间给出个性化诊断报告,提供定制的智能化改造方案。经诊断评估和智能化改造,6家被诊断工厂获评2020年市级智能制造(示范)工厂,1家获评市级智能制造(培育)工厂,占比超1/3;40%被诊断车间获评2020年市级智能制造示范车间。

3.4.2 以智能制造示范工厂为引领,形成"一行业一标杆"数字化协同布局

自2021年江苏省人民政府办公厅发布《江苏省制造业智能化改造和数字化转型三年行动计划(2022—2024年)》以来,江苏以智能制造示范工厂建设为抓手,每年认定一批省级智能制造示范工厂、示范车间、工业互联网标杆工厂和5G全连接工厂,并加强对入选工厂的指导、支持和服务,强化经验总结和成果梳理,分行业、分区域开展经验成果推广应用活动,充分发挥传统制造业各行业各领域龙头骨干企业的示范作用,形成"一行业一标杆"数字化协同示范良好局面,助力推动传统制造业数字化转型。

从细分行业来看,截至2022年,江苏共认定95个智能制造示范工厂,并依据《国民经济行业分类》(GB/T 4754—2017)将智能制造示范工厂按照产业部门分类。如图3-10所示,95个智能制造示范工厂共涉及22个细分产业部门。具体地,属于电气机械和器材制造业的智能制造示范工厂共24个,占比达25.26%,主要涉及光纤光缆、光伏电池组件、电控装备等产品的智能化制造;属于计算机、通信和其他电子设备制造业的智能制造示范工厂共16个,占比达16.84%,主要涉及通讯显示设备、智能移动终端、高端电子装备等产品的数字化制造;其余产业部门中,通用设备制造业、专用设备制造业和汽车制造业拥有的智能制造示范工厂相对较多,分别为8个、7个和6个,主要涉及数控机床、高端精密设备、新能源汽车零部件等产品的智能制造。

与国内其他省市相比,江苏基于智能制造示范工厂认定的龙头骨干企业引领

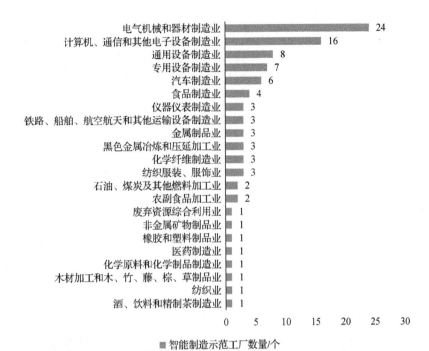

图 3-10　2022 年江苏传统制造业智能制造示范工厂产业部门分布

工程走在全国前列。以 2021 年度智能制造示范工厂揭榜单位为例,全国共认定 110 个智能制造示范工厂,涵盖 28 个省市及地区,如表 3-6 所示。其中,拥有智能制造示范工厂数量排名前三的省市分别为广东省(13 个)、山东省(12 个)、江苏省(9 个)及浙江省(9 个),江苏排名第三。具体地,江苏纺织服装、服饰业,铁路、船舶、航空航天和其他运输设备传统制造业,黑色金属冶炼和压延加工业等传统优势制造产业均有智能制造示范工厂上榜,例如,江苏波司登的羽绒服装智能制造示范工厂、南京康尼机电股份有限公司的轨道交通门系统智能制造示范工厂、南京钢铁股份有限公司面向个性化定制的钢铁智能制造示范工厂等。

表 3-6　2021 年度智能制造示范工厂揭榜单位地区分布

地区	智能制造示范工厂数量/个	排名	地区	智能制造示范工厂数量/个	排名
广东省	13	1	湖北省	3	15
山东省	12	2	山西省	2	16
江苏省	9	3	辽宁省	2	17
浙江省	9	4	吉林省	2	18

续表

地区	智能制造示范工厂数量/个	排名	地区	智能制造示范工厂数量/个	排名
湖南省	7	5	安徽省	2	19
陕西省	6	6	四川省	2	20
北京市	5	7	新疆维吾尔自治区	2	21
内蒙古自治区	5	8	黑龙江省	1	22
上海市	5	9	江西省	1	23
天津市	4	10	广西壮族自治区	1	24
宁夏回族自治区	4	11	海南省	1	25
河北省	3	12	重庆市	1	26
福建省	3	13	贵州省	1	27
河南省	3	14	甘肃省	1	28

3.4.3 以工业互联网云平台建设为契机，推进"云上"数字化转型生态体系形成

随着云计算、物联网、5G等新一代信息技术在传统制造业研发设计、生产制造、经营服务等环节的广泛渗透，工业互联网云平台正逐步成为构建传统制造业数字化转型生态体系的中心枢纽，推动制造企业核心业务"上云"成为传统制造业数字化转型的必然趋势。江苏省面对传统制造业"智改数转"的新趋势和新要求，针对装备制造、纺织等重点传统制造业行业，积极深化工业互联网云平台建设，推进制造企业核心业务"上云"，支持"链主"企业基于云平台开展协同设计、采购、制造、销售和配送等全环节数字化创新，带动产业链供应链上下游企业实现端到端的数字化协同和精准对接，打造开放共享的价值网络，构建传统制造业"云上"数字化转型生态体系。

目前，江苏省汇集跨行业跨领域工业资源要素，支持综合型、特色型和专业型工业互联网云平台建设，工业互联网云平台体系初具雏形，未来发展前景广阔。据江苏省工信厅统计，截至2021年，江苏全省已建成区域级、行业级、企业级109个省重点工业互联网云平台，其中，徐工汉云和苏州紫光云工业互联网平台入选国家级双跨平台；认定11 217家星级上云企业，工业互联网云平台应用率达58.2%，高于全国平均水平(50.4%)，带动超过35万家企业入驻工业云平台；基于工业互联网云平

台,实现网络化协同、服务型制造、个性化定制的规模以上工业企业比例分别达到 50%、44.9%、18%。以工业互联网云平台建设为契机,全省大中小型企业信息基础架构和应用系统逐步向云上迁移,传统制造业整体云上数字化发展水平和发展质态得到提升,传统制造业"云上"数字化转型生态体系构建得到深化。

以江苏红豆集团与中国联通共建的"5G+纺织服装工业互联网"为例,其通过将云联网、可视化调度中心、大数据、云计算、边缘计算、物联网、人工智能等前沿科技应用到 5G 制衣智能制造平台的智能吊挂、AGV 配送、智能分拣、智能裁剪、AI 智能决策等各个环节,帮助解决江苏纺织服装行业及相关行业内的中小型企业在数字化转型过程中遇到的共性基础技术难题,同时通过对平台进行有效推广和规模化应用,基于良好的云服务体系,打造起江苏省纺织业产业生态体系,带动整个纺织及相关产业共同提升,从而推动"5G+纺织服装工业互联网"的实施以及智能制造的转型。

3.5 江苏传统制造业数字化转型及价值生态构建存在的问题

3.5.1 数字化关键核心技术对外依存度高

目前,江苏政府高度重视工业软件、智能硬件等重点领域的技术攻关,然而,由于尚未建立完备的数字化核心共性技术研发创新体系,传统制造业数字化转型急需的关键核心装备、零部件、基础软件等领域的数字化关键核心技术严重依赖进口,大部分工业软件、操作系统、高端服务器被国外企业垄断。江苏省知识产权局统计数据显示,截止到 2021 年 9 月底,在我国数字经济领域专利申请量中,江苏省排名第二。但是江苏省在芯片、软件、核心元器件等核心技术领域的专利申请量偏少,控制系统、数据开发工具等领域的专利多为外围应用类,缺少核心专利,反映出江苏省传统制造业数字化转型所需的数字化关键核心技术水平有待进一步提升。

具体地,材料、先进制造与自动化等行业的关键工业软件、底层操作系统、嵌入式芯片、开发工具、新材料和关键元器件等,目前仍然依赖美国进口;高端装备领域很多技术卡在核心零部件、基础软件两大短板;工业机器人的伺服电机、控制器和减速器三大核心技术都严重依赖进口;高端芯片、集成电路、高端数控机床、高端监测仪器大都依赖进口。如图 3-11、图 3-12 和图 3-13 所示,2015 年至 2019 年,江苏省集成电路、自动数据处理设备的零件、航空器零件进口数量或金额从整体来看均存在不同程度的增长，说明近年来江苏部分关键核心零部件对外依存问题并未得到有效解决。

图 3-11 2015—2019 年江苏省集成电路进口数量及金额统计结果示意图

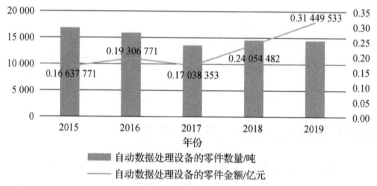

图 3-12 2015—2019 年江苏省自动数据处理设备的零件进口数量及金额统计结果示意图

图 3-13 2015—2019 年江苏省航空器零件进口数量及金额统计结果示意图

以江苏海洋装备传统制造业为例，目前，江苏的船舶传统制造业初步形成了从船舶零部件、发动机到整船的生产体系，形成以整体船舶制造出口带动相关零部件生产制造的良好格局。但受制于船舶设计及国外客户的要求,一些关键零部件仍采购于外地乃至国外。目前,我国船舶的采购率只有50%左右,而日韩船舶企业国内采购率已超过90%。

3.5.2 复合型数字化人才培养体系有待完善

数字化人才是传统制造业数字化转型的基础和关键。江苏作为人口大省、教育强省,近年来凭借自身人才资源禀赋和完善的基础设施,以企业数字化转型为重点,精准开展数字化人才培训,实施数字技能提升行动,不断培养和集聚各个产业发展所需人才,并预计每年为江苏省传统制造业培养10万数字化人才。然而目前,江苏省重大科研项目、重点学科、战略性新兴产业等关键领域明显缺乏高端领军人才,尤其是既擅长IT技术又熟悉传统制造业流程的复合型数字化人才难以培养,缺口较大。

首先,据江苏省知识产权局统计,目前江苏每年约有10万人才缺口,与每年培养2万人才相比,人才缺口巨大。其次,在高层次人才需求方面,江苏省人力资源和社会保障厅发布的《2020—2021年度江苏紧缺急需海外高层次人才和项目需求信息》显示,目前江苏产业高层次人才需求主要集中在生物医药、高端装备制造、集成电路、人工智能、新材料、节能环保、现代农业等11个领域,特别是生物医药、人工智能和集成电路等长三角一体化战略重点发展的三大关键核心产业的高层次人才需求量占需求总量的三分之一。最后,相关研究报告显示,长三角地区传统制造业数字化专业人才渗透率仅为5%~10%,远低于ICT行业;江苏省部分城市人才流失较严重,处于人才净流出状态。

以江苏集成电路产业为例,近年来,落户江苏集成电路产业的重大项目,不断扩大集成电路产业人才缺口。2016年,南通通富微电智能芯片封装测试项目建成投产;2017年,位于南京浦口经济开发区的台积电12寸晶圆厂进机开工;2018年,总投资百亿美元的上海华虹集成电路研发和制造基地项目在无锡开工建设。其中,仅华虹在无锡的项目,未来就需要5 000名工程师。作为国家南方微电子工业基地,随着无锡华虹、海力士半导体二期和中环领先集成电路用大直径硅片等3个超百亿项目相继落地,无锡至少需新增3万名集成电路产业人才。江苏省统计局数据显示,2020年江苏集成电路产业产量达到836.5亿块,总产值超过2 000亿元,按产值同比例计算,到2023年,江苏省集成电路人才缺口将超过10万人。

3.5.3 龙头企业和平台型企业的数字化转型引领作用有待提高

江苏在数字经济平台、电子商务、数字内容等数字化转型配套能力建设方面优势不够突出,缺乏类似华为、比亚迪、阿里巴巴(阿里云 IOT)、海康威视等智能制造领军企业。首先,江苏缺乏引领性科技创新的龙头企业。中国企业联合会发布的数据显示,在 2021 年中国企业 500 强名单中,江苏省共 43 家企业入榜,较 2020 年少 2 家企业。500 强企业包括苏宁控股集团有限公司、太平洋建设集团有限公司、恒力集团有限公司、江苏沙钢集团有限公司等,大多数企业属于传统制造业企业。江苏省大企业的结构较为均衡,国有企业和民营企业都很发达,但仍然缺乏引领性的科技创新型企业。《2021 年中国智能制造 50 强企业榜单》显示,如表 3-7 所示,江苏无企业入选前 15 强智能传统制造业企业,仅徐工集团排名第 31 名。

表 3-7 2021 年中国智能制造企业前 15 强名单

排名	企业
1	海尔集团
2	中国航天科技集团
3	华为
4	比亚迪
5	美的集团
6	京东方
7	中国中车
8	阿里巴巴集团
9	大疆创新
10	宁德时代
11	海康威视
12	中国宝武钢铁集团
13	三一集团
14	中国船舶
15	中国商飞

其次,龙头企业试点示范数量还需增加。从高端装备制造试点示范项目看,工信部最新一期授予的高端装备制造试点示范项目企业全国共 307 家,其中广东 34

家、山东 25 家、浙江 25 家,江苏仅 19 家,江苏在全国占比不到十分之一,与江苏工业大省地位不匹配。

最后,龙头企业平台影响力还需提升。工信部 2019 年发布十大"双跨"工业互联网平台,江苏仅徐工汉云工业互联网平台上榜,而北京有 4 家。同时,江苏现有的徐工云、紫光云、雪浪云工业互联网平台、瀚云 HanClouds 工业互联网平台等的影响力,与广东的华为 OceanConnect IoT 平台、美的 MeiCloud 平台和三一重工的根云及浙江的阿里云 ET 工业大脑平台和中控工业 supOS 等还有差距。

3.5.4 部分中小企业仍处于"不会转""不敢转"的困境

目前,江苏部分中小企业仍处于"不会转""不敢转"的困境,具体地,转型能力比较弱,不会转。中小企业数字技术水平低,专业人才短缺,转型方向不明确,实施路径不清晰,缺乏有效的技术供给和系统化的解决方案。对已实施数字化转型企业调研的结果显示,仅有 16% 的企业转型"具有成功样本,并处于推广和深化阶段",有 40% 的企业"取得初步成效"。总体上看,江苏省中小企业数字化转型仍处于初级阶段。

转型成效不确定性比较大,不敢转。中小企业规模小且大多技术含量不高,处于产业链末端,抗风险能力弱,转型阵痛期比较长,成效充满变数。对有效推广数字化转型企业调研的结果显示,有 28% 的中小企业表示"比较满意",有 28% 和 20% 的中小企业分别表示"现在做判断为时尚早"和"中立",说明数字化转型是一项长期性工程,充满不确定性。

3.5.5 大中小企业间尚未形成紧密的数字化转型协同关系

目前,江苏省正在加大促进传统制造业产业链上下游协同数字化转型相关政策支持力度,大力开展产业强链"531"行动,并针对重点产业链实施产业链数字化提升工程,一方面,鼓励龙头企业要带动上下游中小企业开展采购、制造、销售等数字化协同,另一方面,鼓励中小企业要提高配套协作能力。但是政府过于重视发挥政策的鼓励引导作用,忽视制定操作性的实施细则,包括如何发挥龙头企业的数字化带动能力以及中小企业的配套服务能力,导致江苏省传统制造业中龙头企业与中小型企业间的数字化转型水平、速度仍然存在明显的差异,"信息孤岛"现象仍未能有效解决,低效率协同与同质化竞争仍然存在,制约着江苏省传统制造业数字化转型整体水平提升。

一方面，龙头企业依靠自身强劲实力，积极开展工业互联网建设，但是其目标大部分仍是以实现企业内部综合集成为主，并没有聚焦于实现产业链上下游企业间业务协同，甚至部分强势企业利用其议价能力要求上下游企业让利。同时，由龙头企业建设的工业互联网平台针对人员、算法、模型、任务等数据的开放和共享程度普遍不高，导致很多中小微型企业无法参与数字化合作，影响了企业之间的数据共享与协同应用。另一方面，对于中小微型企业而言，其对参与由龙头企业主导的数字化转型合作存在一定的顾虑。除了上述资源开放度不高的因素之外，最重要的还是目前江苏省乃至全国范围内仍然存在诸多网络信息安全隐患。因此，政府没有完善相应的奖励与惩罚措施、建立健全信息网络安全保障机制等多种操作性实施细则，导致产业链政策未能发挥较好的政策效果。在江苏传统制造业数字化转型过程中，大中小企业间资源共享和业务协同水平和效率仍然低下。

工信部发布的《2021年度智能制造优秀场景公示名单》显示，江苏共17个智能传统制造业场景上榜，主要涉及仓储、物流、销售、排产、安全等环节的智能化。而在设计、制造、精密度等涉及传统制造业务核心环节上，江苏省上榜的智能场景并不多，尚没有一个智能制造场景是和互联网巨头大厂联合实现的，反而是一些市值不高且专注某一领域的传统制造业中小企业，通过自行探索实现了智能化的转型升级。

第四章

传统制造业数字化转型的价值生态形成机理分析

针对第二章研究述评所提出的现有研究存在的缺少从系统性和过程性视角对传统制造业数字化转型的内涵界定、缺少传统制造业数字化转型价值生态能级跃迁定量分析工具等问题,本章从数字化转型要素及关系赋能入手,首先界定传统制造业数字化转型及能量内涵,分析传统制造业数字化转型价值生态多层级组织结构和转型的过程性特征,将传统制造业数字化转型视为从业务单元级、流程级到网络级的价值生态能级跃迁过程,并创新性地引入内能、动能和势能概念,基于动能内涵,从"数量""质量""速度"出发,将动能的影响因素分解为数字化转型要素动态吸聚和利用的主体数量规模、投入产出质量和投入产出增长率;基于势能内涵,从产生"相互作用力"的主体类型出发,将势能的影响因素分解为产业部门内、产业部门间数字化转型协同关系,并分别构建传统制造业数字化转型价值生态内能指数、动能分指数和势能分指数,测度各能级能量水平。其次,分别构建遗传算法—扩展灰色关联分析模型和边际效应分析模型,针对传统制造业数字化转型关键影响因素的时变性特征,从历史和未来两阶段,识别能级跃迁关键影响因素。再次,基于多 Agent 模型,识别能级跃迁临界条件。最后,综合能级跃迁关键影响因素和临界条件,分析两类临界条件下的"要素—关系"赋能差异化路径设计机理,为后续能级跃迁关键影响因素识别和差异化路径设计奠定理论基础。

4.1 传统制造业数字化转型及价值生态相关概念界定

传统制造业数字化转型是指以云计算、大数据、物联网等数字技术作为核心驱动力,以数据作为关键核心生产要素,赋能劳动力、资本、土地、技术等传统生产要素及不同主体间的各类连接关系。具体地,数字化转型通过单个企业内部不同业务单元间、同一产业部门的不同企业间、不同产业部门间等不同层级的关系重构及新关系连接,以及各类要素跨业务单元边界、流程边界和组织边界的流动、聚合,生成各层级主体数字化转型所需的业务单元级、流程级和网络级能力。传统制造业数字化转型的各主体所具有的能力分布(包括能力水平及类型),形成驱动传统制造业通过数字化转型实现新价值创造的根本动力——传统制造业数字化转型的能量。传统制造业数字化转型过程中,各层级主体不断吸聚、配置和利用价值创造要素,突破业务单元边界、流程边界和组织边界,形成上下游供需、横纵向合作与竞争等价值创造关系,实现新价值创造、分享和扩散,最终形成新型价值共创共享有机系统,即传统制造业数字化转型价值生态。

传统制造业数字化转型价值生态具有多层级的组织结构特点,如图4-1所示,具体包含单个企业内部不同业务单元构成的业务单元级、单个产业部门内不同企业构成的流程级和不同产业部门构成的网络级。其中,业务单元是指由单个企业内部设立的,直接面向市场和消费者,相对独立地经营某一特定类型或地域范围的产品或服务的子公司、分公司、分支机构等[87],是价值创造的基本单元。单个业务单元根据自身业务目标、能力和范围,动态吸聚、获取和组合劳动力、资本、数据、技术、设施、设备等价值创造要素,通过研发试制、规模生产、市场销售等价值创造活动产生价值,并通过新产品、专利等价值载体,在不同业务单元之间进行价值获取和分享。同时,单个企业内的不同业务单元间存在以产品、地区、客户为划分依据而形成的竞争与合作等价值创造关系。其中,竞争关系是指单个业务单元为了提升自身实力以超越其他业务单元,彼此间互相争夺劳动力、资本、设备等有形价值创造要素和数据、知识、技术等无形价值创造要素的相互影响状态;合作关系是指不同的业务单元在单个企业整体战略目标的协调安排下,不断进行互相学习、协同协作、价值创造要素分享以及有机重构的相互作用状态[88]。

传统制造业数字化转型价值生态中的单个企业可以看作是由一个或者多个业务单元构成的组织。单个企业基于企业目标和战略安排,统一协调企业内部的所有业务单元,将企业内部的"分散式""碎片化""重复性"的业务单元重新整合,设立专门的机构,提供标准化、专业统一的服务,将劳动力、资本、数据、技术、设施、设备等价值创造要素在单个企业内部不同业务单元间进行共享、重组和再分配,协调不同的业务单元进行研发试制、规模生产、市场销售等价值创造活动,产出新产品、专利等价值载体,实现单个企业整体的价值创造最大化。同时,同一产业部门内的不同企业根据企业内部各个业务单元对价值创造要素吸聚、获取和组合的整体能力,占据产业价值生态中价值创造要素空间位置。处于不同数字化转型水平下的不同企业由于位于产业链、供应链和创新链等链条的不同环节,单个企业内部的业务单元必须跨企业边界与其他企业内部的业务单元连接,使得不同企业之间形成直接或间接、横向或纵向的上下游业务嵌套、物资供应、合作研发等价值创造关系。

传统制造业数字化转型价值生态中的部分企业为满足复杂工艺技术实现、复杂产品生产等需求,实现更高水平的价值创造,需要突破原有单个产业部门内部企业间的线性关系,形成跨产业部门边界的非线性网络化关系,以寻求更大范围内的价值创造要素吸聚、获取和组合来源,并通过跨产业部门的产业网络、创新网络、供应网络,实现研发、生产和销售等价值创造活动的高级化、复杂化,最终突破产业部门组织边界,实现不同产业部门间的价值获取和分享。单个产业部门是由按照一定分工,专门从事同类经济活动的企业构成的。不同产业部门之间依托各自内部企业之间的网络化联系,形成产业部门间相互作用的价值创造关系。为实现产业部门之间结构比例协调与增速上的共进退,在产业结构和质量上形成动态匹配与协调,发展较快的产业部门会对发展较慢的产业部门起到前向效应、回顾效应和旁侧效应等拉动作用。同时由于瓶颈效应,发展较慢的产业部门会对发展较快的产业部门产生制约作用,引起产业部门间联系的断层或差异,进而导致各自产业部门资源浪费和利用效率低下等。

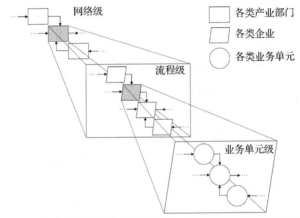

图 4-1 传统制造业数字化转型价值生态多层级组织结构示意图

4.2 传统制造业数字化转型价值生态能级跃迁内涵界定

传统制造业数字化转型价值生态多层级的组织结构特点,决定了传统制造业数字化转型的多阶段特征,如图 4-2 所示,具体包含初始级数字化、业务单元级数字化、流程级数字化和网络级数字化四个阶段。其中,在初始级数字化阶段,单个业务单元职能范围内初步开展了数据要素的获取、开发和利用,但尚未有效发挥其对单一业务范围内传统价值创造要素和关系的赋能作用,尚未产生数字化转型的能量。在业务单元级数字化阶段,单个企业内部主要或若干业务单元职能范围内,基于新一代信息技术应用,实现了业务单元对数据要素的获取、开发和利用,并有效发挥数据要素对劳动力、资本、土地、技术等传统生产要素及业务单元间连接关系的赋能作用,产生业务单元级能量。具体地,提升了业务单元对价值创造要素的吸聚和配置效率,促进了相关业务单元间的业务关系优化和职能职责调整,实现了主要或关键单项业务单元数字化,形成了新一代信息技术支持下的跨业务单元边界的运行模式。在流程级数字化阶段,企业基于业务流程数据要素的获取、开发和利用,发挥数据要素作为关键价值创造要素的赋能作用,产生流程级能量。具体地,提升业务流程的价值创造要素吸聚、配置效率,基于不同企业间的数据采集和集成共享,开展基于数据要素的价值在线交换,提高价值创造要素的综合利用水平;单个产业部门的不同企业间,以流程为驱动,实现关键业务流程、关键业务目标、关键价值创造活动的集成优化,进行跨企业的业务流程优化设计和职能职责调整。在网络级数字化阶段,企业基于整个价值生态范围内不同产业部门间数据的获取、开发和利用,充分发挥数据作为关键价值创造要素的赋能作用,产生网络级能量。具体地,实现价值网络化在线交换,提升整个价值生态的价值创造要素的综合利用水平;通过流程级数字化和产业互联网级网络化,推动全要素、全过程互联互通和动态优化,实现以数据为驱动的跨产业部门业务模式创新。在传统制造业不同数字化转型阶段,数据作为关键核心要素,赋能传统价值创造要素和关系,形成驱动传统制造业通过数字化转型的业务单元级能量、流程级能量和网络级能量,呈现由局部到全局、由内到外、由封闭到开放的多阶段特征。在这一过程中,数字化转型能量总体呈现螺旋上升的趋势。

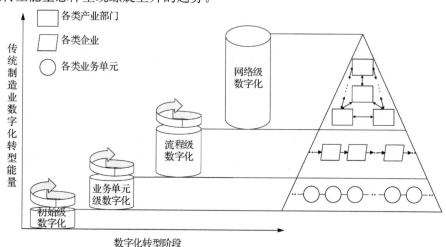

图4-2 传统制造业数字化转型多阶段过程示意图

为量化分析传统制造业数字化转型的根本动力来源,解析转型过程中业务单元级、流程级和网络级等不同层级内价值创造主体的相互作用关系,匹配传统产业数字化转型多主体、多层级、多阶段的系统性、复杂性特点,本书引入量子理论中的能级跃迁概念,界定传统制造业数字化转型价值生态能级和能级跃迁内涵,分析传统制造业数字化转型价值生态能级跃迁的内在机理。根据量子理论,宏观系统是由大量微观粒子组成的,能级是指一系列处于分立运动状态的微观粒子所具有的确定、不连续的能量值。因此,传统制造业数字化转型价值生态的能级是指在传统制造业数字化转型过程中,基于业务单元级能量、流程级能量和网络级能量形成的价值生态整体数字化转型能量值。宏观系统能级跃迁是指宏观系统由于外界扰动,吸收和释放能量后发生自身能量改变,产生不连续的、量子化的从一条能级轨道"跳跃"到另一条能级轨道的现象。传统制造业数字化转型价值生态是一个由处于不同数字化转型水平下的大中小企业,以及劳动力、资本、土地、自然资源等初级要素和技术、知识、信息、数据等高级要素构成的复杂系统。其系统演化是在数字技术、制度、市场等因素的交互催化、互相强化的作用下,向更高层次的组织水平的跃进行为。其过程体现了演进发展中的不确定性、创造性和临界性,可看作是一系列的"分叉点"跃迁到更高阶段水平的一个不连续发展进程。因此,本书界定传统制造业数字化转型价值生态能级跃迁为在云计算、物联网、5G通信等新一代数字技术等外界影响下,数据要素赋能各类传统价值创造要素,驱动单个企业内的业务单元间、同一产业部门内的企业间、不同产业部门间形成数字化、网络化和生态化的跨业务单元边界、组织边界和流程边界的价值创造关系,促进价值创造主体更大范围地动态吸聚、获取、组合各类价值创造要素,进行价值创造活动,产生复杂产品、复杂工艺技术等价值载体。当传统制造业数字化转型的能量累积达到一定程度时,其会促使价值生态选择更能适应产业环境的结构或运行模式,朝着更为复杂的组织水平汇聚,以迈向更高层次的发展水平。综上,本书将传统制造业数字化转型视为从业务单元级、流程级到网络级的价值生态能级跃迁过程。

从传统制造业数字化转型价值生态所处的状态水平来看,每一高阶段状态都包含了低一阶段的诸多特性并呈现出许多新的特征,结构也相对更为复杂。同时,每一低阶段的状态又对高一阶段提供了必要的基础,赋予了其许多必备的功能特征。从演化的观点来看,价值生态处在不断演化发展的过程中,是一个不断分化、生长和重组的过程。如图4-3所示,T0—T1阶段,传统制造业价值生态中,各层级价值创造主体受市场需求、政策供给、资源条件等影响,依据自身对各类价值创造要素的动态吸聚、获取和组合能力,进行价值创造活动,产出价值载体。此时,价值生态的能量水平围绕某一较低能级上下涨落,较为稳定,处于能量累积阶段。T1—T2阶段,随着云计算、物联网、5G等新一代信息技术的外部冲击,数据要素作为关键价值创造要素,赋能传统价值创造要素,驱使各层级创新主体突破业务单元边界、流程边界和组织边界,逐渐形成数字化的价值创造关系。此时,价值生态呈现出向对自身有利的方向发展的演化趋势,能量水平产生剧烈涨落。T2—T3阶段,当价值生态的能量累积达到一定程度时,随着新一代信息技术的继续冲击在临界点处将价值生态能量水平的某一微小涨落放大成为巨涨落,使价值生态朝着更为复杂的组织水平汇聚,选择更能适应产业环境的结构或运行模式,迈向更高层次的发展水平,即实现能级跃迁。T3—T4阶段,传统制造业已处于新的数字化转型阶段。此时,价值生态的能量水平围绕某一较高能级上下涨落,较为稳定。

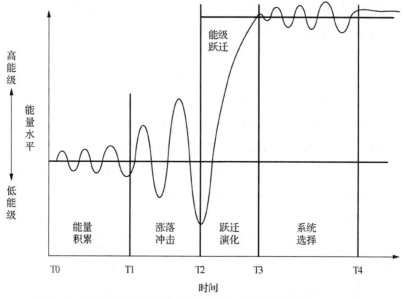

图4-3 传统制造业数字化转型价值生态能级跃迁能量水平示意图

为定量测度传统制造业数字化转型价值生态能级跃迁所处不同阶段的能量水平,本书引入量子理论中内能的概念,解析产业价值生态能量本质。内能是指构成系统的所有分子无规则运动产生的动能和分子间存在相互作用力而产生的势能等各种形式能量总和的物理量。系统在获得外界能量的作用后,系统温度将会升高,粒子的热运动加剧,彼此之间发生激烈的碰撞,系统内能变大,发生结构改变的几率也将相应增大,最终系统实现能级跃迁。在云计算、物联网和5G通信等新一代信息技术驱动下,数据作为关键价值创造要素,赋能劳动力、资本、土地等传统价值创造要素及不同主体间的各类连接关系,促使价值创造基础单元即业务单元进行更大范围的价值创造要素动态吸聚、获取和组合,进行更加复杂的价值创造活动。这一过程中,单个企业内部不同业务单元间、同一产业部门内部不同企业间和不同产业部门间的联系更加密切,产生、分享和扩散的价值创造载体价值含量更高,导致产业价值和生态产业系统内能上升,大量的企业聚集于更高能级轨道上进行研发生产活动,被激发到高能级的企业数目日益增多。当处于高能级的企业数量达到一定临界阈值即跃迁点时,就易发生传统制造业数字化转型价值生态的能级跃迁。因此,本书界定传统制造业数字化转型价值生态内能为传统制造业数字化转型价值生态中,各层级价值创造主体吸聚和投入数据等价值创造要素,开展价值创造活动,最终形成价值增值而具有的动能,以及业务单元间、企业间、产业部门间基于产业链、供应链和创新链形成线性或非线性、直接或间接的价值创造关系并且互相作用而具有的势能的总和。传统制造业数字化转型价值生态内能衡量了整个价值生态中各层级价值创造主体动态吸聚、配置、利用数据等价值创造要素进行价值创造活动,形成有机协调、共创共享价值创造关系所具有的能量大小,即传统制造业数字化转型价值生态实现能级跃迁过程中所具有的能量。

根据内能理论,动能是指系统内部大量分子做无规则运动所具有的能量。传统制造业数字化转型价值生态中的价值创造基础单元是单个企业内部的不同业务单元。单个企业根据企业战略目标协调内部各个业务单元,进行价值创造要素的再分配,实现单个企业自身价值创造活动绩效的最大化。而单个产业部门是由按照一定分工、专门从事同类经济活动的企业构成的,不同的产业部门又共同构成传统制造业。因此,本书认为传统制造业数字化转型价值生态动能的根本来源是业务单元级中单个企业内不同的业务单元,根据自身业务目标和范围,动态吸聚、获取和组合数据、劳动力、资本、技术、设施设备等价值创造要素,产生产品、专利等价值载体,实现价值创造活动绩效提升的能力。在流程级,企业作为价值创造主体,由其内部不同业务单元构成,动能表现为单个企业依据企业目标,对内部各个业务单元进行业务分工、资源分配、组织重构和关系协调,进而在企业层面具有的动态吸聚、获取和组合价值创造要素且提升价值创造活动绩效的综合能力。同理,在网络级,单个产业部门所具有的动能是产业部门内部处于不同数字化转型水平下的企业在从事同类经济活动过程中,共同吸聚、获取和组合价值创造要素且提升单个产业部门整体价值创造活动绩效的能力。综上,本书界定传统制造业数字化转型价值生态动能为价值生态不同层级中,处于不同数字化转型阶段和水平的业务单元、企业和产业部门,以各类业务单元作为价值创造基础单元,形成自身动态吸聚、获取和组合数据、劳动力和资本等价值创造要素的能力,开展各类跨业务单元的价值创造活动,实现价值增值和分享过程中产生的能量。产业价值生态动能由单个企业内部的业务单元产生,在企业层面和产业部门层面均有体现。流程级动能和网络级动能是业务单元级动能在流程级和网络级的综合体现。

根据内能理论,势能是指系统中分子间由于存在相对距离而产生相互作用力,从而具有运动趋势的能量。传统制造业数字化转型价值生态中,单个企业内部不同业务单元间、单个产业部门内部处于不同数字化转型水平下的企业之间以及不同产业部门之间存在竞争、合作等相互作用关系,它们之间的相互作用关系产生的能量,即传统制造业数字化转型价值生态势能。在业务单元级,单个企业内部不同业务单元由于自身业务能力、范围和目标的不同,存在为了提升自身实力以超越其他业务单元而互相争夺劳动力、资本、设备等有形价值创造要素和数据、知识、技术等无形价值创造要素的竞争关系,以及在单个企业整体战略目标的协调安排下不断进行互相学习、协同协作、价值创造要素分享以及有机重构的合作关系。在这些竞争、合作关系下,单个企业内部不同业务单元间产生业务单元级势能。在流程级,单个产业部门内部不同企业由于处于数字化转型的不同阶段和水平下,在动态吸聚、获取和组合价值创造要素能力及范围,价值创造活动种类,产生的价值创造载体类型等方面存在差异。同时,在价值创造过程中,由于产业链、供应链和创新链等上下游直接或间接关系的存在彼此形成跨业务单元、跨流程边界的相互作用关系,最终单个产业部门内不同企业间产生流程级势能。不同产业部门间存在经济活动类型的差异,各自内部的部分企业为寻求更大范围内的价值创造要素吸聚、获取和组合来源,满足复杂工艺技术实现、复杂产品生产等需求,实现更高水平的价值创造,突破原有单个产业部门内部企业间的线性关系,形成跨产业部门边界的非线性网络化关系,最终不同产业部门之间产生网络级势能。

综上,如图 4-4 所示,云计算、物联网、5G 等新一代信息技术的外界刺激,激发数据要素的价值创造潜能,使其作为关键价值创造要素,赋能劳动力、资本等传统价值创造要素及不同主体间的各类连接关系。具体地,业务单元级、流程级和网络级等各层级价值创造主体,动态吸聚、获取和组合数据、劳动力、资本等价值创造要素,彼此间逐渐形成跨业务单元边界、流程边界和组织边界的价值创造关系,进行各类价值创造活动,产出价值载体,产生业务单元级、流程级、网络级动能和势能。在这一过程中,价值生态内能不断波动上升,表现为系统运行模式朝着更能适应产业环境的方向发展,组织结构朝着更为复杂的水平汇聚,最终出现价值生态能级跃迁现象,此时传统制造业逐步完成数字化、网络化、生态化的转变,即传统制造业实现数字化转型。

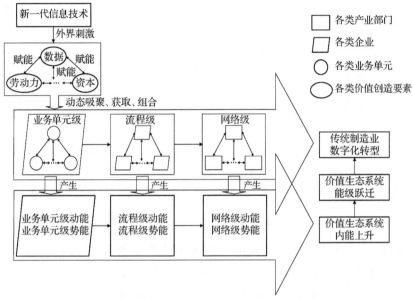

图4-4 传统制造业数字化转型价值生态能级跃迁示意图

4.3 传统制造业数字化转型价值生态能级跃迁的指数构建

基于4.2传统制造业数字化转型价值生态能级跃迁内涵界定可知,本书将传统制造业数字化转型视为从业务单元级、流程级到网络级的价值生态能级跃迁过程,并用内能衡量能级跃迁过程中价值生态的能量水平大小。因此,本节基于内能理论,对传统制造业数字化转型价值生态能级跃迁的影响因素进行分析,并基于指数测度工具构建传统制造业数字化转型价值生态内能指数、动能分指数和势能分指数,厘清传统制造业数字化转型价值生态能级跃迁影响因素与各类指数的内在联系,为下一节传统制造业数字化转型价值生态能级跃迁关键影响因素识别提供基础。

4.3.1 内能指数构建

传统制造业数字化转型价值生态内能的产生过程,涉及各层级价值创造主体、各类价值创造要素和各类价值创造主体间的价值创造关系,具有复杂性、动态性等特点。因此,本书引入指数,为定量测度传统制造业数字化转型价值生态内能提供理论工具。在统计学中,指数是一种反映复杂社会经济现象综合变动程度的相对数。运用指数可以综合反映事物变动方向和变动程度,可以分析多因素影响现象的总变动中各个因素的影响大小和影响程度,可以研究事物在长时间内的变动趋势[89]。首先,本书基于4.2对传统制造业数字化转型价值生态内能、动能和势能的内涵界定,借鉴内能理论,从动能和势能两个维度,构建传统制造业数字化转型价值生态内能指数,并分解为传统制造业数字化转型价值生态动能指数和传统制造业数字化转型价值生态势能指数两个分指数,对传统制造业数字化转型价值生态内能进行分析及测度。

其次,根据量子理论中系统动能的表达式 $E=\sum_1^n mv^2/2$(其中,n 表示系统中分子的数量,m 表示单个分子的质量,v 表示分子的运动速度)可知,微观上,影响系统动能的主要因素包含系统内部分子的数量、质量和运动速度。结合传统制造业数字化转型价值生态动能内涵,本书认为,影响传统制造业数字化转型价值生态动能的因素是数字化转型要素动态吸聚、获取和利用的各层级主体数量规模、投入产出质量和增长率。同时,一方面,目前《中国统计年鉴》《中国科技统计年鉴》等政府权威统计数据中,相关数据的统计对象以企业和产业部门为主,针对业务流程级中单个企业内部的不同业务单元的统计数据仍为空白,且难以统计。另一方面,根据对业务单元级动能、流程级动能和网络级动能的内涵界定,本书认为产业价值生态动能由单个企业内部的业务单元产生,流程级动能和网络级动能是业务单元级动能在流程级和网络级的综合体现。因此,同时考虑数据可获得性和避免计算重叠,本书以网络级中的价值创造主体即产业部门为对象,参考量子理论中系统动能的影响因素,从数字化转型要素动态吸聚和利用的主体数量规模、投入产出质量和投入产出增长率三个维度,构建传统制造业数字化转型价值生态动能指数,具体包含产业部门内数字化转型主体数量规模分指数、产业部门数字化转型要素投入产出质量分指数和产业部门数字化转型要素投入产出增长率分指数三个分指数。

最后,系统势能的产生是由于分子间存在作用力而产生能量。结合传统制造业数字化转型价值生态势能内涵,势能的产生是由于各层级的主体间存在业务目标、能力、动态吸聚、获取、组合价值创造要素范围和价值创造活动类型差异,进而基于供应链、产业链、创新链等上下游、横纵向联系,形成业务单元间、企业间、产业部门间的竞争与合作等数字化转型关系而具有的能量,在各层级分别表现为业务单元级势能、流程级势能和网络级势能。同时,一方面,与业务单元级动能类似,我们无法获得以单个企业内部业务单元为对象的准确统计数据。另一方面,基于价值生态多层级组织结构特点,单个企业可以看作是由一个或者多个业务单元构成的组织,并基于企业目标和战略安排,统一协调企业内部所有业务单元间的价值创造关系,进行价值创造要素动态吸聚、获取、组合,产出相应价值创造载体。因此,本书认为流程级势能内含了业务单元级势能。综上,本书以流程级和网络级中的价值创造主体为对象,即以单个产业部门内的企业间和产业部门间的价值创造关系为对象,从数字化转型的关系维度,构建传统制造业数字化转型价值生态势能指数,具体包含产业部门内数字化转型协同关系分指数和产业部门间数字化转型协同关系分指数两个分指数。综上,本书构建传统制造业数字化转型价值生态内能指数如表4-1所示。

表4-1 传统制造业数字化转型价值生态内能指数构建

一级指标	二级指标
传统制造业数字化转型价值生态动能分指数(Index KE)	产业部门内数字化转型主体数量规模分指数(Index IQ)
	产业部门数字化转型要素投入产出质量分指数(Index IM)
	产业部门数字化转型要素投入产出增长率分指数(Index IS)
传统制造业数字化转型价值生态势能分指数(Index PE)	产业部门内数字化转型协同关系分指数(Index EF)
	产业部门间数字化转型协同关系分指数(Index IF)

在当前传统制造业数字化转型迫切需求下,相较于内能指数的提高,个别影响因素指标值降低导致的内能指数下降,对价值生态能级跃迁的负面影响更大。因此,文本借鉴前景理论中的参照依赖与损失规避假设[90],构建传统制造业数字化转型价值生态内能指数。具体地,参照依赖是指内能指数在某年份的值是与其他年份相互参照的结果;损失规避是指当某一影响因素指标的取值相对较差并导致损失时,相应的内能指数会迅速下降,即对损失更加敏感。传统制造业数字化转型价值生态内能指数构建如下[91],设内能指数影响因素的数据矩阵为 $A = (a_{ij})_{m \times n}$,其中 m 表示年份跨度,n 表示影响因素数量,a_{ij} 表示第 i 年度的第 j 项影响因素指标值。令 $A_k = (a_{k1}, a_{k2}, \cdots, a_{kn})'$ 为第 k 年度影响因素数据矩阵,则第 i 年与第 k 年

的内能指数相对值 $\vartheta(A_i, A_k)$ 为：

$$\vartheta(A_i, A_k) = \sum_{j=1}^{n} \varphi_j(A_i, A_k), \ i,k = 1,2,\cdots,m \quad (4-1)$$

$$\varphi_j(A_i, A_k) = \begin{cases} \sqrt{w_{jr}(a_{ij}-a_{kj})/\sum_{j=1}^{n}w_{jr}}, & a_{ij}-a_{kj} > 0 \\ 0, & a_{ij}-a_{kj} = 0 \\ -\frac{1}{\theta}\sqrt{(\sum_{j=1}^{n}w_{jr})(a_{kj}-a_{ij})/w_{jr}}, & a_{ij}-a_{kj} < 0 \end{cases} \quad (4-2)$$

$$w_{jr} = w_j / \max\{w_j \mid j=1,2,\cdots,n\}, \ j=1,2,\cdots,n \quad (4-3)$$

其中，$\varphi_j(A_i,A_k)$ 表示 A_i 与 A_k 在第 j 项影响因素的相对值，加总后得到内能指数的相对值 $\vartheta(A_i,A_k)$。参数 θ 表示内能指数在影响因素指标相对较差时的敏感程度，θ 越小，则影响因素指标相对较差时内能指数下降越显著。w_j 表示第 j 项指标的权重，本书选取熵值权重法获得，w_{jr} 表示第 j 项指标相对于权重最大指标的相对权重值。第 i 年的内能指数为所有年份相对值的加总，即 $\sum_{k=1}^{m}\vartheta(A_i,A_k)$，归一化后，得到第 i 年的传统制造业数字化转型价值生态内能指数 $\text{Index}IE_i$：

$$\text{Index}IE_i = \frac{\sum_{k=1}^{m}\vartheta(A_i,A_k) - \min\{\sum_{k=1}^{m}\vartheta(A_i,A_k)\}}{\max\{\sum_{k=1}^{m}\vartheta(A_i,A_k)\} - \min\{\sum_{k=1}^{m}\vartheta(A_i,A_k)\}} \quad (4-4)$$

类似地，设动能分指数和势能分指数影响因素的数据矩阵分别为 $\boldsymbol{B} = (b_{ij})_{m \times n_b}$ 和 $\boldsymbol{C} = (c_{ij})_{m \times n_c}$，基于前景理论，得到第 i 年的传统制造业数字化转型价值生态动能分指数 $\text{Index}KE_i$ 和势能分指数 $\text{Index}PE_i$。

4.3.2 动能分指数构建

基于 4.3.1 可知，传统制造业数字化转型价值生态动能影响因素主要包含产业部门内数字化转型主体数量规模、产业部门数字化转型要素投入产出质量和产业部门数字化转型要素投入产出增长率。因此，本节从这三个维度分别构建产业部门内数字化转型主体数量规模分指数、产业部门数字化转型要素投入产出质量分指数和产业部门数字化转型要素投入产出增长率分指数三个分指数，并解析各个分指数与传统制造业数字化转型价值生态动能的关系。

1）产业部门内数字化转型主体数量规模分指数构建

数量是对事物量多少的度量。传统制造业数字化转型价值生态中，产业部门内数字化转型主体数量规模是指单个产业部门内处于不同数字化转型水平的企业个数和企业多样性水平的综合度量。企业作为动态获取、组合和利用价值创造要素的数字化转型主体,其个数越多、种类越丰富、多样性水平越高,其驱动数字化转型的动能越大。本书基于 Shannon-Wiener 指数测算方法,衡量单个产业部门内处于不同数字化转型水平的企业的种类丰富程度和稀缺程度。Shannon-Wiener 指数的基础是信息论,通过构建信息量反映物种的种类和单个物种的数量。具体地,物种种类越多、每种数量越少,其信息量越大,多样性指数越大,所反映的物种丰富程度和稀缺程度越高[92-93]。产业部门内数字化转型主体数量规模分指数构建如下,设传统制造业数字化转型价值生态中存在 N 个企业、M 类产业部门,则第 r 类产业部门数字化转型主体的多样性指数 $\text{Index}IV_r$ 为:

$$\text{Index}IV_r = -\frac{n_r}{N}\ln\left(\frac{n_r}{N}\right) \quad (4-5)$$

其中 n_r 表示第 r 类产业部门所含企业个数,$\text{Index}IV_r$ 越大,说明第 r 类产业部门中企业的种类越丰富。因此,综合考虑产业部门内企业数量和企业多样性,基于几何平均法,得到第 r 类产业部门内数字化转型主体数量规模分指数 $\text{Index}IQ_r$ 为:

$$\text{Index}IQ_r = \sqrt{n_r \cdot \text{Index}IV_r} = \sqrt{-\frac{n_r^2}{N}\ln\left(\frac{n_r}{N}\right)} \quad (4-6)$$

进而设产业部门内数字化转型主体数量规模分指数影响因素的数据矩阵为 $\boldsymbol{B}_1 = (b_{ij}^{(1)})_{m \times n_{b1}}$,基于前景理论的参照依赖与损失规避假设,参考 4.3.1 内能指数测算方法(式 4-1 至式 4-4),测算得到第 i 年产业部门内数字化转型主体数量规模分指数 $\text{Index}IQ_i$。

2) 产业部门数字化转型要素投入产出质量分指数构建

质量是描述物体在受到外力作用时所具有的维持原来运动状态不变能力的物理量。产业部门数字化转型要素投入产出质量是指价值生态中,各个产业部门整体动态吸聚、获取和组合劳动力、资本等传统生产要素,及数字化人才、数字化技术等数字化资源要素,产出新产品、专利等价值载体,获得利润的固有能力属性,是决定其实现数字化转型新价值创造并产生动能的重要因素,具体包含产业部门数字化转型要素投入质量和产业部门数字化转型产出质量。其中,产业部门数字化转型要素投入质量是指产业部门整体投入劳动力、资本、数字化资源等价值创造要素,满足产业部门自身发展需求的能力属性;产业部门数字化转型产出质量是指产业部门基于各类价值创造要素的投入,进行研发、生产、销售等价值创造活动,产出专利、新产品等价值载体,获得利润,并依托价值载体进行价值传递和价值分享的能力属性。为测算产业部门数字化转型要素投入产出质量分指数,本书基于其内涵,建立影响因素指标体系,具体过程如下。

(1) 影响因素指标体系构建原则

关于影响因素的选取,参考评价指标构建的一般思路,产业部门数字化转型要素投入产出质量影响因素指标体系构建首先满足以下四个原则。① 系统性原则:根据产业部门数字化转型要素投入质量和产出质量的内涵和特点选择影响因素,各影响因素之间要有一定的逻辑关系,既相互独立又彼此联系,共同构成一个有机统一体,以保证影响因素指标体系构建的层次性。② 典型性原则:影响因素指标需具有较强的客观性,并真实、合理地反映产业部门数字化转型要素投入产出质量。③ 科学性原则:确保选取的影响因素必须是能够通过观察、测试等方式得出明确结论的定性或者定量指标。一方面,影响因素指标不能过多过细、过于繁琐、相互重叠,各指标应该具有很强的现实可操作性和可比性;另一方面,指标又不能过少过简,以避免指标信息遗漏,出现错误、不真实现象。④ 动态性原则:产业部门数字化转型要素投入产出质量影响因素分析需要通过一定时间尺度的影响因素指标以体现其演化过程。因此,影响因素的选择要充分考虑到随时间动态变化下的产业发展趋势、政策导向等。

(2) 影响因素指标体系构建

根据上述四个基本原则,结合产业部门数字化转型要素投入产出质量内涵,本书进行如下指标体系的构建工作。

① 构建一级指标。本书根据产业部门数字化转型要素投入产出质量内涵,从产业部门数字化转型要素投入和产业部门数字化转型产出两个维度出发,构建影响因素指标体系的一级指标,包括产业部门数字化转型要素投入质量和产业部门数字化转型产出质量两个一级指标。

② 划分二级指标。产业部门投入的数字化转型要素主要包含劳动力、资本等传统要素,及数字化人才、数字化技术等数字化资源,而价值创造产出主要从收益和效益反应,基于此,本书构建二级指标,具体包括劳动力投入质量、资本投入质量、数字化资源投入质量、数字化转型产出收益质量和数字化转型产出效益质量五个二级指标。

③ 三级指标及具体指标的确定。本书在三级指标选取过程中,参考现有文献,选取平均用工人数衡量产业部门劳动力要素的投入质量;选取非流动资产衡量

产业部门在建造、购置、安装、改建、扩建、技术改造某项固定资产时所占用的资金合计,包括企业拥有的土地、办公楼、厂房、机器、运输工具等固定资产,及企业长期使用而没有实物形态的资产,包括专利权、非专利技术、商标权、著作权、土地使用权、商誉等无形资产;数字化资源是指在新一代信息技术影响下形成的数字化人才、数字化设施设备等区别于劳动力、资本等传统资源的新型资源,计算机、通信和其他电子设备传统制造业产品凝结了数字化人才、数字化技术、数字化设施等数字化资源的价值,各个产业部门对计算机、通信和其他电子设备传统制造业产品的中间使用一定程度上反映了该产业部门在价值创造过程中对数字化人才、数字化设施等数字化资源的投入;选取利润总额衡量一定时期内产业部门实现的利润,其是经营业绩和管理水平的集中体现,其值越大,说明产业部门动态吸聚、组合、利用各类价值创造要素最终产生的价值量越高,即价值创造的收益越高;选取成本费用利润率衡量一定时期内产业部门实现的利润与成本费用之比,其是反映产业部门生产成本及费用投入的经济效益指标,成本费用利润率越高,说明产业部门内的各类企业整体在价值创造过程中每付出单位成本费用获得的利润和经济效益越高,即价值创造的效益越高。同时,本书从实力和效率两个维度,选取各维度的存量和相对水平指标。综上,本书构建产业部门数字化转型要素投入产出质量影响因素指标体系,如表4-2所示。

表4-2 产业部门数字化转型要素投入产出质量影响因素指标体系

一级指标	二级指标	具体指标
产业部门数字化转型要素投入质量	劳动力投入质量	A1 平均用工人数/万人 A2 平均用工人数占比/%
	资本投入质量	A3 非流动资产合计/亿元 A4 非流动资产合计占比/%
	数字化资源投入质量	A5 计算机、通信和其他电子设备传统制造业产品中间使用/万元 A6 计算机、通信和其他电子设备传统制造业产品中间使用占比/%
产业部门数字化转型产出质量	数字化转型产出收益质量	B1 利润总额/亿元 B2 利润总额占比/%
	数字化转型产出效益质量	B3 成本费用利润率/%

基于上述影响因素指标体系,第 r 类产业部门数字化转型要素投入产出质量分指数 $IndexIM_r$ 构建如下,设具体指标的数据矩阵为 $\boldsymbol{X}=(x_{ij})_{m\times n}$,其中 m 表示

时间跨度，n 表示具体指标数量，$n=9$，x_{ij} 表示第 i 年第 j 项具体指标的数据值，首先基于 min-max 法将具体指标数据矩阵 X 进行标准化处理，得到 $\widehat{X}=(\widehat{x_{ij}})$，然后基于熵值权重法确定各具体指标的权重，得到权重矩阵 $W=(w_j)$，其中 w_j 表示具体指标的权重，最后基于线性加权法，得到第 i 年传统制造业数字化转型价值生态第 r 类产业部门数字化转型要素投入产出质量分指数 IndexIM_r，如下：

$$\text{Index}IM_r = \sum_{j=1}^{n} w_j \widehat{x}_{ij} \tag{4-7}$$

进而设产业部门数字化转型要素投入产出质量分指数影响因素的数据矩阵为 $B_2=(b_{ij}^{(2)})_{m \times n_{b2}}$，基于前景理论的参照依赖与损失规避假设，参考 4.3.1 内能指数测算方法（式 4-1 至式 4-4），测算得到第 i 年产业部门数字化转型要素投入产出质量分指数 IndexIM_i。

3) 产业部门数字化转型要素投入产出增长率分指数构建

速度是物体运动快慢和方向的度量，在数值上等于物体运动的位移跟发生这段位移所用的时间的比值。产业部门数字化转型要素投入产出速度是指产业部门中处于不同数字化转型水平下的各类企业整体吸聚和投入劳动力、资本、数字化资源等价值创造要素的快慢，以及产出专利和新产品等价值载体、实现价值增值和分享、获得利润的快慢，即产业部门数字化转型要素增长率，具体包含产业部门数字化转型要素投入增长率和产出增长率。根据产业部门数字化转型要素投入产出质量影响因素的分析，产业部门数字化转型要素投入增长率包含劳动力、资本、数字化资源投入增长率，产业部门数字化转型产出增长率包含收益增长率和效益增长率，进而选取具体指标。增长率是指一定时期内某一数据指标的增长量与基期数据的比值，反映了产业部门数字化转型要素投入和产出的潜力。综上，构建产业部门数字化转型要素投入产出增长率影响因素指标体系，如表 4-3 所示。

表 4-3　产业部门数字化转型要素投入产出增长率影响因素指标体系

一级指标	二级指标	具体指标
产业部门数字化转型要素投入增长率	劳动力投入增长率	C1 平均用工人数增长率/%
	资本投入增长率	C2 非流动资产合计增长率/%
	数字化资源投入增长率	C3 计算机、通信和其他电子设备传统制造业产品中间使用增长率/%

续表

一级指标	二级指标	具体指标
产业部门数字化转型产出增长率	价值创造产出收益增长率	D1 利润总额增长率/%
	价值创造产出效益增长率	D2 成本费用利润率增长率/%

基于上述影响因素指标体系,第 r 类产业部门数字化转型要素投入产出增长率分指数 IndexIS_r 构建如下,设具体指标的数据矩阵为 $\boldsymbol{X}=(x_{ij})_{m\times n}$,其中 m 表示时间跨度,n 表示具体指标数量,$n=5$,x_{ij} 表示第 i 年第 j 项具体指标的数据值,首先基于 min-max 法将具体指标数据矩阵 $\boldsymbol{X}$ 进行标准化处理,得到 $\widehat{\boldsymbol{X}}=(\widehat{x_{ij}})$,然后基于熵值权重法确定各具体指标的权重,得到权重矩阵 $\boldsymbol{W}=(w_j)$,其中 w_j 表示具体指标的权重,最后基于线性加权法,得到第 i 年第 r 类产业部门数字化转型要素投入产出增长率分指数 IndexIS_r 如下:

$$\text{Index}IS_r = \sum_{j=1}^{n} w_j \widehat{x_{ij}} \quad (4-8)$$

进而设产业部门数字化转型要素投入产出增长率分指数影响因素的数据矩阵为 $\boldsymbol{B}_3=(b_{ij}^{(3)})_{m\times n_{b3}}$,基于前景理论的参照依赖与损失规避假设,参考 4.3.1 内能指数测算方法(式 4-1 至式 4-4),测算得到第 i 年产业部门数字化转型要素投入产出增长率分指数 IndexIS_i。

4.3.3 势能分指数构建

基于 4.3.1 可知,传统制造业数字化转型价值生态势能影响因素主要包含产业部门内数字化转型协同关系和产业部门间数字化转型协同关系,因此本节从这两个维度,分别构建产业部门内数字化转型协同关系分指数和产业部门间数字化转型协同关系分指数两个分指数,解析各个分指数与传统制造业数字化转型价值生态势能的关系。

1) 产业部门内数字化转型协同关系分指数构建

产业部门内数字化转型协同关系是指单个产业部门内,任意两个企业之间由于自身处于不同数字化转型水平,拥有不同数量和种类的数据、劳动力、资本、土地、技术等价值创造要素,产出不同数量和种类的新产品、专利等价值载体,彼此希望依托产业链、供应链和创新链等直接或间接的上下游联系,实现整体利益最大化,而形成跨企业边界的横向与纵向一体化的相互作用关系。为定量测算产业部门内数字化转型协同关系分指数,本书引入区位熵的概念。在产业结构研究中,区位熵衡量某一产业部门的专业化程度。基于4.1传统制造业数字化转型价值生态多层级组织结构特征,单个产业部门是由按照一定分工、专门从事同类经济活动的企业构成的,产业部门区域熵越高,说明其内部处于不同数字化水平的企业的专业化程度越高,相互协同程度越高。综上,构建产业部门内数字化转型协同关系分指数如下:

设传统制造业数字化转型价值生态中存在 M 类产业部门,第 r 类产业部门区位熵 LQ_{ri} 为

$$LQ_{ri} = \frac{\frac{x_{ri}}{x_i}}{\frac{X_{ri}}{X_i}} \qquad (4-9)$$

其中 $i=1,2,3$,分别表示区位熵计算过程中涉及的劳动力、资本和数字化资源投入三类指标,x_{ri} 表示第 r 类产业部门的第 i 类指标值,x_i 表示传统制造业所有产业部门的第 i 类指标值,X_{ri} 表示全国范围内第 r 类产业部门的第 i 类指标值,X_i 表示全国范围内传统制造业所有产业部门的第 i 类指标值。进而基于几何平均法,得到第 r 类产业部门内数字化转型协同关系分指数 $\text{Index}EF_r$ 为:

$$\text{Index}EF_r = \sqrt[3]{LQ_{r1} \cdot LQ_{r2} \cdot LQ_{r3}} \qquad (4-10)$$

进而设产业部门内数字化转型协同关系分指数影响因素的数据矩阵为 $C_1 = (c_{ij}^{(1)})_{m \times n_{c1}}$,基于前景理论的参照依赖与损失规避假设,参考4.3.1内能指数测算方法(式4-1至式4-4),测算得到第 i 年产业部门内数字化转型协同关系分指数 $\text{Index}EF_i$。

2) 产业部门间数字化转型协同关系分指数构建

产业部门间数字化转型协同关系是指任意两个处于不同数字化转型水平下的产业部门之间,依托产业链、供应链和价值链,形成跨产业边界的网络化连接,其中发展较快的产业部门会对发展较慢的产业部门起到直接或间接的拉动作用,实现产业部门之间结构比例协调与增速上的动态匹配与协调而具有的相互作用关系。为定量测度产业部门间数字化转型协同关系分指数,本书基于产业协同集聚指数,构建传统制造业数字化转型价值生态产业间作用力指数,衡量不同产业部门间协同关系的紧密程度。具体地,设传统制造业数字化转型价值生态中存在 M 类产业部门,其中第 a 类产业部门和第 b 类产业部门间数字化转型协同关系分指数 IndexIF_{ab}为：

$$\text{Index}IF_{ab} = \left(1 - \frac{|\text{Index}EF_a - \text{Index}EF_b|}{\text{Index}EF_a + \text{Index}EF_b}\right) + (\text{Index}EF_a + \text{Index}EF)$$

(4-11)

进而设产业部门间数字化转型协同关系分指数影响因素的数据矩阵为 $C_2 = (c_{ij}^{(2)})_{m \times n_{c2}}$，基于前景理论的参照依赖与损失规避假设，参考 4.3.1 内能指数测算方法（式 4-1 至式 4-4），测算得到第 i 年产业部门间数字化转型协同关系分指数 $\text{Index}IF_i$。

4.4 传统制造业数字化转型价值生态能级跃迁关键影响因素识别

4.4.1 历史性和未来性关键影响因素内涵界定

基于 4.2 可知，传统制造业数字化转型具有过程性特征，在不同阶段，传统制造业数字化转型的关键影响因素会随着时间而变化。具体地，在初始级数字化阶段，影响数字化转型的关键影响因素是单个企业内部主要或若干业务单元职能范围内，基于新一代信息技术应用，实现业务单元对数据要素的获取、开发和利用，并有效发挥数据要素对劳动力、资本、土地、技术等传统生产要素及业务单元间连接关系的赋能作用；在业务单元级数字化阶段，传统制造业数字化转型的关键影响因素是单个企业内部的业务单元突破企业边界，与产业部门内其他企业基于供应链、产业链、创新链等链式结构形成上下游供需、横纵向合作的流程协同关系；在流程级数字化阶段，传统制造业数字化转型的关键影响因素是整个价值生态范围内不同产业部门间基于供应网络、产业网络、创新网络等网链功能结构，建立跨产业部门协同关系，实现数据的网络化获取、开发和利用，推动全要素、全过程互联互通和动态优化；在网络级数字化阶段，基于整个价值生态系统范围内不同产业部门间数据的获取、开发和利用，充分发挥数据作为关键价值创造要素的赋能作用产生网络级能量。因此，传统制造业数字化转型关键影响因素具有时变性特征。

针对传统制造业数字化转型关键影响因素的时变性特征，本书从历史和未来两个阶段，将能级跃迁关键影响因素分为历史性关键影响因素和未来性关键影响因素。具体地,历史性关键影响因素是指影响传统制造业数字化转型既有过程的关键影响因素,未来性关键影响因素是指影响传统制造业数字化转型未来能级跃迁的关键影响因素。其中,根据对能级跃迁既有过程的作用方向和作用强度,历史性关键影响因素分为促进性和抑制性关键影响因素。具体地,促进性关键影响因素是指对价值生态内能指数提升起到正向促进作用最明显的历史性关键影响因素,抑制性关键影响因素是指对价值生态内能指数提升起到负向抑制作用最显著的历史性关键影响因素。

4.4.2 基于遗传算法—扩展灰色关联分析模型的能级跃迁历史性关键影响因素识别

灰色关联分析是灰色系统理论的一个分支,其通过比较不同数据序列曲线形状的相似程度,可以量化分析抽象系统形成与变化过程中的主要因素与次要因素,为本书识别传统制造业数字化转型价值生态能级跃迁的历史性关键影响因素提供分析工具。经典的灰色关联分析模型以灰色关联公理为基础,其公理包括规范性、偶对称性、整体性与接近性。随着对灰色关联理论的深入研究,以及以广义灰色关联分析模型为代表的改进模型的提出,偶对称性与整体性公理得到了充分的讨论与分析,而针对规范性公理的研究较少。规范性公理要求关联度取正值,即假定相关因素序列与系统特征行为序列间为正向关联关系。然而传统制造业数字化转型价值生态能级跃迁过程中,相关影响因素与系统内能既存在正向关联,又存在负向关联。现有方法通过逆化算子或倒数化算子将负向关联转化为正向关联再研究。但在实际应用中,当系统内的相关因素较多且变化趋势差异较大时,每个因素的关联方向往往难以判断,也就无法将系统可能存在的正向关联与负向关联纳入同一分析框架内研究。基于以上分析,本书基于对灰色关联分析模型的扩展,构建包含负向关联的扩展灰色关联分析模型,以传统制造业数字化转型价值生态内能指数作为反映系统整体行为特征的数据序列,以动能分指数、势能分指数、产业部门内数字化转型主体数量规模分指数、产业部门数字化转型要素投入产出质量分指数、产业部门数字化转型要素投入产出增长率分指数、产业部门内数字化转型协同关系分指数和产业部门间数字化转型协同关系分指数以及各个影响因素序列分别作为相关因素序列,解析传统制造业数字化转型价值生态内能形成机理,识别能级跃迁促进性和抑制性关键影响因素。

扩展灰色关联分析模型如下,设传统制造业数字化转型价值生态内能指数序

列为 $X_0 = \{\varphi(A_i)\} = \{\varphi(A_1), \varphi(A_2), \cdots, \varphi(A_m)\} = \{x_0(1), x_0(2), \cdots, x_0(m)\}$，作为系统特征行为序列，其中 m 表示年份跨度，$\varphi(A_i)$ 表示第 i 年内能指数。设具体影响因素序列作为相关因素序列 X_h，其逆化象为 X'_h，其中 $h = 1, 2, \cdots, n$，n 表示具体影响因素数量，令 $M_h = \max\{x_h(k)\}$，并满足：

$$X_h = \{x_h(1), x_h(2), \cdots, x_h(m)\} \tag{4-12}$$

$$X'_h = \{M_h - x_h(1), M_h - x_h(2), \cdots, M_h - x_h(m)\} \tag{4-13}$$

灰色关联度的计算以邓氏灰色关联分析模型为基础，体现了点集拓扑空间与距离空间的结合。令 $\Delta_{0h}(k) = |x_0(k) - x_h(k)|$，$\Delta'_{0h}(k) = |x_0(k) - (M_h - x_h(k))|$，则点集拓扑空间的邻域 C 为：

$$C \in [\min_h \min_k \{p_h \Delta_{0h}(k) + (1 - p_h) \Delta'_{0h}(k)\},$$
$$\max_h \max_k \{p_h \Delta_{0h}(k) + (1 - p_h) \Delta'_{0h}(k)\}] \tag{4-14}$$

$$p_h = \begin{cases} 1, X_h \text{ 与 } X_0 \text{ 正向关联} \\ 0, X_h \text{ 与 } X_0 \text{ 负向关联} \end{cases} \tag{4-15}$$

其中，$p_h \in P$ 表示 X_h 与 X_0 正向或负向关联。在给定的 P 值下，$\lambda(X_0(k), X_h(k))$ 表示 X_h 与 X_0 在第 k 年的灰色关联系数，$\lambda(X_0, X_h)$ 表示 X_h 与 X_0 的灰色关联度，其计算公式为：

$$\lambda(X_0(k), X_h(k)) = p_i \frac{C_{\min} + \xi C_{\max}}{\Delta_{0h}(k) + \xi C_{\max}} + (p_h - 1) \frac{C_{\min} + \xi C_{\max}}{\Delta'_{0h}(k) + \xi C_{\max}} \tag{4-16}$$

$$\lambda(X_0, X_h) = \frac{1}{m} \sum_{k=1}^{m} \lambda(X_0(k), X_h(k)) \tag{4-17}$$

其中 $C_{\min} = \min_h \min_k \{p_h \Delta_{0h}(k) + (1 - p_h) \Delta'_{0h}(k)\}$，$C_{\max} = \max_h \max_k \{p_h \Delta_{0h}(k) + (1 - p_h) \Delta'_{0h}(k)\}$，分辨系数取 $\xi \in (0, 1)$。

灰色关联度的计算是邓氏灰色关联分析模型向负向关联关系的扩展，问题的核心在于判断系统的众多影响因素与系统特征行为序列 X_0 是正向关联还是负向关联，即如何确定 P 值。由于灰色关联系数 $\lambda(X_0(k), X_h(k))$ 的点集拓扑空间邻域 C 受 P 取值的影响，因此对任意相关因素序列正向关联与负向关联判断的变化，都可能导致系统整体灰色关联度发生变化。因此，从系统整体考虑，本书认为 P 值的确定应依据以下准则：(1) 由灰色关联度 $\lambda(X_0, X_h)$ 的计算公式可知，相关因素序列与系统特征行为序列间关联度的绝对值越大则关联性越强，因此，应选取满足 $\sum_{h=1}^{n} |\lambda(X_0, X_h)|$ 最大的 P 值；(2) 点集拓扑空间的邻域 C 反映系统点集的整体分布情况，其分布离散程度越低则代表相关因素序列中的离群数据点越少，因此，

应选取满足 $C_{\max}-C_{\min}$ 最小的 P 值。

基于以上分析,向量 P 的取值有 2^i 种可能,其数量随相关因素序列 X_i 个数的增加呈指数增长,计算复杂度较高。而遗传算法是一种通过模拟自然进化过程搜索最优解的方法,从随机产生的一组初始解开始,通过选择、交叉、变异等操作逐步迭代,最终得到最优解。基于遗传算法的扩展灰色关联分析模型,可以有效分析传统制造业数字化转型价值生态能级跃迁过程中各个影响因素的关联方向和关联强度,从而识别促进性和抑制性关键影响因素。当 $p_h=1$ 时,X_h 与 X_0 正向关联,$\lambda(X_0(k),X_h(k))\in(0,1]$,并且 $\lambda(X_0,X_h)\in(0,1]$;当 $p_h=0$ 时,X_h 与 X_0 负向关联,$\lambda(X_0(k),X_h(k))\in(-1,0]$,且 $\lambda(X_0,X_h)\in(-1,0]$。因此,可以通过基于遗传算法的扩展灰色关联模型测算各个具体影响因素的关联强度方向和大小,识别传统制造业数字化转型价值生态能级跃迁的促进性和抑制性关键影响因素。具体地,正向关联且灰色关联度较大的影响因素是促进性关键影响因素,负向关联且灰色关联度绝对值较大的影响因素是抑制性关键影响因素。

4.4.3 不同干预强度和干预时间下的能级跃迁未来性关键影响因素识别

1) 基于 GM(1,1) 模型的内能指数预测

识别能级跃迁未来性关键影响因素,首先需要对传统制造业数字化转型价值生态内能指数进行预测,而由 4.3 可知,内能指数的变化是多个影响因素共同作用的结果,因此,预测内能指数的前提是预测各个影响因素的取值。灰色系统理论适用于研究小样本、贫信息的不确定性问题[94],能够利用少量有效数据和灰色不确定性数据预测系统的发展趋势。而本书采用的传统制造业数字化转型价值生态能级跃迁影响因素指标体系中受部分指标数据缺失、统计口径变化等影响,单个指标的样本量较少,符合灰色系统理论的应用范畴。与一般的预测方法需要依据过去大量数据才能整理出经验性统计规律不同,GM(1,1) 模型基于系统科学理论,通过对少量、不完全信息的生成、开发,提取有价值的信息,实现对系统运行行为、演化规律的正确描述,进而实现对未来变化的定量预测。因此,本书基于灰色预测法中的 GM(1,1) 模型预测传统制造业数字化转型价值生态能级跃迁影响因素的时间序列取值,并依据 4.3.1 构建的内能指数测算未来传统制造业数字化转型价值生态内能指数。

传统制造业数字化转型价值生态内能指数预测方法如下,设内能指数第 j 项影响因素的时间序列数据取值 $a_j^{(0)}=(a_j^{(0)}(1),a_j^{(0)}(2),\cdots,a_j^{(0)}(m))$，其中，$m$ 表示年份跨度。$a_j^{(0)}$ 的一阶累加生成（1－AGO）序列为 $a_j^{(1)}=(a_j^{(1)}(1),a_j^{(1)}(2),\cdots,a_j^{(1)}(m))$，$a_j^{(1)}$ 的均值生成序列为 $z_j^{(1)}=(z_j^{(1)}(2),z_j^{(1)}(3),z_j^{(1)}(4),\cdots,z_j^{(1)}(m))$。其中，

$$a_j^{(1)}(k)=\sum_{i=1}^{k}a_j^{(0)}(i),k=1,2,\cdots,m \qquad (4-18)$$

$$z_j^{(1)}(k)=0.5a_j^{(1)}(k)+0.5a_j^{(1)}(k-1),k=2,3,\cdots,m \qquad (4-19)$$

建立差分方程（式 4-20）及其白化微分方程（式 4-21）

$$a_j^{(0)}(k)+\alpha z_j^{(1)}(k)=\beta,k=2,3,\cdots,m \qquad (4-20)$$

$$\frac{\mathrm{d}a_j^{(1)}}{\mathrm{d}t}+\alpha a_j^{(1)}(t)=\beta \qquad (4-21)$$

令 $u=[\alpha,\beta]^\mathrm{T}$，运用最小二乘法估计 u，则 $\hat{u}=[\hat{\alpha},\hat{\beta}]^\mathrm{T}=(B^\mathrm{T}B)^{-1}B^\mathrm{T}Y$，其中，

$$Y=\begin{bmatrix}a_j^{(0)}(2)\\a_j^{(0)}(3)\\\vdots\\a_j^{(0)}(m)\end{bmatrix},B=\begin{bmatrix}-z_j^{(1)}(2)&1\\-z_j^{(1)}(3)&1\\\vdots&\vdots\\-z_j^{(1)}(m)&1\end{bmatrix}$$

求解白化微分方程，得到

$$\hat{a}_j^{(1)}(k+1)=\left(a_j^{(0)}(1)-\frac{\hat{\beta}}{\hat{\alpha}}\right)e^{-\hat{\alpha}k}+\frac{\hat{\beta}}{\hat{\alpha}},k=0,1,\cdots,m \qquad (4-22)$$

根据累减还原式 $\hat{a}_j^{(0)}(k+1)=\hat{a}_j^{(1)}(k+1)-\hat{a}_j^{(1)}(k)$，得到内能指数第 j 项影响因素的预测值 $\hat{a}_j^{(0)}(k+1)$，进而得到内能指数影响因素（$m+t$）年的预测值，最后基于 4.3.1 计算包含预测值的（$m+t$）年内能指数，具体过程如下，设传统制造业数字化转型价值生态内能指数影响因素数据矩阵 $\mathbf{A}=(a_{ij})_{(m+t)\times n}$，其中 m 表示年份跨度，t 表示预测年份跨度，n 表示影响因素数量，a_{ij} 表示第 i 年度的第 j 个影响因素的数据值，前 m 年为真实值，第（$m+1$）年至第（$m+t$）年为灰色预测值。设第 k 年度影响因素序列 $A_k=(a_{k1},a_{k2},\cdots,a_{kn})'$，以表示第 k 年全部影响因素的数据值。基于前景理论，以第 k 年影响因素序列 A_k 为参考点，第 i 年影响因素序列 A_i 中第 j 个影响因素的相对值为 $\varphi_j(A_i,A_k)$。将所有影响因素的相对值加总，得到第 i 年相对于第 k 年的内能指数相对值 $\vartheta(A_i,A_k)$，

$$\vartheta(A_i,A_k)=\sum_{j=1}^{n}\varphi_j(A_i,A_k),i,k=1,2,\cdots,m+t \qquad (4-23)$$

$$\varphi_j(A_i,A_k)=\begin{cases}\sqrt{w_{jr}(a_{ij}-a_{kj})/\sum_{j=1}^n w_{jr}}, & a_{ij}-a_{kj}>0\\ 0, & a_{ij}-a_{kj}=0\\ -\frac{1}{\theta}\sqrt{(\sum_{j=1}^n w_{jr})(a_{kj}-a_{ij})/w_{jr}}, & a_{ij}-a_{kj}<0\end{cases} \quad(4-24)$$

$$w_{jr}=w_j/\max\{w_j\mid j=1,2,\cdots,n\},j=1,2,\cdots,n \quad(4-25)$$

其中,w_j 表示传统制造业数字化转型价值生态内能指数影响因素数据矩阵 A 中第 j 个指标的权重值,用以表示第 j 个影响因素在全部 n 个影响因素中的相对重要程度。w_{jr} 表示第 j 个影响因素相对于权重最大影响因素的相对权重值。影响 $\varphi_j(A_i,A_k)$ 的因素包括与参考点影响因素实际值之差和影响因素的相对权重值,体现了前景理论中的参照依赖与损失规避假设。参数 θ 表示传统制造业数字化转型价值生态内能指数面对影响因素变差的损失程度,通常 θ 越小表示影响因素变差时传统制造业数字化转型价值生态内能指数的损失越严重。第 i 年度的传统制造业数字化转型价值生态内能指数影响因素序列 A_i 的内能指数为其所有内能指数相对值的加总,即 $\sum_{k=1}^{m+t}\vartheta(A_i,A_k)$,归一化后,得到第 i 年度的传统制造业数字化转型价值生态内能指数 $\varphi(A_i)$。

$$\varphi(A_i)=\frac{\sum_{k=1}^{m+t}\vartheta(A_i,A_k)-\min\{\sum_{k=1}^{m+t}\vartheta(A_i,A_k)\}}{\max\{\sum_{k=1}^{m+t}\vartheta(A_i,A_k)\}-\min\{\sum_{k=1}^{m+t}\vartheta(A_i,A_k)\}} \quad(4-26)$$

2) 基于边际效应分析的未来性关键影响因素识别

结合仿真建模方法,本书通过对传统制造业数字化转型价值生态内能指数影响因素预测值施加干预,分析在不同干预强度和干预时间下内能指数预测值的变化程度,即各个影响因素的边际效应。内能指数影响因素的边际效应越强,表示该影响因素的改善越能对未来传统制造业数字化转型价值生态能级跃迁的实现提供支撑,即未来性关键影响因素。具体过程如下,构建传统制造业数字化转型价值生态内能指数影响因素数据矩阵 $A=(a_{ij})_{(m+t)\times n}$,其中前 m 年为真实值,第 $(m+1)$ 年开始到第 $(m+t)$ 年为灰色预测值,再构建内能指数影响因素干预数据矩阵 $A'=(a'_{ij})_{(m+t)\times n}$,其中,

$$a'_{ij}=\begin{cases}a_{ij}+\varepsilon & \text{if } i>m,j=j_0\\ a_{ij} & \text{otherwise}\end{cases} \quad(4-27)$$

A' 为干预第 $(m+1)$ 年至第 $(m+t)$ 年第 j_0 个影响因素的数据矩阵,ε 为干预强度。通过(式 4-12)计算无干预下矩阵 A 对应的内能指数相对值 $\vartheta(A_i, A_k)$,以及干预下 A' 对应的内能指数相对值 $\vartheta'(A_i, A_k)$,则边际效应 $M_{j_0}(\varepsilon)$ 表示影响因素 j_0 在干预强度为 ε 时第 $m+t$ 年内能指数相比不干预的情况下提升的程度,如(式 4-28)所示。

$$M_{j_0}(\varepsilon) = \frac{(\sum_{k=1}^{m+t}\vartheta'(A_{m+t}, A_k) - \min_{1\leqslant i\leqslant m+t}\{\sum_{k=1}^{m+t}\vartheta'(A_i, A_k)\}) - (\sum_{k=1}^{m+t}\vartheta(A_{m+t}, A_k) - \min_{1\leqslant i\leqslant m+t}\{\sum_{k=1}^{m+t}\vartheta(A_i, A_k)\})}{\max_{1\leqslant i\leqslant m+t}\{\sum_{k=1}^{m+t}\vartheta(A_i, A_k)\} - \min_{1\leqslant i\leqslant m+t}\{\sum_{k=1}^{m+t}\vartheta(A_i, A_k)\}}$$

(4-28)

基于此,在不同干预强度和干预时间下,本书分别对各个影响因素的边际效应进行排序,选取边际效应排序靠前的影响因素作为不同干预强度和干预时间下的能级跃迁未来性关键影响因素。

4.5 基于多 Agent 模型的传统制造业数字化转型价值生态能级跃迁临界条件识别

传统制造业数字化转型价值生态是由头部企业、中小企业等产业链上下游主体,通过组织间跨边界的资源流动、协同数字化转型赋能形成的,价值生态的构建随着头部企业、中小企业等主体的数字化转型能力的改变而改变。因此,本节基于多 Agent 模型,分析传统制造业数字化转型价值生态从业务单元级数字化到流程级数字化再到网络级数字化的阶段性演变过程,识别能级跃迁临界条件,为不同阶段的跃迁路径设计提供理论支撑。

4.5.1 模型假设

多智能体建模的理论基础是美国霍兰教授于 1994 年提出的复杂适应系统理论[95]。宏观层面系统的涌现性现象来自微观层面个体之间的互动行为,多 Agent 模型可自下而上地进行建模仿真,详细描述微观个体的相互作用对系统整体规律的影响。传统制造业数字化转型价值生态的形成涉及多主体之间的相互作用,不仅仅是不同类型的企业之间,还包括同类型企业之间,属于复杂的系统个体交互行为。因此,多主体建模的方法适用于研究价值生态主体之间的协同数字化转型行为。

图4-5描述了传统制造业数字化转型价值生态多Agent模型的具体构建过程。如图所示,在传统制造业发展初期,互联网、人工智能、大数据等数字技术触发企业数字化转型需求。出于对创造更高价值的追求,位于传统制造业中的各类型企业开始产生数字化转型意愿,提升自身数字化水平。此时,当企业预估数字化转型能带来更高的收益时,企业会产生自主数字化转型和协同数字化转型这两种不同的决策行为。自主数字化转型是指企业内部在相关单项业务以及主营业务流程等方面进行的数字化改造,而协同数字化转型是指企业通过与系统中其他企业之间的柔性生产、智能制造、数字营销等数字化环节关系,在传统要素和数字化要素的流动、聚合以及赋能作用下,共同实现数字化水平和价值创造水平的提升。此外,为研究促进传统制造业数字化转型价值生态形成的影响,本书引入了政府主体,分析政府搭建数字化转型服务平台、财政资金补贴等政策措施对传统制造业数字化转型价值生态构建的推动作用。

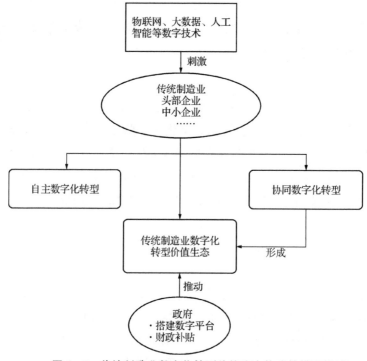

图4-5 传统制造业数字化转型价值生态构建的模型描述

本书通过构建多Agent模型,聚焦企业的自主数字化转型和协同数字化转型决策行为,分析微观主体间的决策对系统整体产生的影响,从而解析传统制造业数字化转型价值生态的构建机理。本书模型的假设为:(1)价值生态中包含有限的网络节点,企业是最核心的节点类型;(2)提高资源生产效率是价值创造的关键,依托要素流动和聚合提高要素生产效率是网络节点形成和保持网络关系的主要原因,每个节点拥有价值创造所需的两类关键资源,即数字化资源与传统资源;(3)网络节点的最终目标是争取每个时期内的价值创造最大化。

4.5.2 主体属性及参数设计

为了研究江苏传统制造业中企业的数字化转型和交互行为,本书在仿真模型中设计了两种类型的主体。第一种是头部企业,它在价值生态中处于核心位置,并具备较好的资源基础和数字化转型能力。第二种是中小企业,它们往往由围绕头部企业分散于系统中的供应链成员企业组成,它们的资源基础较弱。此外,本书还引入政策作为外部环境变量。其中,政府主要通过搭建数字化转型服务平台以及提供财政资金补贴等政策激励措施,促进头部企业和中小企业进行协同数字化转型。在不同时期,企业会根据预估价值创造水平,选择是否进行数字化转型以及采取何种数字化转型方式。

对于价值生态中的企业节点而言,它们总是在不断地感知周围环境的状况,做出符合自己利益的决策判断,进而做出相应的行为决策。所有节点相互作用和相互影响,就形成了整个价值生态的群体行为。将价值生态中的每个节点视为一个Agent,在该模型中,位于传统制造业中的头部企业主体和中小企业主体均具有以下属性特征。

(1)资源禀赋:资源禀赋属性指的是不同企业拥有的各类资源存量。传统制造业价值生态是由企业基于一定资源投入所形成的一个能动性价值创造系统。从价值系统输入角度来说,企业可创造价值的前提是消耗各种不同类型的资源。基于此,本书假设企业在数字化转型过程中将投入数字化资源和传统资源两大类资源,各类资源投入量分别为 D 和 T,不同的资源具有不同的产出弹性系数,其中数字化资源的产出弹性系数为 α,传统资源的产出弹性系数为 β。

(2)经济价值产出:各类企业的资源投入将会带来经济价值增值。由此,本书结合现有研究[52],基于柯布—道格拉斯生产函数 $Y = A \cdot K^{\alpha} L^{\beta}$ 的基本形式,通过引入数字化资源和传统资源,构建新的数字化生产函数:$Y = A \cdot D^{\alpha} T^{\beta}$。其中,$Y$ 为经济价值产出,A 是综合技术水平,D 和 T 分别为上述的数字化资源和传统资源投入量,α、β 分别为数字化资源和传统资源的价值产出弹性系数。

(3) 资源投入成本:由于资源的获取与消耗需要付出一定的成本,因此,本书设定企业投入的数字化资源、传统资源的单位成本分别为 C_D、C_T,企业的资源投入总成本为 $C = D \cdot C_D + T \cdot C_T$。

(4) 经济价值收益:单个企业的经济价值收益等于经济价值产出减去资源投入总成本,即 $R = Y - C = A \cdot D^{\alpha} T^{\beta} - D \cdot C_D - T \cdot C_T$。

(5) 数字化转型成本:由于企业进行数字化转型需耗费一定的成本,且成本函数具有凸性,不可能一直单调增长,因此,本书在现有研究基础上[96-97],将自主数字化转型行为所耗费的成本函数设为 $\frac{1}{2}C_z^2$,将协同数字化转型所耗费的成本函数设为 $\frac{1}{2}C_x^2$,其中 C_z 是自主数字化转型成本因子,C_x 是协同数字化转型成本因子。

(6) 数字化资源赋能强度:数字化资源赋能强度指的是企业通过数字化转型实现对企业价值创造水平的提升程度。现有研究指出,数字要素可通过提升原有投入要素的生产效率即要素产出弹性,提升企业价值创造水平[98-99]。由此,本书假设 ε 为企业数字化资源赋能强度。当企业进行数字化转型决策时,其数字化资源弹性系数将增加 ε,即当企业在进行自主数字化转型和协同数字化转型后,企业的数字化资源生产效率将由原来的 α 增加为 $(\alpha + \varepsilon)$。

(7) 企业最大连接数:由于企业进行协同数字化转型等交互行为需要耗费成本,且联系具有不稳定性,因此,建立的数字化连接关系将存在一定的界限。本书假设企业的最大连接数量为 M,若超出企业最大连接数量 M,企业将无法和其他企业进行协同数字化转型关系连接。

基于上述主体属性的表述,本书进一步对参数进行归纳并总结说明,具体如表 4-4 所示,其中 N 为系统规模,包括头部企业规模 N_1 以及中小企业规模 N_2。

表 4-4 参数描述

参数	参数描述
N	系统规模,包括头部企业规模 N_1 以及中小企业规模 N_2
D	数字化资源投入数量
T	传统资源投入数量
α	数字化资源产出弹性

续表

参数	参数描述
β	传统资源产出弹性
C_D	单位数字化资源成本
C_T	单位传统资源成本
ε	数字化资源赋能强度
C_z	自主数字化转型成本因子
C_x	协同数字化转型成本因子
A	综合技术水平
M	企业最大连接数

4.5.3 交互规则设计

1) 数字化转型交互规则设计

互联网、人工智能、大数据等数字技术触发企业数字化转型需求。出于对创造更高价值的追求,位于传统制造业中的各类型企业开始产生数字化转型意愿,提升自身数字化水平。当企业 i 产生数字化转型的意愿时,企业将进行自主数字化转型和协同数字化转型收益的预判,具体判别条件如下。

当 $R_{iz} \geqslant R_{ix}$,且 $R_{iz} > R_i$ 时,企业将进行自主数字化转型决策行为;当 $R_{iz} < R_{ix}$,且 $R_{ix} > R_i$ 时,企业将进行协同数字化转型决策行为;其他条件下,企业将选择维持原状,不进行数字化转型。其中 R_{iz} 为企业 i 进行自主数字化转型获得的收益,R_{ix} 为企业 i 进行协同数字化转型的收益,R_i 为企业 i 不进行数字化转型的收益。

当企业 i 进行自主数字化转型的决策行为时,企业 i 的数字化资源产出弹性 α_i 将增加 ε,其中 ε 为数字化资源赋能强度,此时,企业 i 通过自主数字化转型获得的收益 R_{iz} 如下所示:

$$R_{iz} = A_i \cdot D_i^{\alpha_i + \varepsilon} \cdot T_i^{\beta_i} - D_i \cdot C_D - T_i \cdot C_T - \frac{1}{2} C_z^2 \quad (4-28)$$

其中 C_z 为单元级数字化转型成本因子,T_i、C_T 和 β_i 分别为传统资源的投入数量、单位成本以及产出弹性,且 $\alpha_i + \varepsilon \leqslant 1$。

当企业选择进行协同数字化转型时,其交互规则如下。系统中企业 i 与企业 j 之间如果对于数字化资源、传统资源的经济价值产出弹性存在 $\alpha_i < \alpha_j$ 且 $\beta_i > \beta_j$,

说明企业 j 的数字化转型水平高于企业 i,且企业 j 数字化资源的利用效率高于企业 i,而企业 i 对于传统资源的利用效率高于企业 j。若此时企业 i 与企业 j 建立数字化关系连接,在数字化赋能强度的作用下,企业 i 可以实现数字化资源的价值产出弹性升高,由 α_i 变为 $(\alpha_i+\varepsilon)$。由于数字化资源赋能强度不仅可以实现对数字化资源的赋能,还能实现对传统资源的赋能,因此,当企业 i 和企业 j 进行协同数字化转型的关系连接时,企业 j 可以实现传统资源价值产出弹性的升高,由 β_j 变为 $(\beta_j+\varepsilon)$,此时的协同数字化转型成本 $\frac{1}{2}C_x^2$ 由二者平均承担。当企业 i 和企业 j 都能通过建立数字化关系联系获得更高的收益,且发起连接的一方没有超过最大数字化连接数 M 的限制时,企业 i 与企业 j 的数字化连接关系将建立起来。此时,企业 i 通过协同数字化转型获得的收益 R_{ix} 如公式 4-29 所示,企业 j 通过协同数字化转型获得的收益 R_{jx} 如公式 4-30 所示。其中,ε 为数字化赋能强度,C_z 为单元级数字化转型成本,且 $\alpha_i+\varepsilon\leqslant 1,\beta_j+\varepsilon\leqslant 1$。

$$R_{ix}=A_i \cdot D_i^{(\alpha_i+\varepsilon)} \cdot T_i^{\beta_i} - D_i \cdot C_D - T_i \cdot C_T - \frac{1}{4}C_x^2 \qquad (4-29)$$

$$R_{jx}=A_j \cdot D_j^{\alpha_j} \cdot T_j^{(\beta_j+\varepsilon)} - D_j \cdot C_D - T_j \cdot C_T - \frac{1}{4}C_x^2 \qquad (4-30)$$

当企业选择不进行数字化转型时,其收益函数 R_i 保持原状,如公式 4-31 所示。

$$R_i=A_i \cdot D_i^{\alpha_i} \cdot T_i^{\beta_i} - D_i \cdot C_D - T_i \cdot C_T \qquad (4-31)$$

2) 政策激励规则设计

政府促进企业协同数字化转型的政策措施主要有以下两种,一是通过财政资金补贴,提高企业进行数字化转型的积极性,在此,本书通过调节降低协同数字化转型成本来分析资金补贴对价值生态构建的影响;二是通过搭建数字化转型服务平台,引导中小企业进行数字化转型。在此,本书构建以下政府搭建数字化转型服务平台的交互规则。首先,系统内生成一定数量的数字化转型服务平台主体,数字化转型服务平台具有和系统内企业相同的主体属性。当系统内中小企业 i 与数字化转型服务平台 j 之间对于数字化资源、传统资源的经济价值产出弹性存在 $\alpha_i<\alpha_j$ 且 $\beta_i>\beta_j$,若建立数字化关系连接使得企业 i 与平台 j 均能够获益,且企业 i 没有超过最大数字化关系连接数 M 的限制,则企业 i 与平台 j 的数字化关系连接将建立起来,且数字化转型成本将由平台 j 承担,此时企业 i 的收益如公式 4-32 所示,数

字化转型服务平台 j 的收益如公式 4-33 所示,且 $\alpha_i+\varepsilon \leqslant 1, \beta_j+\varepsilon \leqslant 1$。

$$Y_i = A_i \cdot D_i^{(\alpha_i+\varepsilon)} \cdot T_i^{\beta_i} - D_i \cdot C_D - T_i \cdot C_T \tag{4-32}$$

$$Y_j = A_j \cdot D_j^{\alpha_j} \cdot T_j^{(\beta_j+\varepsilon)} - D_j \cdot C_D - T_j \cdot C_T - \frac{1}{2}C_x^2 \tag{4-33}$$

4.5.4 临界条件识别原则

多主体的数字化转型能力是主体间协同关系和价值创造水平变化共同作用的结果,协同关系会随着主体预期价值创造水平的变化而调整,宏观表现为系统结构的改变[100]。价值创造水平变化是企业在当期协同关系下产生的收益累积。因此,本书从系统结构和价值创造水平两个维度,分析传统制造业价值生态能级跃迁不同阶段的临界条件。

第一,从业务单元级数字化到流程级数字化阶段,本书通过仿真不同参数情景下企业进行数字化转型的决策行为,观测数字化转型企业数量和价值创造水平达到收敛状态下的目标值,进而识别其能级跃迁临界条件。具体地,对不同数字化资源赋能强度下的单元级企业数字化转型数量及价值创造水平进行分析。随着自主数字化转型成本的逐渐上升,进行自主数字化转型的企业数量越来越少,其价值创造水平也越来越低,系统中转型企业数量和价值创造水平趋于稳定状态,即进入结构锁定状态。为破除该结构锁定状态,企业将开展协同数字化转型,价值生态将由单元级进入流程级发展阶段,此时各参数取值区间即为从业务单元级数字化到流程级数字化阶段的临界条件。

第二,从流程级数字化到网络级数字化阶段,本书从网络结构的角度,识别能级跃迁临界条件。具体地,选取网络总度数和平均集聚系数两个指标来反映系统中协同数字化关系的变动情况。网络总度数 $\omega(n)$ 是反映价值生态中协同数字化关系的数量多少的指标,$\omega(n)$ 越大,说明系统中进行协同数字化转型的关系数量就越多。平均聚集系数是刻画网络主体间协同数字化关系深度的度量,平均聚集系数越大,说明主体间协同数字化转型的程度越深。平均集聚系数的计算公式如下,假设价值生态网络中节点 i 的所有关联对象中有 Y_i 对节点是直接相连的,则平均集聚系数 $F(n)$ 为:

$$F(n) = \frac{1}{\omega(n)} \sum_i \frac{2Y_i}{\omega_i(n)(\omega_i(n)-1)} \tag{4-34}$$

其中,$\omega_i(n)$ 为节点 i 所拥有的关系数量,即 i 的度,$\omega(n)$ 为网络总度数。

进而，根据不同数字化资源赋能强度下价值生态网络的总度数和平均集聚系数测算结果可知，随着数字化资源赋能强度的提升，当传统制造业价值生态网络平均集聚系数和网络总度数达到稳定状态时，传统制造业从流程级数字化跃迁至网络级数字化阶段，此时各参数取值区间即为从流程级数字化到网络级数字化阶段的临界条件。

4.6 不同临界条件下"要素—关系"赋能的能级跃迁差异化路径设计机理

基于4.4.2历史性关键影响因素和4.4.3未来性关键影响因素识别结果，本书得到传统制造业数字化转型价值生态能级跃迁关键影响因素。边际效应衡量了干预某个关键影响因素比未干预时内能指数的提升程度，边际效应越高，说明对该影响因素的改善对内能指数的提高程度越大，即对实现传统制造业数字化转型的促进作用越大。因此，可以根据关键影响因素在不同产业部门的差异化分布及边际效应进行排序。排名相对靠前的关键影响因素较排名相对靠后的关键影响因素具有更高的优先级，对传统制造业实现数字化转型具有更重要的意义。结合4.5能级跃迁临界条件，本书从数字化转型的要素赋能和关系赋能两个维度提出不同产业部门的能级跃迁差异化路径。

其中，数字化转型要素赋能维度包含产业部门内数字化转型主体数量规模赋能、产业部门数字化转型要素投入产出质量赋能和产业部门数字化转型要素投入产出增长率赋能；数字化转型关系赋能包含产业部门内数字化转型协同关系赋能和产业部门间数字化转型协同关系赋能。具体地，产业部门内数字化转型主体数量规模赋能是指通过增加产业部门内处于不同数字化转型水平下的各类大中小企业数量及多样性，提升传统制造业数字化转型价值生态动能，进而促进内能提升；产业部门数字化转型要素投入产出质量赋能是指通过提升产业部门内处于不同数字化转型水平下的各类大中小企业动态吸聚、获取和组合劳动力、资本、数字化资源等价值创造要素进而产出价值载体的能力，提升传统制造业数字化转型价值生态动能，进而促进内能提升；产业部门数字化转型要素投入产出增长率赋能是指持续性提升产业部门内处于不同数字化转型水平下的各类企业自身通过吸聚和投入数据、劳动力、资本、土地、技术等价值创造要素，进行研发试制、新产品开发等价值创造活动,产出专利和新产品等价值载体,提升价值增值和分享过程中的速度和潜力的能力,以提升传统制造业数字化转型价值生态动能,进而促进内能提升;产业部门内数字化转型协同关系赋能是指通过增强产业部门内处于不同数字化转型水平下的各类大中小企业之间基于供应链、产业链、创新链形成的跨企业边界上下游供应、横向分工、纵向合作等的价值创造关系,提升传统制造业数字化转型价值生态势能,进而促进内能提升;产业部门间数字化转型协同关系赋能是指通过增强不同产业部门内处于不同数字化转型水平的各类大中小企业间基于供应网络、产业网络、创新网络等跨产业部门边界形成的非线性网络化价值创造关系,提升传统制造业数字化转型价值生态势能,进而促进内能提升。

第五章

江苏传统制造业数字化转型的价值生态能级评价

针对第三章江苏传统制造业数字化转型及价值生态构建现状提出的数字化关键核心技术严重依赖进口、大中小企业间尚未形成紧密的数字化转型协同关系等突出问题,本章基于4.3构建的传统制造业数字化转型价值生态能级跃迁指数,分别测算2011—2020年江苏传统制造业的内能指数、动能分指数和势能分指数,分析当前江苏传统制造业数字化转型价值生态所处的能级水平,为后续设计江苏传统制造业数字化转型路径、制定针对性政策建议和对策措施提供理论基础。

5.1 江苏传统制造业产业部门划分及投入产出表补全

基于4.3.2和4.3.3传统制造业数字化转型价值生态动能分指数和势能分指数构建过程,本书涉及传统制造业各个产业部门统计年鉴指标数据及产业部门间投入产出数据的收集。同时,由于《江苏统计年鉴》依据《国民经济行业分类》进行产业部门划分,而《全国投入产出表》和《江苏省投入产出表》采用产品部门分类,产业部门划分不同。因此,为避免江苏传统制造业数字化转型价值生态内能指数构建过程中出现指标对象前后不一致问题,文本参考《国民经济行业分类》,将江苏传统制造业的产业部门划分为16个产业部门。如表5-1所示,其中I1食品和烟草传统制造业包含《国民经济行业分类》中的农副食品加工业,食品传统制造业,酒、饮料和精制茶传统制造业和烟草制品业;I3纺织服装鞋帽皮革羽绒及其制品传统制造业包含纺织服装、服饰业和皮革、毛皮、羽毛及其制品和制鞋业;I4木材加工和家具传统制造业包含木材加工和木、竹、藤、棕、草制品业以及家具传统制造业;I5造纸印刷和文教体育传统制造业包含造纸和纸制品业、印刷和记录媒介复制业和文教、工美、体育和娱乐用品传统制造业;I7化学产品传统制造业包含化学原料和化学制品传统制造业、医药传统制造业、化学纤维传统制造业和橡胶和塑料制品业;I9金属冶炼和压延加工业包含黑色金属冶炼和压延加工业和有色金属冶炼和压延加工业;I11通用、专用设备传统制造业包含通用设备传统制造业和专用设备传统制造业;I12交通运输设备传统制造业包含汽车传统制造业和铁路、船舶、航空航天和其他运输设备传统制造业;I16废弃资源综合利用业和其他传统制造业包含其他传统制造业和废弃资源综合利用业。

表 5-1　江苏传统制造业数字化转型价值生态产业部门划分

编号	产业部门名称	编号	产业部门名称
I1	食品和烟草传统制造业	I9	金属冶炼和压延加工业
I2	纺织业	I10	金属制品业
I3	纺织服装鞋帽皮革羽绒及其制品传统制造业	I11	通用、专用设备传统制造业
I4	木材加工和家具传统制造业	I12	交通运输设备传统制造业
I5	造纸印刷和文教体育传统制造业	I13	电气机械和器材传统制造业
I6	石油、煤炭及其他燃料加工业	I14	计算机、通信和其他电子设备传统制造业
I7	化学产品传统制造业	I15	仪器仪表传统制造业
I8	非金属矿物制品业	I16	废弃资源综合利用业和其他传统制造业

同时,由于 2011—2020 年,国家统计局仅发布 2012 年、2015 年和 2017 年的《全国投入产出表》和《江苏省投入产出表》,以及 2018 年的《全国投入产出表》,因此,本书参考已有文献做法[101-103],基于 RAS 法对其余年份的投入产出表的第Ⅰ象限的投入产出流量表进行补全。RAS 法又称双比例尺度法,具有数据易获得、有唯一解、能快速收敛等优点。具体地,第一,根据就近原则确定基年及对应目标年份,如表 5-2 和 5-3 所示。其中,以 2010 年为基年,补全 2011 年投入产出表;以 2012 年为基年,补全 2013 年和 2014 年投入产出表;以 2015 年为基年,补全 2016 年投入产出表。由于国家统计局未发布 2017 年以后的《江苏省投入产出表》和 2018 年以后的《全国投入产出表》,因此,本书假设一定时期内生产技术水平较为稳定,即 2019 年至 2020 年《全国投入产出表》结构与 2018 年保持不变,2018 年至 2020 年《江苏省投入产出表》结构与 2017 年保持不变[104],分别以 2018 年和 2017 年为基年,补全 2019 年、2020 年《全国投入产出表》,以及 2018 年、2019 年、2020 年《江苏省投入产出表》。

表 5-2　全国基年和目标年投入产出表

基年表	2010 年	2012 年		2015 年	2018 年	
目标表	2011 年	2013 年	2014 年	2016 年	2019 年	2020 年

表 5-3 江苏省基年和目标年投入产出表

基年表	2010年	2012年		2015年	2017年		
目标表	2011年	2013年	2014年	2016年	2018年	2019年	2020年

第二,根据国民经济理论,一定时期内现象发展的总速度等于各期环比发展速度的连乘积,而平均发展速度是衡量一定时期内各期环比发展速度的序时平均数,反映了现象在一定时期内逐期发展变化的一般程度。因此,本书基于几何平均法求目标年份的平均发展速度,推算目标年份的总投入、总产出、最初投入合计、最终使用合计和其他项,具体地,设 t 为环比发展速度的时期数,则平均发展速度 $\bar{v}$ 为:

$$\bar{v} = \sqrt[t]{\frac{y_t}{y_0}} = \sqrt[t]{\frac{y_1}{y_0} \cdot \frac{y_2}{y_1} \cdot \cdots \cdot \frac{y_t}{y_{t-1}}} = \sqrt[t]{\bar{v}_1 \cdot \bar{v}_2 \cdot \cdots \cdot \bar{v}_t} \quad (5-1)$$

进而按照投入产出平衡关系测算目标年份中间使用合计 $u_i^{(t)}$ 和中间投入合计 $v_j^{(t)}$,具体地:

$$u_i^{(t)} = X_i^{(t)} - Y_i^{(t)} - Z_i^{(t)} \quad (5-2)$$

$$v_j^{(t)} = X_j^{(t)} - N_j^{(t)} \quad (5-3)$$

其中 $X_i^{(t)}$ 表示总产出,$Y_i^{(t)}$ 表示最终使用合计,$Z_i^{(t)}$ 表示其他项,$X_j^{(t)}$ 表示总投入,$N_j^{(t)}$ 表示最初投入合计。

在此基础上,设基年直接消耗矩阵 $\boldsymbol{A}_0 = \left(a_{ij}^{(0)}\right)_{m \times n}$,目标年直接消耗矩阵 $\boldsymbol{A}_t = \left(a_{ij}^{(t)}\right)_{m \times n}$,需要找到一组行乘数 $R_d = \mathrm{diag}(r_1 r_2 \cdots r_n)$ 和一组列乘数 $S_d = \mathrm{diag}(s_1 s_2 \cdots s_n)$,使得 $\boldsymbol{A}_t = R_d \boldsymbol{A}_0 S_d$。基于RAS法迭代求得各目标年份第Ⅰ象限投入产出流量表,具体步骤如下:

取目标年投入产出流量矩阵第一次调整近似值为 $\left(x_{ij}^{(1)}\right) = A_0 X_d^{(t)}$,$X_d^{(t)} = \mathrm{diag}(X_1^{(t)} X_2^{(t)} \cdots X_n^{(t)})$,则第一次调整后的中间使用合计 u_i^1 和中间投入合计 $v_j^{(1)}$ 为:

$$u_i^{(1)} = \sum_{j=1}^{n} a_{ij}^{(0)} X_i^{(t)} \quad (i=1,2,\cdots,n) \quad (5-4)$$

$$v_j^{(1)} = \sum_{i=1}^{n} a_{ij}^{(0)} X_j^{(t)} \quad (j=1,2,\cdots,n) \quad (5-5)$$

在此基础上,求得第一次调整的行乘数 $r_i^{(1)}$ 与列乘数 $s_j^{(1)}$ 为:

$$r_i^{(1)} = u_i^{(1)} / u_i^{(t)} \quad (i=1,2,\cdots,n) \quad (5-6)$$

$$s_j^{(1)} = v_j^{(1)}/v_j^{(t)} \quad (j=1,2,\cdots,n) \tag{5-7}$$

进而得到目标年投入产出流量矩阵第二次调整近似值为：

$$\left(x_{ij}^{(2)}\right) = R_d^{(1)}\left(x_{ij}^{(1)}\right)S_d^{(1)} = R_d^{(1)}\left(A_0 X_d^{(t)}\right)S_d^{(1)} \tag{5-8}$$

同理，进行第二次调整，直到第 k 次，使得：

$$|u_i^{(t)} - u_i^{(k)}| \leqslant \delta \tag{5-9}$$

$$|v_i^{(t)} - v_i^{(k)}| \leqslant \delta \tag{5-10}$$

其中 δ 表示 RAS 法的精度，本书取 $\delta=0.0001$，此时得到目标年投入产出流量矩阵 $\left(x_{ij}^{(t)}\right) \approx \left(x_{ij}^{(k)}\right)$。具体结果见附录 A"2011—2020 年全国投入产出补全表"以及附录 B"2011—2020 年江苏省投入产出补全表"。

5.2 动能分指数测算及分析

5.2.1 产业部门内数字化转型主体数量规模分指数测算及分析

基于 4.3.2 构建第 r 类产业部门内数字化转型主体数量规模分指数 IndexEV_r 如下，设江苏传统制造业数字化转型价值生态中存在 N 个企业、M 类产业部门，$M=16$，则第 r 类产业部门数字化转型主体多样性指数 IndexIV_r 为：

$$\text{Index}IV_r = -\frac{n_r}{N}\ln\left(\frac{n_r}{N}\right) \tag{5-11}$$

其中 n_r 表示第 r 类产业部门所含企业个数，IndexIV_r 越大，说明第 r 类产业部门中企业的种类越丰富。因此，综合考虑产业部门内企业数量和企业多样性，基于几何平均法，得到江苏传统制造业第 r 类产业部门内数字化转型主体数量规模分指数 IndexIQ_r 为：

$$\text{Index}IQ_r = \sqrt{n_r \cdot \text{Index}IV_r} = \sqrt{-\frac{n_r^2}{N}\ln\left(\frac{n_r}{N}\right)} \tag{5-12}$$

江苏传统制造业 16 个产业部门内数字化转型主体数量规模分指数测算结果如表 5-4 所示，按照 2011—2020 年各产业部门内数字化转型主体数量规模分指数平均值进行排序，平均值处于前 5 名的产业部门分别为 I11 通用、专用设备传统制造业(45.92)、I7 化学产品传统制造业(44.68)、I2 纺织业(31.97)、I13 电气机械和器材传统制造业(29.04)和I10金属制品业(24.66),说明江苏这五类产业部门具有较强的数量规模优势。而与传统制造业数字化转型密切相关的产业部门I14计算机、通信和其他电子设备传统制造业的数量规模指数平均值为20.76,排名第8,处于中间水平,说明在江苏传统制造业数字化转型进程中,计算机、通信和其他电子设备传统制造业在数量规模方面有较大提升空间。

表5-4 江苏传统制造业16个产业部门内数字化转型主体数量规模分指数测算结果

编号	2011年	2012年	2013年	2014年	2015年	2016年	2017年	2018年	2019年	2020年	平均值	排名
I1	15.87	16.63	16.84	17.32	18.14	18.42	16.81	16.92	14.65	15.17	16.68	12
I2	34.45	34.05	34.12	32.85	32.36	31.50	30.37	30.42	30.21	29.37	31.97	3
I3	24.20	24.25	24.45	24.08	23.59	22.92	20.93	20.95	17.16	15.37	21.79	6
I4	12.83	13.09	13.31	13.12	13.54	13.51	11.87	11.97	10.75	10.96	12.50	13
I5	15.20	17.73	17.79	19.77	19.74	20.05	19.18	19.19	19.06	20.22	18.79	10
I6	1.39	1.38	1.39	1.57	1.57	1.62	1.53	1.60	1.38	1.43	1.49	16
I7	44.72	45.64	45.83	46.16	45.96	45.42	44.10	44.16	42.08	42.70	44.68	2
I8	18.49	19.48	19.69	21.28	21.54	21.53	20.54	20.67	22.04	23.95	20.92	7
I9	20.63	20.59	20.72	20.13	19.05	18.29	17.78	14.52	15.74	16.24	18.37	11
I10	22.83	23.37	23.44	24.27	23.87	23.48	23.12	26.12	27.01	29.08	24.66	5
I11	40.98	42.75	42.97	45.67	45.32	45.45	45.81	49.89	54.48	45.92	45.92	1
I12	17.40	18.07	18.26	19.51	20.12	20.45	21.38	21.58	22.78	23.95	20.35	9
I13	27.12	27.78	27.87	28.98	29.33	29.63	29.68	29.79	29.54	30.68	29.04	4
I14	19.75	20.61	20.72	20.72	20.38	20.87	20.18	20.31	21.03	22.99	20.76	8
I15	8.07	8.29	8.30	8.54	8.11	8.23	8.40	8.26	8.52	9.06	8.38	14
I16	3.49	3.27	3.33	3.45	3.44	3.36	2.95	2.93	3.04	3.24	3.25	15

同时,如图5-1所示,2011—2020年,江苏计算机、通信和其他电子设备传统制造业的数量规模指数变化总体呈现上升趋势。其中,2011—2017年数量规模指数呈现波动上升的趋势,从2011年的19.75上升至2017年的20.18。随后,2017—2020年,江苏计算机、通信和其他电子设备传统制造业的数量规模指数变化呈现快速上升的趋势,从2017年的20.18上升至2020年的22.99,说明近年来江苏对与传统制造业数字化转型密切相关的计算机、通信和其他电子设备传统制造业等产业部门较为关注,在相关企业数量和多样性建设方面已取得明显成效。

图 5-1　2011—2020 年江苏计算机、通信和其他电子设备传统制造业数字化转型主体数量规模分指数测算结果示意图

5.2.2　产业部门数字化转型要素投入产出质量分指数测算及分析

基于 4.3.2 构建江苏传统制造业产业部门数字化转型要素投入产出质量影响因素指标体系,如表 5-5 所示。具体地,选取平均用工人数和平均用工人数占比分别衡量江苏传统制造业单个产业部门劳动力投入质量的存量和相对水平,选取非流动资产合计和非流动资产合计占比分别衡量江苏传统制造业单个产业部门资本投入质量的存量和相对水平,选取计算机、通信和其他电子设备传统制造业产品中间使用和计算机、通信和其他电子设备传统制造业产品中间使用占比分别衡量江苏传统制造业单个产业部门数字化资源投入质量的存量和相对水平,选取利润总额和利润总额占比分别衡量江苏传统制造业单个产业部门数字化转型产出收益质量的存量和相对水平,选取成本费用利润率衡量江苏传统制造业单个产业部门数字化转型产出效益质量。

表 5-5　江苏传统制造业产业部门数字化转型要素投入产出质量影响因素指标体系

一级指标	二级指标	具体指标
江苏传统制造业产业部门数字化转型要素投入质量	劳动力投入质量	A1 平均用工人数/万人
		A2 平均用工人数占比/%
	资本投入质量	A3 非流动资产合计/亿元
		A4 非流动资产合计占比/%
	数字化资源投入质量	A5 计算机、通信和其他电子设备传统制造业产品中间使用/万元
		A6 计算机、通信和其他电子设备传统制造业产品中间使用占比/%

续表

一级指标	二级指标	具体指标
江苏传统制造业产业部门数字化转型产出质量	数字化转型产出收益质量	B1 利润总额/亿元
		B2 利润总额占比/%
	数字化转型产出效益质量	B3 成本费用利润率/%

基于表 5-5 的影响因素指标体系，构建第 r 类产业部门数字化转型要素投入产出质量分指数如下，设江苏传统制造业数字化转型价值生态中存在 M 类产业部门，$M=16$，第 r 类产业部门的具体指标的数据矩阵为 $X_r=(x_{ij})_{m\times n}$，其中 m 表示时间跨度，$m=10$，n 表示具体指标数量，$n=9$，x_{ij} 表示第 i 年第 j 项具体指标的数据值，首先基于 min-max 法将具体指标数据矩阵 X_r 进行标准化处理，得到 $\widehat{X}_r=(\widehat{x_{ij}})$，然后基于熵值权重法确定各具体指标的权重，得到权重矩阵 $W_r=(w_j)$，其中 w_j 表示具体指标的权重，最后基于线性加权法，得到第 i 年江苏传统制造业数字化转型价值生态第 r 类产业部门数字化转型要素投入产出质量分指数 IndexIM_r 如下：

$$\text{Index}IM_r = \sum_{j=1}^{n} w_j \widehat{x_{ij}} \tag{5-13}$$

江苏传统制造业 16 个产业部门数字化转型要素投入产出质量分指数测算结果如表 5-6 所示，按照 2011—2020 年各产业部门数字化转型要素投入产出质量分指数平均值进行排序，平均值处于前 5 名的产业部门分别为 I12 交通运输设备传统制造业(0.513)、I10 金属制品业(0.506)、I4 木材加工和家具传统制造业(0.473)、I13 电气机械和器材传统制造业(0.465)和 I9 金属冶炼和压延加工业(0.463)，说明江苏传统制造业这五类产业部门对劳动力、资本和数字化资源等价值创造要素的动态吸聚、获取、组合和产出价值载体的能力较强。而与江苏传统制造业数字化转型密切相关的 I14 计算机、通信和其他电子设备传统制造业数字化转型要素投入产出质量指数平均值为 0.451，排名第 8，处于中间水平，说明江苏计算机、通信和其他电子设备传统制造业对劳动力、资本和数字化资源等价值创造要素的动态吸聚、获取、组合和产出价值载体的能力有待提升。

表 5-6　江苏传统制造业 16 个产业部门数字化转型要素投入产出质量分指数测算结果

编号	2011年	2012年	2013年	2014年	2015年	2016年	2017年	2018年	2019年	2020年	平均值	排序
I1	0.428	0.369	0.398	0.351	0.402	0.488	0.640	0.544	0.457	0.501	0.458	6
I2	0.804	0.535	0.488	0.488	0.437	0.467	0.252	0.158	0.073	0.058	0.376	13

续表

编号	2011年	2012年	2013年	2014年	2015年	2016年	2017年	2018年	2019年	2020年	平均值	排序
I3	0.805	0.305	0.294	0.329	0.321	0.314	0.225	0.168	0.073	0.036	0.287	16
I4	0.403	0.482	0.493	0.539	0.586	0.666	0.674	0.375	0.267	0.248	0.473	3
I5	0.240	0.439	0.545	0.648	0.662	0.834	0.289	0.228	0.156	0.165	0.421	10
I6	0.553	0.102	0.513	0.453	0.328	0.666	0.426	0.371	0.194	0.091	0.370	14
I7	0.152	0.086	0.097	0.119	0.152	0.195	0.837	0.736	0.647	0.623	0.364	15
I8	0.166	0.440	0.592	0.631	0.576	0.778	0.189	0.135	0.163	0.212	0.388	12
I9	0.470	0.420	0.493	0.556	0.424	0.504	0.575	0.562	0.350	0.279	0.463	5
I10	0.204	0.338	0.423	0.512	0.538	0.613	0.618	0.581	0.610	0.620	0.506	2
I11	0.111	0.179	0.243	0.318	0.343	0.457	0.627	0.628	0.676	0.804	0.439	9
I12	0.312	0.499	0.488	0.538	0.552	0.573	0.561	0.548	0.547	0.514	0.513	1
I13	0.246	0.377	0.371	0.434	0.473	0.641	0.567	0.513	0.471	0.556	0.465	4
I14	0.330	0.353	0.259	0.424	0.389	0.513	0.557	0.546	0.471	0.668	0.451	8
I15	0.314	0.161	0.188	0.202	0.199	0.238	0.637	0.705	0.588	0.743	0.398	11
I16	0.446	0.653	0.572	0.639	0.648	0.703	0.309	0.143	0.220	0.194	0.453	7

同时,如图5-2所示,2011—2020年,江苏计算机、通信和其他电子设备传统制造业数字化转型要素投入产出质量指数仅在2013年、2015年、2018年和2019年略有下降,总体呈现波动增长趋势,从2011年的0.330增长至2020年的0.668,实现翻倍增长,说明近年来在传统制造业数字化转型过程中,江苏计算机、通信和其他电子设备传统制造业价值创造投入产出质量提升势头良好。

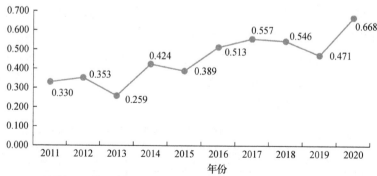

图5-2 2011—2020年江苏计算机、通信和其他电子设备传统制造业数字化转型要素投入产出质量分指数测算结果示意图

5.2.3 产业部门数字化转型要素投入产出增长率分指数测算及分析

基于 4.3.2 构建江苏传统制造业产业部门数字化转型要素投入产出增长率影响因素指标体系,如表 5-7 所示。具体地,选取平均用工人数增长率衡量江苏传统制造业单个产业部门劳动力投入增长率,选取非流动资产合计增长率衡量江苏传统制造业单个产业部门资本投入增长率,选取计算机、通信和其他电子设备传统制造业产品中间使用增长率衡量江苏传统制造业单个产业部门数字化资源投入增长率,选取利润总额增长率衡量江苏传统制造业单个产业部门数字化转型产出收益增长率,选取成本费用利润率增长率衡量江苏传统制造业单个产业部门数字化转型产出效益增长率。

表 5-7 江苏传统制造业产业部门数字化转型要素投入产出增长率影响因素指标体系

一级指标	二级指标	具体指标
江苏传统制造业产业部门数字化转型要素投入增长率	劳动力投入增长率	C1 平均用工人数增长率/%
	资本投入增长率	C2 非流动资产合计增长率/%
	数字化资源投入增长率	C3 计算机、通信和其他电子设备传统制造业产品中间使用增长率/%
江苏传统制造业产业部门数字化转型产出增长率	数字化转型产出收益增长率	D1 利润总额增长率/%
	数字化转型产出效益增长率	D2 成本费用利润率增长率/%

基于《中国科技统计年鉴》《中国统计年鉴》《江苏统计年鉴》等统计年鉴,测算江苏传统制造业产业部门数字化转型要素投入产出增长率分指数。具体地,设江苏传统制造业数字化转型价值生态中存在 M 类产业部门,$M=16$,第 r 类产业部门的具体指标的数据矩阵为 $X_r=(x_{ij})_{m\times n}$,其中 m 表示时间跨度,$m=10$,n 表示具体指标数量,$n=5$,x_{ij} 表示第 i 年第 j 项具体指标的数据值,首先基于 min-max 法将具体指标数据矩阵 X_r 进行标准化处理,得到 $\widehat{X}_r=(\widehat{x_{ij}})$,然后基于熵值权重法确定各具体指标的权重,得到权重矩阵 $W_r=(w_j)$,其中 w_j 表示具体指标的权重,最后基于线性加权法,得到第 i 年江苏传统制造业第 r 类产业部门数字化转型要素投入产出增长率分指数 $\text{Index}IS_r$,如下,

$$\text{Index}IS_r = 100 \cdot \sum_{j=1}^{n} w_j \widehat{x_{ij}} \tag{5-14}$$

江苏传统制造业 16 个产业部门数字化转型要素投入产出增长率分指数测算结果如表 5-8 所示,按照 2011—2020 年各产业部门数字化转型要素投入产出增

长率分指数平均值进行排序,平均值处于前 5 名的产业部门分别为 I15 仪器仪表传统制造业(0.325)、I1 食品和烟草传统制造业(0.200)、I7 化学产品传统制造业(0.041)、I16 废弃资源综合利用业和其他传统制造业(0.030)和 I11 通用、专用设备传统制造业(0.023),说明江苏传统制造业这五类产业部门对劳动力、资本和数字化资源等价值创造要素的动态吸聚、获取、组合和产出价值载体的能力提升整体呈现增速状态。而与江苏传统制造业数字化转型密切相关的 I14 计算机、通信和其他电子设备传统制造业数字化转型要素投入产出增长率分指数平均值为 -0.070,排名第 7,处于中间水平,说明江苏计算机、通信和其他电子设备传统制造业对劳动力、资本和数字化资源等价值创造要素的动态吸聚、获取、组合和产出价值载体的能力提升整体呈现减速状态。

表 5-8　江苏传统制造业 16 个产业部门数字化转型要素投入产出增长率分指数测算结果

编号	2011 年	2012 年	2013 年	2014 年	2015 年	2016 年	2017 年	2018 年	2019 年	2020 年	平均值	排序
I1	1.934	0.328	-0.650	-0.871	-0.014	-0.183	-0.018	0.480	0.022	0.971	0.200	2
I2	0.550	-0.050	-0.330	0.070	0.030	0.170	-0.160	-0.720	-1.290	0.400	-0.133	10
I3	1.130	-0.071	-0.530	0.923	-0.209	-0.378	-0.468	-0.703	-1.334	-0.397	-0.204	13
I4	0.675	0.543	-0.863	-0.336	0.040	-0.043	-0.644	-0.725	-1.382	-0.577	-0.331	15
I5	-0.413	-0.512	-0.288	0.488	0.181	0.209	0.546	-0.742	-0.541	0.361	-0.071	8
I6	-2.680	-0.450	1.680	-0.820	1.330	1.940	0.590	-1.300	-1.160	-1.630	-0.250	14
I7	-0.710	-1.598	-0.428	0.153	0.836	0.621	0.321	0.120	-0.326	1.419	0.041	3
I8	0.340	-1.220	0.030	-0.080	-0.070	-0.060	0.680	0.500	-0.450	0.170	-0.016	6
I9	0.174	-1.552	-0.291	0.614	-0.125	0.561	1.284	0.521	-2.025	-0.400	-0.124	9
I10	0.280	-0.340	-0.180	-0.020	0.200	-0.320	-0.410	-0.570	0.180	-0.230	-0.141	11
I11	0.240	-1.000	-0.613	0.231	0.372	0.039	0.423	-0.067	0.029	0.576	0.023	5
I12	-0.045	-1.218	-0.634	1.113	-0.722	-0.326	-0.081	-0.674	-1.018	-1.217	-0.482	16
I13	-0.290	-0.200	-0.500	0.450	0.460	0.230	-0.900	-0.460	-0.670	0.020	-0.186	12
I14	-0.640	-0.130	-0.720	1.570	-0.270	0.290	-0.170	-0.660	-0.720	0.750	-0.070	7
I15	1.370	-1.370	0.120	0.530	-0.030	0.060	0.660	0.470	-1.050	2.490	0.325	1
I16	-0.597	0.409	-0.371	0.566	1.435	0.133	0.296	0.129	-0.784	-0.914	0.030	4

同时,如图 5-3 所示,2011—2020 年,江苏计算机、通信和其他电子设备传统制造业数字化转型要素投入产出增长率分指数仅 2014 年、2016 年和 2020 年为正

即处于增速状态,其余年份指数为负即处于减速状态,其中2014年达到峰值1.57。近三年,江苏计算机、通信和其他电子设备传统制造业数字化转型要素投入产出增长率呈现由减速状态转变为增速状态的良好趋势。

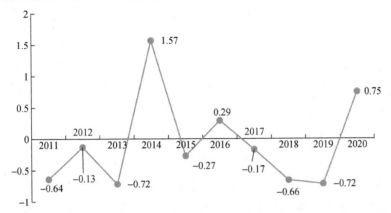

图5-3 2011—2020年江苏计算机、通信和其他电子设备传统制造业数字化转型要素投入产出增长率分指数测算结果示意图

5.3 势能分指数测算及分析

5.3.1 产业部门内数字化转型协同关系分指数测算及分析

基于4.3.3构建江苏传统制造业第r类产业部门内数字化转型协同关系分指数如下,设江苏传统制造业数字化转型价值生态中存在M类产业部门,$M=16$,第r类产业部门区位熵LQ_{ri}为:

$$LQ_{ri}=\frac{\dfrac{x_{ri}}{x_i}}{\dfrac{X_{ri}}{X_i}} \quad (5-15)$$

其中$i=1,2,3$,分别表示区位熵计算过程中涉及的劳动力、资本和数字化资源投入三类指标,x_{ri}表示江苏传统制造业第r类产业部门的第i类指标值,x_i表示江苏传统制造业所有产业部门的第i类指标值,X_{ri}表示全国范围内第r类产业部

门的第 i 类指标值，X_i 表示全国范围内传统制造业所有产业部门的第 i 类指标值。进而基于几何平均法，得到江苏传统制造业第 r 类产业部门内数字化转型协同关系分指数为：

$$\text{Index}EF_r = \sqrt[3]{LQ_{r1} \cdot LQ_{r2} \cdot LQ_{r3}} \qquad (5-16)$$

基于《中国统计年鉴》《江苏统计年鉴》及 5.1 补全的 2011—2020 年《全国投入产出表》《江苏省投入产出表》中的相关数据，测算江苏传统制造业 16 个产业部门内数字化转型协同关系分指数，结果测算如表 5-9 所示，按照 2011—2020 年各产业部门内数字化转型协同关系分指数平均值进行排序，平均值处于前 5 名的产业部门分别为 I8 非金属矿物制品业(1.216)、I12 交通运输设备传统制造业(1.166)、I9 金属冶炼和压延加工业(1.035)、I1 食品和烟草传统制造业(0.959)和 I5 造纸印刷和文教体育传统制造业(0.920)，说明江苏传统制造业这五类产业部门内处于不同数字化转型水平的大中小企业间相互作用关系较为密切，大中小企业间相互协同作用发挥较好。而与江苏传统制造业数字化转型密切相关的 I14 计算机、通信和其他电子设备传统制造业产业部门内数字化转型协同关系分指数平均值为 0.731，排名第 10，处于中间偏下水平，说明江苏计算机、通信和其他电子设备传统制造业内部各类企业间基于供应链、产业链和创新链形成的相互协同关系有待提升。

表 5-9　江苏传统制造业 16 个产业部门内数字化转型协同关系分指数测算结果

编号	2011年	2012年	2013年	2014年	2015年	2016年	2017年	2018年	2019年	2020年	平均值	排序
I1	0.850	1.289	0.832	0.855	1.181	0.820	0.847	0.923	0.976	1.013	0.959	4
I2	0.637	0.977	0.734	0.732	0.925	0.666	0.492	0.480	0.455	0.430	0.653	14
I3	0.644	0.569	0.498	0.483	0.563	0.440	0.635	0.625	0.668	0.668	0.579	15
I4	0.816	0.863	0.786	0.734	0.738	0.685	1.048	1.168	1.155	1.085	0.908	6
I5	0.742	1.180	1.156	1.126	1.256	1.239	0.633	0.632	0.627	0.615	0.920	5
I6	1.142	0.384	0.424	0.427	0.406	0.362	0.773	0.809	0.953	0.876	0.656	13
I7	0.726	0.464	0.406	0.398	0.437	0.394	1.298	1.269	1.199	1.189	0.778	8
I8	0.925	1.650	1.743	1.706	1.633	1.727	0.712	0.728	0.691	0.640	1.216	1
I9	0.851	1.121	1.079	1.111	1.193	1.037	1.046	1.020	0.979	0.915	1.035	3
I10	0.632	0.870	0.870	0.898	0.869	0.862	0.945	0.911	0.855	0.835	0.855	7
I11	0.754	0.576	0.613	0.626	0.665	0.698	0.774	0.774	0.747	0.737	0.696	11

续表

编号	2011年	2012年	2013年	2014年	2015年	2016年	2017年	2018年	2019年	2020年	平均值	排序
I12	0.911	1.307	1.317	1.313	1.277	1.291	1.087	1.062	1.054	1.043	1.166	2
I13	0.639	0.734	0.741	0.730	0.761	0.822	0.753	0.776	0.761	0.766	0.748	9
I14	0.684	0.702	0.711	0.729	0.727	0.742	0.721	0.740	0.764	0.789	0.731	10
I15	0.767	0.455	0.456	0.451	0.499	0.513	0.869	0.820	0.929	0.915	0.667	12
I16	0.840	0.635	0.486	0.439	0.519	0.491	0.324	0.331	0.294	0.271	0.463	16

同时,如图5-4所示,2011—2020年,江苏计算机、通信和其他电子设备传统制造业产业部门内数字化转型协同关系分指数除2015年和2017年小幅度下降外,总体呈现上升趋势,从2011年的0.684上升至2020年的0.789,说明近年来,江苏计算机、通信和其他电子设备传统制造业产业部门内各类企业间协同关系逐渐紧密,呈现良好趋势。

图5-4 2011—2020年江苏计算机、通信和其他电子设备传统制造业产业部门内数字化转型协同关系分指数测算结果示意图

5.3.2 产业部门间数字化转型协同关系分指数测算及分析

基于4.3.3构建江苏传统制造业产业部门间数字化转型协同关系分指数如下,设江苏传统制造业数字化转型价值生态中存在M类产业部门,$M=16$,其中第a类产业部门和第b类产业部门间数字化转型协同关系分指数为:

$$\text{Index}IF_{ab} = \left(1 - \frac{|\text{Index}EF_a - \text{Index}EF_b|}{\text{Index}EF_a + \text{Index}EF_b}\right) + (\text{Index}EF_a + \text{Index}EF)$$

(5-17)

测算得到2011—2020年江苏16个产业部门间数字化转型协同关系分指数,

共120个产业部门组合,测算结果如表5-10所示。按照2011—2020年产业部门间数字化转型协同关系分指数平均值进行排序,平均值处于前5名的产业部门组合是I8非金属矿物制品业和I12交通运输设备传统制造业(3.232)、I9金属冶炼和压延加工业和I12交通运输设备传统制造业(3.144)、I8非金属矿物制品业和I9金属冶炼和压延加工业(3.072)、I1食品和烟草传统制造业和I12交通运输设备传统制造业(3.026)、I5造纸印刷和文教体育传统制造业和I8非金属矿物制品业(3.018),说明江苏传统制造业这些产业部门间协同关系较为紧密。而与江苏传统制造业数字化转型密切相关的I14计算机、通信和其他电子设备传统制造业和其他产业部门间数字化转型协同关系分指数平均值排名前5的产业部门分别为I8非金属矿物制品业(2.714)、I12交通运输设备传统制造业(2.672)、I9金属冶炼和压延加工业(2.596)、I1食品和烟草传统制造业(2.561)和I4木材加工和家具传统制造业(2.533),排名分别为20、22、30、34和41,说明江苏这5类产业部门与数字化转型的关键产业部门间协同关系较为紧密。

表5-10 江苏传统制造业16个产业部门间数字化转型协同关系分指数测算结果

产业部门 a,b	2011年	2012年	2013年	2014年	2015年	2016年	2017年	2018年	2019年	2020年	平均值	排序
I1,I2	2.344	3.129	2.503	2.509	2.984	2.382	2.074	2.087	2.068	2.039	2.412	60
I1,I3	2.356	2.470	2.080	2.060	2.391	1.957	2.338	2.355	2.457	2.475	2.294	77
I1,I4	2.646	2.954	2.590	2.513	2.689	2.416	2.788	2.974	3.048	3.063	2.768	16
I1,I5	2.524	3.425	2.825	2.844	3.407	2.855	2.335	2.367	2.386	2.383	2.735	18
I1,I6	2.845	2.132	1.930	1.947	2.098	1.794	2.575	2.666	2.917	2.817	2.372	67
I1,I7	2.497	2.282	1.894	1.888	2.158	1.863	2.935	3.034	3.073	3.122	2.474	53
I1,I8	2.733	3.816	3.222	3.229	3.654	3.190	2.472	2.533	2.496	2.427	2.977	6
I1,I9	2.700	3.340	2.782	2.836	3.369	2.739	2.787	2.893	2.954	2.876	2.928	8
I1,I10	2.335	2.964	2.680	2.728	2.898	2.656	2.737	2.827	2.765	2.752	2.734	19
I1,I11	2.544	2.482	2.293	2.327	2.566	2.437	2.575	2.609	2.590	2.593	2.502	48
I1,I12	2.727	3.589	2.924	2.957	3.420	2.887	2.810	2.914	2.992	3.041	3.026	4
I1,I13	2.348	2.749	2.516	2.506	2.640	2.541	2.612	2.613	2.641	2.641	2.589	32
I1,I14	2.426	2.696	2.465	2.504	2.670	2.513	2.487	2.553	2.618	2.678	2.561	34
I1,I15	2.566	2.267	1.995	1.996	2.274	2.103	2.703	2.683	2.880	2.878	2.434	56

续表

产业部门 a,b	2011年	2012年	2013年	2014年	2015年	2016年	2017年	2018年	2019年	2020年	平均值	排序
I1,I16	2.684	2.584	2.056	1.971	2.312	2.060	1.724	1.782	1.734	1.706	2.061	106
I2,I3	2.276	2.282	2.041	2.010	2.245	1.901	2.000	1.973	1.934	1.882	2.054	108
I2,I4	2.330	2.778	2.486	2.464	2.551	2.337	2.179	2.230	2.176	2.083	2.361	68
I2,I5	2.303	3.064	2.666	2.645	3.029	2.604	2.000	1.975	1.924	1.868	2.408	63
I2,I6	2.495	1.925	1.889	1.895	1.940	1.732	2.043	2.033	2.055	1.965	1.997	111
I2,I7	2.298	2.085	1.852	1.834	2.003	1.803	2.340	2.297	2.205	2.151	2.087	105
I2,I8	2.378	3.371	3.070	3.038	3.281	2.949	2.021	2.002	1.941	1.874	2.593	31
I2,I9	2.344	3.030	2.623	2.637	2.991	2.484	2.178	2.140	2.069	1.985	2.448	55
I2,I10	2.265	2.789	2.519	2.527	2.763	2.399	2.121	2.081	2.005	1.945	2.341	71
I2,I11	2.307	2.294	2.257	2.280	2.426	2.340	2.043	2.019	1.960	1.904	2.183	99
I2,I12	2.371	3.140	2.767	2.760	3.042	2.637	2.202	2.164	2.112	2.057	2.525	42
I2,I13	2.275	2.570	2.470	2.460	2.588	2.383	2.035	2.020	1.965	1.916	2.268	84
I2,I14	2.286	2.515	2.430	2.458	2.532	2.354	2.024	2.007	1.966	1.925	2.250	90
I2,I15	2.312	2.069	1.956	1.944	2.124	2.049	2.084	2.038	2.042	1.985	2.060	107
I2,I16	2.340	2.400	2.017	1.920	2.163	2.006	1.610	1.628	1.535	1.474	1.909	117
I3,I4	2.342	2.226	2.061	2.011	2.168	1.907	2.437	2.490	2.556	2.515	2.271	83
I3,I5	2.315	2.399	2.257	2.209	2.439	2.202	2.266	2.251	2.264	2.241	2.284	78
I3,I6	2.507	1.758	1.841	1.848	1.806	1.704	2.310	2.305	2.445	2.409	2.093	104
I3,I7	2.310	1.931	1.802	1.784	1.874	1.779	2.590	2.553	2.583	2.576	2.178	101
I3,I8	2.390	2.731	2.686	2.631	2.710	2.573	2.289	2.276	2.342	2.286	2.491	49
I3,I9	2.356	2.363	2.210	2.200	2.398	2.072	2.436	2.404	2.458	2.426	2.332	73
I3,I10	2.266	2.229	2.097	2.080	2.219	1.977	2.383	2.349	2.400	2.391	2.239	92
I3,I11	2.319	2.138	2.008	1.980	2.146	1.910	2.310	2.292	2.359	2.356	2.182	100
I3,I12	2.383	2.482	2.365	2.334	2.453	2.239	2.459	2.427	2.498	2.491	2.413	59
I3,I13	2.279	2.176	2.044	2.009	2.175	1.958	2.302	2.292	2.364	2.365	2.197	94
I3,I14	2.298	2.166	2.034	2.009	2.164	1.926	2.292	2.280	2.365	2.374	2.191	97
I3,I15	2.324	1.913	1.909	1.899	2.002	1.876	2.348	2.309	2.434	2.427	2.144	102

续表

产业部门 a,b	2011年	2012年	2013年	2014年	2015年	2016年	2017年	2018年	2019年	2020年	平均值	排序
I3,I16	2.352	2.149	1.972	1.873	2.042	1.875	1.635	1.649	1.574	1.516	1.864	119
I4,I5	2.511	2.888	2.751	2.650	2.735	2.636	2.433	2.502	2.486	2.423	2.601	29
I4,I6	2.791	1.862	1.910	1.896	1.853	1.738	2.670	2.796	3.012	2.855	2.338	72
I4,I7	2.483	2.026	1.873	1.835	1.919	1.809	3.239	3.396	3.336	3.229	2.514	43
I4,I8	2.679	3.199	3.150	3.043	2.994	2.981	2.569	2.664	2.595	2.467	2.834	13
I4,I9	2.646	2.854	2.708	2.641	2.696	2.518	3.093	3.121	3.051	2.915	2.824	14
I4,I10	2.321	2.729	2.605	2.532	2.526	2.433	2.940	2.955	2.861	2.790	2.669	23
I4,I11	2.530	2.239	2.275	2.281	2.351	2.374	2.671	2.739	2.687	2.632	2.478	51
I4,I12	2.672	2.965	2.850	2.765	2.748	2.670	3.116	3.182	3.163	3.108	2.924	9
I4,I13	2.334	2.517	2.498	2.461	2.484	2.417	2.637	2.742	2.710	2.680	2.548	36
I4,I14	2.412	2.462	2.448	2.459	2.458	2.388	2.583	2.684	2.715	2.717	2.533	41
I4,I15	2.552	2.009	1.975	1.945	2.044	2.055	2.824	2.813	2.975	2.916	2.411	62
I4,I16	2.641	2.346	2.036	1.921	2.084	2.012	1.844	1.941	1.856	1.756	2.044	109
I5,I6	2.672	2.055	2.116	2.102	2.150	2.053	2.306	2.317	2.374	2.315	2.246	91
I5,I7	2.457	2.208	2.081	2.046	2.209	2.115	2.586	2.565	2.513	2.485	2.327	74
I5,I8	2.558	3.664	3.696	3.628	3.759	3.801	2.286	2.289	2.270	2.234	3.018	5
I5,I9	2.525	3.275	3.201	3.231	3.423	3.187	2.433	2.416	2.387	2.333	2.841	12
I5,I10	2.294	2.898	2.885	2.911	2.943	2.921	2.380	2.361	2.328	2.297	2.622	27
I5,I11	2.488	2.411	2.462	2.467	2.613	2.657	2.306	2.304	2.287	2.261	2.426	58
I5,I12	2.551	3.436	3.408	3.362	3.525	3.509	2.456	2.439	2.427	2.399	2.951	7
I5,I13	2.307	2.682	2.679	2.642	2.771	2.858	2.299	2.305	2.292	2.271	2.511	45
I5,I14	2.386	2.628	2.629	2.640	2.716	2.731	2.288	2.293	2.293	2.279	2.488	50
I5,I15	2.493	2.193	2.177	2.148	2.324	2.338	2.345	2.321	2.362	2.333	2.303	76
I5,I16	2.520	2.515	2.234	2.125	2.361	2.298	1.634	1.651	1.560	1.497	2.040	110
I6,I7	2.645	1.753	1.808	1.790	1.806	1.713	2.818	2.857	3.037	2.914	2.314	75
I6,I8	2.963	2.411	2.558	2.533	2.437	2.436	2.444	2.484	2.484	2.360	2.511	44
I6,I9	2.847	2.015	2.067	2.093	2.106	1.916	2.670	2.714	2.918	2.769	2.411	61

续表

产业部门 a,b	2011年	2012年	2013年	2014年	2015年	2016年	2017年	2018年	2019年	2020年	平均值	排序
I6,I10	2.486	1.866	1.949	1.969	1.911	1.815	2.618	2.661	2.754	2.687	2.272	82
I6,I11	2.691	1.759	1.854	1.863	1.828	1.743	2.547	2.561	2.578	2.527	2.195	95
I6,I12	2.941	2.145	2.227	2.230	2.165	2.091	2.692	2.736	2.956	2.832	2.502	47
I6,I13	2.499	1.805	1.892	1.894	1.862	1.795	2.513	2.564	2.602	2.576	2.200	93
I6,I14	2.576	1.793	1.881	1.894	1.849	1.760	2.459	2.505	2.606	2.613	2.194	96
I6,I15	2.713	1.754	1.843	1.850	1.802	1.702	2.584	2.622	2.869	2.770	2.251	88
I6,I16	2.829	1.772	1.841	1.852	1.802	1.701	1.688	1.721	1.719	1.620	1.855	120
I7,I8	2.530	2.552	2.526	2.482	2.492	2.493	2.719	2.726	2.621	2.529	2.567	33
I7,I9	2.497	2.170	2.032	2.036	2.166	1.981	3.237	3.180	3.076	2.973	2.535	40
I7,I10	2.288	2.029	1.912	1.910	1.975	1.883	3.085	3.015	2.887	2.849	2.383	65
I7,I11	2.461	1.932	1.815	1.801	1.895	1.813	2.819	2.800	2.713	2.692	2.274	81
I7,I12	2.524	2.294	2.194	2.176	2.224	2.153	3.297	3.242	3.188	3.167	2.646	25
I7,I13	2.302	1.972	1.855	1.833	1.927	1.864	2.785	2.804	2.736	2.739	2.282	79
I7,I14	2.381	1.961	1.844	1.833	1.915	1.830	2.733	2.746	2.741	2.776	2.276	80
I7,I15	2.465	1.910	1.804	1.786	1.869	1.776	2.970	2.873	3.001	2.975	2.343	70
I7,I16	2.493	1.943	1.802	1.788	1.870	1.775	2.022	2.014	1.887	1.831	1.943	113
I8,I9	2.734	3.580	3.587	3.607	3.670	3.514	2.568	2.581	2.497	2.378	3.072	3
I8,I10	2.369	3.210	3.279	3.294	3.197	3.255	2.516	2.527	2.440	2.342	2.843	11
I8,I11	2.577	2.742	2.876	2.869	2.877	3.000	2.444	2.471	2.399	2.306	2.656	24
I8,I12	2.829	3.840	3.921	3.889	3.788	3.874	2.591	2.603	2.537	2.443	3.232	1
I8,I13	2.382	3.000	3.081	3.035	3.030	3.194	2.437	2.472	2.404	2.316	2.735	17
I8,I14	2.460	2.949	3.034	3.033	2.976	3.071	2.427	2.460	2.404	2.324	2.714	20
I8,I15	2.599	2.538	2.613	2.575	2.600	2.698	2.482	2.488	2.473	2.378	2.544	37
I8,I16	2.717	2.841	2.665	2.554	2.635	2.661	1.661	1.685	1.583	1.506	2.251	89
I9,I10	2.335	2.864	2.843	2.903	2.905	2.806	2.940	2.874	2.766	2.704	2.794	15
I9,I11	2.544	2.375	2.417	2.458	2.573	2.539	2.670	2.657	2.591	2.545	2.537	39
I9,I12	2.728	3.351	3.297	3.341	3.436	3.219	3.114	3.062	2.995	2.892	3.144	2

续表

产业部门 a,b	2011年	2012年	2013年	2014年	2015年	2016年	2017年	2018年	2019年	2020年	平均值	排序
I9,I13	2.348	2.647	2.635	2.634	2.733	2.743	2.636	2.660	2.614	2.593	2.624	26
I9,I14	2.427	2.593	2.585	2.632	2.677	2.614	2.582	2.602	2.619	2.630	2.596	30
I9,I15	2.566	2.154	2.129	2.139	2.282	2.212	2.823	2.731	2.881	2.830	2.475	52
I9,I16	2.684	2.479	2.187	2.116	2.319	2.171	1.843	1.842	1.735	1.643	2.102	103
I10,I11	2.298	2.242	2.310	2.346	2.401	2.454	2.619	2.603	2.534	2.510	2.432	57
I10,I12	2.362	2.976	2.983	3.023	2.956	2.953	2.962	2.896	2.805	2.767	2.868	10
I10,I13	2.265	2.520	2.532	2.524	2.564	2.660	2.585	2.606	2.558	2.559	2.537	38
I10,I14	2.276	2.465	2.481	2.522	2.507	2.530	2.531	2.548	2.562	2.596	2.502	46
I10,I15	2.302	2.012	2.013	2.017	2.097	2.121	2.773	2.678	2.743	2.705	2.346	69
I10,I16	2.330	2.349	2.073	1.993	2.137	2.079	1.779	1.775	1.662	1.596	1.977	112
I11,I12	2.570	2.494	2.565	2.585	2.627	2.691	2.692	2.679	2.630	2.609	2.614	28
I11,I13	2.311	2.189	2.259	2.280	2.358	2.438	2.513	2.548	2.498	2.484	2.388	64
I11,I14	2.390	2.179	2.250	2.279	2.347	2.409	2.459	2.492	2.499	2.493	2.380	66
I11,I15	2.512	1.914	1.921	1.914	2.021	2.058	2.585	2.565	2.567	2.545	2.260	86
I11,I16	2.540	2.161	1.984	1.888	2.061	2.015	1.688	1.705	1.607	1.546	1.919	116
I12,I13	2.375	2.761	2.779	2.757	2.785	2.891	2.659	2.682	2.653	2.657	2.700	21
I12,I14	2.453	2.708	2.730	2.755	2.730	2.764	2.605	2.624	2.657	2.694	2.672	22
I12,I15	2.593	2.279	2.287	2.274	2.338	2.373	2.845	2.753	2.919	2.893	2.555	35
I12,I16	2.710	2.596	2.342	2.252	2.375	2.334	1.870	1.869	1.785	1.726	2.186	98
I13,I14	2.289	2.414	2.432	2.457	2.465	2.514	2.452	2.493	2.523	2.541	2.458	54
I13,I15	2.315	1.955	1.958	1.944	2.052	2.104	2.551	2.568	2.590	2.593	2.263	85
I13,I16	2.343	2.297	2.019	1.919	2.092	2.061	1.679	1.706	1.613	1.560	1.929	114
I14,I15	2.394	1.944	1.948	1.943	2.040	2.073	2.496	2.509	2.595	2.631	2.257	87
I14,I16	2.422	2.287	2.009	1.919	2.080	2.030	1.665	1.690	1.614	1.571	1.929	115
I15,I16	2.562	1.926	1.909	1.876	1.998	1.983	1.736	1.727	1.704	1.643	1.906	118

5.4 内能指数测算及分析

首先,基于4.3.1构建江苏传统制造业数字化转型价值生态内能指数影响因素指标体系,如表5-11所示,完整指标体系见附录C。

表5-11 江苏传统制造业数字化转型价值生态内能指数影响因素指标体系

一级指标	二级指标	具体指标	指标数量
江苏传统制造业数字化转型价值生态动能分指数(Index KE)	江苏传统制造业产业部门内数字化转型主体数量规模分指数(Index IQ)	1-16	16
	江苏传统制造业产业部门数字化转型要素投入产出质量分指数(Index IM)	17-32	16
	江苏传统制造业产业部门数字化转型要素投入产出增长率分指数(Index IS)	33-48	16
江苏传统制造业数字化转型价值生态势能分指数(Index PE)	江苏传统制造业产业部门内数字化转型协同关系分指数(Index EF)	49-64	16
	江苏传统制造业产业部门间数字化转型协同关系分指数(Index IF)	65-184	120

其次,基于前景理论中的参照依赖与损失规避假设,构建江苏传统制造业数字化转型价值生态内能指数,设江苏传统制造业数字化转型价值生态内能指数影响因素的数据矩阵为 $A=(a_{ij})_{m\times n}$,其中 m 表示年份跨度,$m=10$,n 表示影响因素数量,$n=184$,a_{ij} 表示第 i 年度的第 j 个影响因素指标值。令 $A_k=(a_{k1},a_{k2},\cdots,a_{kn})'$ 为第 k 年度影响因素数据矩阵,则第 i 年与第 k 年的内能指数的相对值 $\vartheta(A_i,A_k)$ 为:

$$\vartheta(A_i,A_k)=\sum_{j=1}^{n}\varphi_j(A_i,A_k), i,k=1,2,\cdots,m \quad (5-18)$$

$$\varphi_j(A_i,A_k)=\begin{cases}\sqrt{w_{jr}(a_{ij}-a_{kj})/\sum_{j=1}^{n}w_{jr}}, & a_{ij}-a_{kj}>0 \\ 0, & a_{ij}-a_{kj}=0 \\ -\frac{1}{\theta}\sqrt{(\sum_{j=1}^{n}w_{jr})(a_{kj}-a_{ij})/w_{jr}}, & a_{ij}-a_{kj}<0\end{cases} \quad (5-19)$$

$$w_{jr}=w_j/\max\{w_j\mid j=1,2,\cdots,n\}, j=1,2,\cdots,n \quad (5-20)$$

其中 $\varphi_j(A_i,A_k)$ 表示 A_i 与 A_k 在第 j 项影响因素的相对值,加总后得到内能指数的相对值 $\vartheta(A_i,A_k)$。参数 θ 表示内能指数在影响因素指标相对较差时的敏感程度,θ 越小,影响因素指标相对较差时内能指数下降越显著。本书参考前景理论实证研究[105]，选取 $\theta=2.25$。w_j 表示第 j 项指标的权重，本书选取熵值权重法获得，w_{jr} 表示第 j 项指标相对于权重最大指标的相对权重值。第 i 年的内能指数为所有年份相对值的加总，即 $\sum_{k=1}^{m}\vartheta(A_i,A_k)$，归一化后得到第 i 年的江苏传统制造业数字化转型价值生态内能指数 $IndexIE_i$：

$$IndexIE_i=\frac{\sum_{k=1}^{m}\vartheta(A_i,A_k)-\min\left\{\sum_{k=1}^{m}\vartheta(A_i,A_k)\right\}}{\max\left\{\sum_{k=1}^{m}\vartheta(A_i,A_k)\right\}-\min\left\{\sum_{k=1}^{m}\vartheta(A_i,A_k)\right\}} \quad (5-21)$$

同理，设动能分指数影响因素的数据矩阵为 $\boldsymbol{B}=(b_{ij})_{m\times n_b}$，其中 $m=10$，$n_b=48$，基于前景理论，测算得到第 i 年江苏传统制造业数字化转型价值生态动能分指数 $IndexKE_i$；设势能分指数影响因素的数据矩阵为 $\boldsymbol{C}=(c_{ij})_{m\times n_c}$，其中 $m=10$，$n_c=136$，测算得到第 i 年江苏传统制造业数字化转型价值生态势能分指数 $IndexPE_i$；设产业部门内数字化转型主体数量规模分指数影响因素的数据矩阵为 $\boldsymbol{B}_1=(b_{ij}^{(1)})_{m\times n_{b1}}$，其中 $m=10$，$n_{b1}=16$，测算得到第 i 年江苏传统制造业产业部门内数字化转型主体数量规模分指数 $IndexIQ_i$；设产业部门数字化转型要素投入产出质量分指数影响因素的数据矩阵为 $\boldsymbol{B}_2=(b_{ij}^{(2)})_{m\times n_{b2}}$，其中 $m=10$，$n_{b2}=16$，测算得到第 i 年江苏传统制造业产业部门数字化转型要素投入产出质量分指数 $IndexIM_i$；设产业部门数字化转型要素投入产出增长率分指数影响因素的数据矩阵为 $\boldsymbol{B}_3=(b_{ij}^{(3)})_{m\times n_{b3}}$，其中 $m=10$，$n_{b3}=16$，测算得到第 i 年江苏传统制造业产业部门数字化转型要素投入产出增长率分指数 $IndexIS_i$；设产业部门内数字化转型协同关系分指数影响因素的数据矩阵为 $\boldsymbol{C}_1=\left(c_{ij}^{(1)}\right)_{m\times n_{c1}}$，其中 $m=10$，$n_{c1}=16$，测算得到第 i 年江苏传统制造业产业部门内数字化转型协同关系分指数 $IndexEF_i$；设产业部门间数字化转型协同关系分指数影响因素的数据矩阵为 $\boldsymbol{C}_2=\left(c_{ij}^{(2)}\right)_{m\times n_{c2}}$，其中 $m=10$，$n_{c2}=120$，测算得到第 i 年江苏传统制造业产业部门间数字化转型协同关系分指数 $IndexIF_i$。

江苏传统制造业数字化转型价值生态内能指数及分指数测算结果如表 5-12 所示。结果表明，2011—2020 年，内能指数总体呈现先波动上升后波动下降的趋势，其中，2011—2015 年呈现波动上升趋势，并于 2015 年达到峰值，随后，2015—2020 年呈现波动下降趋势，说明近年来江苏传统制造业数字化转型价值生态的能量水平有所下降，对系统实现能级跃迁未起到有效支撑作用。价值生态动能分指数总体呈现先波动上升后下降再上升的趋势，并且产业部门内数字化转型主体数量规模分指数、产业部门数字化转型要素投入产出质量分指数和产业部门数字化转型要素投入产出增长率分指数的变化趋势与动能分指数波动基本相同，说明江苏传统制造业近年来在价值创造主体数量、价值创造要素投入产出方面建设成效明显。价值生态势能分指数总体呈现波动较大的升降交替变化趋势，并且产业部门内数字化转型协同关系分指数和产业部门间数字化转型协同关系分指数变化趋势与势能分指数波动基本相同，近三年呈现明显下降趋势，说明江苏传统制造业产业部门内部处于不同数字化转型水平的各类大中小企业间以及跨产业部门边界的数字化转型协同关系不够紧密，阻碍江苏传统制造业数字化转型价值生态实现能级跃迁。

表 5-12 江苏传统制造业数字化转型价值生态内能及分指数测算结果

指数	年份									
	2011	2012	2013	2014	2015	2016	2017	2018	2019	2020
价值生态内能指数	0.000	0.475	0.230	0.423	1.000	0.487	0.764	0.748	0.515	0.476
价值生态动能分指数	0.167	0.160	0.369	0.932	0.875	1.000	0.685	0.424	0.000	0.499
价值生态势能分指数	0.074	0.688	0.144	0.000	1.000	0.074	0.669	0.837	0.684	0.151
产业部门内数字化转型主体数量规模分指数	0.000	0.421	0.560	1.000	0.889	0.906	0.366	0.407	0.181	0.506
产业部门数字化转型要素投入产出质量分指数	0.000	0.065	0.243	0.550	0.542	1.000	0.902	0.580	0.251	0.332
产业部门数字化转型要素投入产出增长率分指数	0.780	0.220	0.361	1.000	0.966	0.899	0.789	0.433	0.000	0.865
产业部门内数字化转型协同关系分指数	0.000	0.706	0.367	0.326	0.910	0.461	0.872	1.000	0.935	0.728
产业部门间数字化转型协同关系分指数	0.296	0.789	0.130	0.000	1.000	0.010	0.676	0.828	0.748	0.302

第六章

基于价值生态能级跃迁的江苏传统制造业数字化转型路径研究

本章在第五章江苏传统制造业数字化转型的价值生态能级评价的基础上,识别能级跃迁关键影响因素和临界条件,进而为江苏设计传统制造业数字化转型价值生态能级跃迁的实践路径。为此,本章结合第四章传统制造业数字化转型的价值生态形成机理分析,首先基于遗传算法—扩展灰色关联分析模型识别能级跃迁历史性关键影响因素;其次,基于GM(1,1)模型预测2021—2027年江苏传统制造业数字化转型价值生态内能指数,在此基础上,开展不同干预强度和干预时间的影响因素边际效应分析,识别能级跃迁未来性关键影响因素;再次,基于多Agent模型,识别江苏传统制造业数字化转型价值生态能级跃迁临界条件;最后,综合关键影响因素和临界条件,提出江苏传统制造业数字化转型各产业部门"要素—关系"赋能差异化路径,为我国传统制造业数字化转型的实现提供具有理论意义和实践意义的现实参考。

6.1 江苏传统制造业数字化转型价值生态能级跃迁历史性关键影响因素识别

基于4.4.2遗传算法—扩展灰色关联分析模型,识别江苏传统制造业数字化转型价值生态能级跃迁历史性关键影响因素如下,设江苏传统制造业数字化转型价值生态内能指数序列为 $X_0 = \{\varphi(A_i)\} = \{\varphi(A_1), \varphi(A_2), \cdots, \varphi(A_m)\} = \{x_0(1), x_0(2), \cdots, x_0(m)\}$,作为系统特征行为序列,其中 $m=10$,表示年份跨度,$\varphi(A_i)$ 表示第 i 年江苏传统制造业数字化转型价值生态内能指数。设具体影响因素序列为相关因素序列 X_h,其逆化象为 X'_h,其中 $h=1,2,\cdots,n$,n 表示具体影响因素数量,$n=184$,令 $M_h = \max\{x_h(k)\}$,并满足:

$$X_h = \{x_h(1), x_h(2), \cdots, x_h(m)\} \tag{6-1}$$

$$X'_h = \{M_h - x_h(1), M_h - x_h(2), \cdots, M_h - x_h(m)\} \tag{6-2}$$

灰色关联度的计算以邓氏灰色关联分析模型为基础,体现了点集拓扑空间与距离空间的结合。令 $\Delta_{0h}(k) = |x_0(k) - x_h(k)|$,$\Delta'_{0h}(k) = |x_0(k) - (M_h - x_h(k))|$,则点集拓扑空间的邻域 C 为:

$$C \in [\min_h \min_k \{p_h \Delta_{0h}(k) + (1-p_h) \Delta'_{0h}(k)\},$$
$$\max_h \max_k \{p_h \Delta_{0h}(k) + (1-p_h) \Delta'_{0h}(k)\}] \tag{6-3}$$

$$p_h = \begin{cases} 1, X_h 与 X_0 正向关联 \\ 0, X_h 与 X_0 负向关联 \end{cases} \quad (6-4)$$

其中，$p_h \in P$ 表示 X_h 与 X_0 正向或负向关联。在给定的 P 值下，$\lambda(X_0(k), X_h(k))$ 表示 X_h 与 X_0 在第 k 年的灰色关联系数，$\lambda(X_0, X_h)$ 表示 X_h 与 X_0 的灰色关联度，其计算公式为：

$$\lambda(X_0(k), X_h(k)) = p_i \frac{C_{\min} + \xi C_{\max}}{\Delta_{0h}(k) + \xi C_{\max}} + (p_h - 1) \frac{C_{\min} + \xi C_{\max}}{\Delta'_{0h}(k) + \xi C_{\max}} \quad (6-5)$$

$$\lambda(X_0, X_h) = \frac{1}{m} \sum_{k=1}^{m} \lambda(X_0(k), X_h(k)) \quad (6-6)$$

其中 $C_{\min} = \min_h \min_k \{p_h \Delta_{0h}(k) + (1-p_h) \Delta'_{0h}(k)\}$，$C_{\max} = \max_h \max_k \{p_h \Delta_{0h}(k) + (1-p_h) \Delta'_{0h}(k)\}$，分辨系数取 $\xi = 0.5$。

然后基于遗传算法确定 P 值，具体如下。P 值的确定应依据以下准则：(1) 由灰色关联度 $\lambda(X_0, X_h)$ 的计算公式可知，相关因素序列与系统特征行为序列间关联度的绝对值越大则关联性越强，因此，应选取满足 $\sum_{h=1}^{n} |\lambda(X_0, X_h)|$ 最大的 P 值；(2) 点集拓扑空间的邻域 C 反映系统点集的整体分布情况，其分布离散程度越低则代表相关因素序列中的离群数据点越少，因此，应选取满足 $C_{\max} - C_{\min}$ 最小的 P 值。当 $p_h = 1$ 时，X_h 与 X_0 正向关联，$\lambda(X_0(k), X_h(k)) \in (0, 1]$，并且 $\lambda(X_0, X_h) \in (0, 1]$；当 $p_h = 0$ 时，X_h 与 X_0 负向关联，$\lambda(X_0(k), X_h(k)) \in (-1, 0]$，且 $\lambda(X_0, X_h) \in (-1, 0]$。因此，可以通过基于遗传算法的扩展灰色关联模型测算各个具体影响因素的关联强度大小和方向，识别江苏传统制造业数字化转型价值生态能级跃迁的促进性和抑制性关键影响因素。正向关联且灰色关联度较大的影响因素是促进性关键影响因素，负向关联且灰色关联度绝对值较大的影响因素是抑制性关键影响因素。

江苏传统制造业数字化转型价值生态能级跃迁影响因素灰色关联分析结果如附录 D 所示。将所有影响因素按照灰色关联度进行降序排序，其中灰色关联度为正值即与价值生态内能指数正向关联的因素中，灰色关联度排名前 15 的影响因素为促进性关键影响因素，如表 6-1 所示。结果表明，15 个促进性关键影响因素中，有 13 个属于数字化转型的关系维度，2 个属于数字化转型的要素维度。其中，数字化转型的关系维度包含 I9 金属冶炼和压延加工业分别与 I11 通用、专用设备传统制造业，I4 木材加工和家具传统制造业，I10 金属制品业，I3 纺织服装鞋帽皮革羽绒及其制品传统制造业间的数字化转型协同关系，I11 通用、专用设备传统制造业分别与 I10 金属制品业、I1 食品和烟草传统制造业、I12 交通运输设备传统制造业间的数字化转型协同关系,I4 木材加工和家具传统制造业分别与 I13 电气机械和器材传统制造业、I12 交通运输设备传统制造业间的数字化转型协同关系,I7 化学产品传统制造业分别与 I8 非金属矿物制品业、I2 纺织业间的数字化转型协同关系,以及 I10 金属制品业和 I13 电气机械和器材传统制造业各自产业部门内数字化转型协同关系。数字化转型的要素维度包含 I13 电气机械和器材传统制造业数字化转型要素投入产出质量和 I6 石油、煤炭及其他燃料加工业数字化转型要素投入产出增长率。综上,江苏传统制造业 I9、I11、I7、I4、I10 等部分产业部门间基于供应链网络、产业链网络、创新链网络形成的跨产业部门边界数字化转型协同关系对 2011—2020 年江苏传统制造业数字化转型价值生态能级跃迁起到较强的正向促进作用。结合 5.4 江苏传统制造业数字化转型价值生态内能指数测算结果分析,近年来,内能指数与产业部门间数字化转型协同关系分指数均呈现下降趋势,说明未来江苏传统制造业数字化转型价值生态实现能级跃迁需要提高产业部门间跨产业部门协同关系的紧密程度。

表6-1 江苏传统制造业数字化转型价值生态能级跃迁促进性关键影响因素识别结果

指标序号	促进性关键影响因素	灰色关联度	排名
158	Index IF(I9,I11)	0.774	1
111	Index IF(I4,I9)	0.758	2
164	Index IF(I10,I11)	0.757	3
29	Index IM(I13)	0.753	4
115	Index IF(I4,I13)	0.752	5
140	Index IF(I7,I8)	0.742	6
74	Index IF(I1,I11)	0.735	7
84	Index IF(I2,I7)	0.731	8
38	Index IS(I6)	0.729	9
114	Index IF(I4,I12)	0.729	10
58	Index EF(I10)	0.729	11
170	Index IF(I11,I12)	0.728	12
157	Index IF(I9,I10)	0.728	13
99	Index IF(I3,I9)	0.728	14

续表

指标序号	促进性关键影响因素	灰色关联度	排名
61	Index EF(I13)	0.727	15

注:表中 Index IQ 表示产业部门内数字化转型主体数量规模,Index IM 表示产业部门数字化转型要素投入产出质量,Index IS 表示产业部门数字化转型要素投入产出增长率,Index EF 表示产业部门内数字化转型协同关系,Index IF 表示产业部门间数字化转型协同关系。

同时,灰色关联度为负值即与价值生态内能指数负向关联的因素中,灰色关联度升序排名前15的影响因素为抑制性关键影响因素,如表6-2所示。结果表明,15个抑制性关键影响因素中,有11个属于数字化转型的关系维度,4个属于数字化转型的要素维度。其中,数字化转型的关系维度包含I16废弃资源综合利用业和其他传统制造业分别与I15仪器仪表传统制造业,I6石油、煤炭及其他燃料加工业,I3纺织服装鞋帽皮革羽绒及其制品传统制造业,I11通用、专用设备传统制造业,I14计算机、通信和其他电子设备传统制造业,I1食品和烟草传统制造业,I9金属冶炼和压延加工业,I13电气机械和器材传统制造业间的数字化转型协同关系,以及I16废弃资源综合利用业和其他传统制造业产业部门内数字化转型协同关系。数字化转型的要素维度包含I10金属制品业和I3纺织服装鞋帽皮革羽绒及其制品传统制造业的数字化转型要素投入产出增长率,以及I2纺织业和I3纺织服装鞋帽皮革羽绒及其制品传统制造业的数字化转型要素投入产出质量。综上,江苏传统制造业部分产业部门,特别是I16废弃资源综合利用业和其他传统制造业与其他部分产业部门间的数字化转型协同关系抑制了2011—2020年江苏传统制造业数字化转型价值生态能量水平的提升,阻碍其实现能级跃迁。

表6-2 江苏传统制造业数字化转型价值生态能级跃迁抑制性关键影响因素识别结果

指标序号	抑制性关键影响因素	灰色关联度	排名
131	Index IF(I6,I8)	-0.785	184
184	Index IF(I15,I16)	-0.760	183
42	Index IS(I10)	-0.732	182
18	Index IM(I2)	-0.730	181
64	Index EF(I16)	-0.724	180
19	Index IM(I3)	-0.722	179
139	Index IF(I6,I16)	-0.721	178

续表

指标序号	抑制性关键影响因素	灰色关联度	排名
105	Index IF(I3,I16)	−0.718	177
174	Index IF(I11,I16)	−0.715	176
183	Index IF(I14,I16)	−0.714	175
79	Index IF(I1,I16)	−0.707	174
83	Index IF(I2,I6)	−0.706	173
163	Index IF(I9,I16)	−0.705	172
35	Index IS(I3)	−0.701	171
181	Index IF(I13,I16)	−0.696	170

注:表中 Index IQ 表示产业部门内数字化转型主体数量规模,Index IM 表示产业部门数字化转型要素投入产出质量,Index IS 表示产业部门数字化转型要素投入产出增长率,Index EF 表示产业部门内数字化转型协同关系,Index IF 表示产业部门间数字化转型协同关系。

6.2 江苏传统制造业数字化转型价值生态能级跃迁未来性关键影响因素识别

6.2.1 影响因素及内能指数灰色预测

本节基于 4.4.3 灰色预测法中的 GM(1,1)模型预测江苏传统制造业数字化转型价值生态能级跃迁影响因素的时间序列取值,并依据 5.4 的内能指数测算方法预测未来江苏传统制造业数字化转型价值生态内能指数如下。设江苏传统制造业数字化转型价值生态内能指数第 j 项影响因素的时间序列数据取值 $a_j^{(0)}=(a_j^{(0)}(1),a_j^{(0)}(2),\cdots,a_j^{(0)}(m))$,其中,$m=10$ 表示年份跨度。$a_j^{(0)}$ 的一阶累加生成(1−AGO)序列为 $a_j^{(1)}=\left(a_j^{(1)}(1),a_j^{(1)}(2),\cdots,a_j^{(1)}(m)\right)$,$a_j^{(1)}$ 的均值生成序列为 $z_j^{(1)}=\left(z_j^{(1)}(2),z_j^{(1)}(3),z_j^{(1)}(4),\cdots,z_j^{(1)}(m)\right)$。其中,

$$a_j^{(1)}(k)=\sum_{i=1}^{k}a_j^{(0)}(i),k=1,2,\cdots,m \qquad (6-7)$$

$$z_j^{(1)}(k)=0.5a_j^{(1)}(k)+0.5a_j^{(1)}(k-1),k=2,3,\cdots,m \qquad (6-8)$$

建立差分方程(式6-9)及其白化微分方程(式6-10)

$$a_j^{(0)}(k) + \alpha z_j^{(1)}(k) = \beta, k=2,3,\cdots,m \tag{6-9}$$

$$\frac{\mathrm{d}a_j^{(1)}}{\mathrm{d}t} + \alpha a_j^{(1)}(t) = \beta \tag{6-10}$$

令 $u = [\alpha, \beta]^{\mathrm{T}}$,运用最小二乘法估计 u,则 $\hat{u} = [\hat{\alpha}, \hat{\beta}]^{\mathrm{T}} = (B^{\mathrm{T}}B)^{-1}B^{\mathrm{T}}Y$,其中,

$$Y = \begin{bmatrix} a_j^{(0)}(2) \\ a_j^{(0)}(3) \\ \vdots \\ a_j^{(0)}(m) \end{bmatrix}, \quad B = \begin{bmatrix} -z_j^{(1)}(2) & 1 \\ -z_j^{(1)}(3) & 1 \\ \vdots & \vdots \\ -z_j^{(1)}(m) & 1 \end{bmatrix}。$$

求解白化微分方程,得到

$$\hat{a}_j^{(1)}(k+1) = \left(a_j^{(0)}(1) - \frac{\hat{\beta}}{\hat{\alpha}}\right) \mathrm{e}^{-\hat{\alpha}k} + \frac{\hat{\beta}}{\hat{\alpha}}, k=0,1,\cdots,m \tag{6-11}$$

根据累减还原式 $\hat{a}_j^{(0)}(k+1) = \hat{a}_j^{(1)}(k+1) - \hat{a}_j^{(1)}(k)$,得到内能指数第 j 项影响因素的预测值 $\hat{a}_j^{(0)}(k+1)$,进而得到内能指数影响因素 $(m+t)$ 年的预测值。最后基于5.4计算包含预测值的 $(m+t)$ 年内能指数,具体过程如下。设内能指数影响因素数据矩阵 $A = (a_{ij})_{(m+t) \times n}$,其中 $m=10$ 表示年份跨度,$t=7$ 表示预测年份跨度,$n=184$ 表示内能指数影响因素数量,a_{ij} 表示第 i 年度的第 j 个影响因素的数据值,前 m 年为真实值,第 $(m+1)$ 年开始到第 $(m+t)$ 年为灰色预测值。设第 k 年度影响因素序列 $A_k = (a_{k1}, a_{k2}, \cdots, a_{kn})'$,以表示第 k 年全部影响因素的数据值。基于前景理论,以第 k 年度影响因素序列 A_k 为参考点,第 i 年度影响因素序列 A_i 中第 j 个影响因素的相对值为 $\varphi_j(A_i, A_k)$。将所有影响因素的相对值加总,得到第 i 年度相对于第 k 年的内能指数 $\vartheta(A_i, A_k)$,

$$\vartheta(A_i, A_k) = \sum_{j=1}^{n} \varphi_j(A_i, A_k), i,k=1,2,\cdots,m+t \tag{6-12}$$

$$\varphi_j(A_i, A_k) = \begin{cases} \sqrt{w_{jr}(a_{ij} - a_{kj}) / \sum_{j=1}^{n} w_{jr}}, & a_{ij} - a_{kj} > 0 \\ 0, & a_{ij} - a_{kj} = 0 \\ -\frac{1}{\theta}\sqrt{(\sum_{j=1}^{n} w_{jr})(a_{kj} - a_{ij}) / w_{jr}}, & a_{ij} - a_{kj} < 0 \end{cases} \tag{6-13}$$

$$w_{jr} = w_j / \max\{w_j \mid j=1,2,\cdots,n\}, j=1,2,\cdots,n \tag{6-14}$$

其中,w_j 表示内能指数影响因素数据矩阵 A 中第 j 个指标的权重值,用以表示第 j 个影响因素在全部 n 个影响因素中的相对重要程度。w_{jr} 表示第 j 个影响因素

相对于权重最大影响因素的相对权重值。影响 $\varphi_j(A_i,A_k)$ 的因素包括与参考点影响因素实际值之差和影响因素的相对权重值,体现了前景理论中的参照依赖与损失规避假设。参数 θ 表示内能指数面对影响因素变差的质量损失程度,通常 θ 越小表示影响因素变差时内能指数的损失越严重,$\theta=2.25$。第 i 年度的内能指数影响因素序列 A_i 的内能指数为其所有内能指数相对值的加总,即 $\sum_{k=1}^{m}\vartheta(A_i,A_k)$,归一化后,得到第 i 年的江苏传统制造业数字化转型价值生态内能指数 $\varphi(A_i)$。

$$\varphi(A_i)=\frac{\sum_{k=1}^{m+t}\vartheta(A_i,A_k)-\min\{\sum_{k=1}^{m}\vartheta(A_i,A_k)\}}{\max\{\sum_{k=1}^{m}\vartheta(A_i,A_k)\}-\min\{\sum_{k=1}^{m}\vartheta(A_i,A_k)\}} \quad (6-15)$$

基于 $GM(1,1)$ 预测模型,本书得到 2021—2027 年江苏传统制造业数字化转型价值生态内能指数影响因素指标预测值,如附录 E。在此基础上,测算 2021—2027 年江苏传统制造业数字化转型价值生态内能指数、动能分指数、势能分指数、产业部门内数字化转型主体数量规模分指数、产业部门数字化转型要素投入产出质量分指数、产业部门数字化转型要素投入产出增长率分指数、产业部门内数字化转型协同关系分指数和产业部门间数字化转型协同关系分指数,如表 6-3 所示。从总体变化趋势分析,2021—2027 年江苏传统制造业数字化转型价值生态内能指数呈现先上升后下降的趋势,2022 年指数达到峰值后,持续下降至 2027 年的 0.730。同时,动能分指数和势能分指数同样呈现下降趋势,并且势能分指数下降幅度更大,从 2021 年的 0.840 下降至 2027 年的 0.252。从各个分指数变化趋势分析,除产业部门数字化转型要素投入产出质量分指数和产业部门内数字化转型协同关系分指数基本保持增长趋势外,其他分指数均呈现不同程度下降趋势。综上,江苏传统制造业数字化转型价值生态内能指数的各个影响因素仍保持既有发展趋势继续发展,未来江苏传统制造业数字化转型价值生态的能量水平将呈现下降趋势,无法支撑江苏传统制造业数字化转型价值生态实现能级跃迁。

表 6-3 2021—2027 年江苏传统制造业数字化转型价值生态内能指数预测结果

指数	年份						
	2021	2022	2023	2024	2025	2026	2027
价值生态内能指数	0.998	1.000	0.983	0.947	0.895	0.825	0.730
价值生态动能分指数	0.746	0.735	0.710	0.660	0.599	0.519	0.420

续表

指数	年份						
	2021	2022	2023	2024	2025	2026	2027
价值生态势能分指数	0.840	0.802	0.743	0.664	0.559	0.427	0.252
产业部门内数字化转型主体数量规模分指数	0.809	0.819	0.823	0.808	0.789	0.761	0.723
产业部门数字化转型要素投入产出质量分指数	0.658	0.688	0.715	0.737	0.753	0.760	0.756
产业部门数字化转型要素投入产出增长率分指数	0.743	0.706	0.661	0.602	0.537	0.461	0.377
产业部门内数字化转型协同关系分指数	0.947	0.974	0.990	1.000	1.000	0.990	0.963
产业部门间数字化转型协同关系分指数	0.902	0.895	0.869	0.825	0.759	0.670	0.544

6.2.2 影响因素边际效应分析及未来性关键影响因素识别

对江苏传统制造业数字化转型价值生态能级跃迁影响因素预测值施加干预，分析不同干预强度和干预时间下内能指数预测值的变化程度，即各个影响因素的边际效应。影响因素边际效应越强，表示该影响因素的改善对未来江苏传统制造业数字化转型价值生态实现能级跃迁的促进作用越明显。本书结合仿真分析方法，模拟各个影响因素在不同干预强度和干预时间下，江苏传统制造业数字化转型价值生态内能指数预测值的变化程度，分析未来江苏传统制造业数字化转型价值生态能级跃迁影响因素的边际效应。构建江苏传统制造业数字化转型价值生态内能指数影响因素数据矩阵 $A=(a_{ij})_{(m+1)\times n}$，其中前 m 年为真实值，$m=10$，第 $(m+1)$ 年开始到第 $(m+t)$ 年为灰色预测值，$t=7$，再构建江苏传统制造业数字化转型价值生态内能指数影响因素数据干预矩阵 $A'=(a'_{ij})_{(m+1)\times n}$，其中，

$$a'_{ij} = \begin{cases} a_{ij}+\varepsilon & if \quad i>m, j=j_0 \\ a_{ij} & otherwise \end{cases} \quad (6-16)$$

A' 为干预第 $(m+1)$ 年至第 $(m+t)$ 年第 j_0 个影响因素的数据矩阵，ε 为干预强度。通过式(6-16)计算无干预下矩阵 A 对应的内能指数 $\vartheta(A_i,A_k)$，以及干预下 A' 对应的内能指数 $\vartheta'(A_i,A_k)$，则边际效应 $M_{j_0}(\varepsilon)$ 表示影响因素 j_0 在干预强度为 ε 时第 $(m+t)$ 年内能指数相比不干预的情况下提升的程度，如式(6-17)所示。

$$M_{j_0}(\varepsilon) = \frac{\left(\sum_{k=1}^{m+t}\vartheta'(A_{m+t},A_k) - \min_{1\leqslant i\leqslant m+t}\left\{\sum_{k=1}^{m+t}\vartheta'(A_i,A_k)\right\}\right) - \left(\sum_{k=1}^{m+t}\vartheta(A_{m+t},A_k) - \min_{1\leqslant i\leqslant m+t}\left\{\sum_{k=1}^{m+t}\vartheta(A_i,A_k)\right\}\right)}{\max_{1\leqslant i\leqslant m+t}\left\{\sum_{k=1}^{m+t}\vartheta(A_i,A_k)\right\} - \min_{1\leqslant i\leqslant m+t}\left\{\sum_{k=1}^{m+t}\vartheta(A_i,A_k)\right\}}$$

(6-17)

本书选取干预强度 $\varepsilon=\{0.01,0.02,\cdots,0.10\}$,干预时间 $t=\{1,2,\cdots,7\}$,在不同干预强度和干预时间下,对江苏传统制造业数字化转型价值生态能级跃迁影响因素边际效应进行测算并降序排序,结果如附录F所示。结果显示,不同干预强度和干预时间下,江苏传统制造业数字化转型价值生态能级跃迁影响因素边际效应呈现非线性的变化趋势,具体地,在相同干预强度下,不同影响因素的边际效应并不一定随着干预时间的增加而增加。以干预强度 $\varepsilon=0.01$ 时部分影响因素的边际效应测算结果为例,如图6-1所示,随着干预时间的增加,不同影响因素的边际效应呈现不同的非线性变化趋势,进而导致同一干预强度不同干预时间下,未来性关键影响因素集合发生变化。

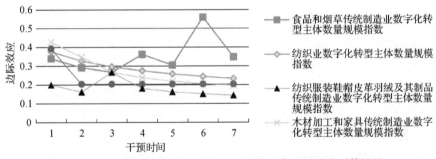

图6-1 干预强度 $\varepsilon=0.01$ 时部分影响因素边际效应测算结果

而在相同干预时间下,同一影响因素的边际效应随着干预强度的增加而增加,并且边际效应排序基本保持稳定。以干预时间 $t=1$ 时部分影响因素的边际效应测算结果为例,如图6-2所示,随着干预强度的增加,不同影响因素边际效应均呈现上升趋势,并且边际效应排序随着干预时间增加而发生变化。但是当干预强度达到一定值后再继续增加时,影响因素边际效应排序不再发生变化,即未来性关键影响因素集合不再发生变化。

因此,应对未来性关键影响因素集合构成受干预时间影响的灵敏度进行分析,当影响因素边际效应排序稳定时,识别边际效应值靠前的影响因素集合,即江苏传统制造业数字化转型价值生态能级跃迁未来性关键影响因素集合。灵敏度分析结

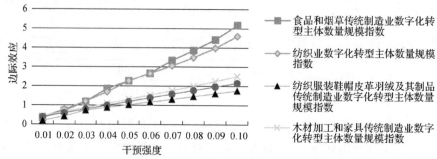

图6-2 干预时间 $t=1$ 时部分影响因素边际效应测算结果

果如表6-4所示,随着干预时间增加,未来性关键影响因素呈现3种集合状态。具体地,当干预时间 $t=1$ 和 $t=2$ 时,未来性关键影响因素集合包含I1食品和烟草传统制造业分别与I9金属冶炼和压延加工业、I10金属制品业、I12交通运输设备传统制造业、I13电气机械和器材传统制造业、I14计算机、通信和其他电子设备传统制造业间数字化转型协同关系,I3纺织服装鞋帽皮革羽绒及其制品传统制造业分别与I5造纸印刷和文教体育传统制造业、I12交通运输设备传统制造业间数字化转型协同关系,I8非金属矿物制品业与I15仪器仪表传统制造业间数字化转型协同关系,I9金属冶炼和压延加工业分别与I10金属制品业、I12交通运输设备传统制造业、I13电气机械和器材传统制造业、I14计算机、通信和其他电子设备传统制造业间数字化转型协同关系,I10金属制品业与I12交通运输设备传统制造业间数字化转型协同关系,I12交通运输设备传统制造业分别与I13电气机械和器材传统制造业、I14计算机、通信和其他电子设备传统制造业间数字化转型协同关系;当干预时间 $t=3$ 时,与干预时间 $t=1$ 和 $t=2$ 相比,I3纺织服装鞋帽皮革羽绒及其制品传统制造业与I12交通运输设备传统制造业间数字化转型协同关系,以及I8非金属矿物制品业与I15仪器仪表传统制造业间数字化转型协同关系不再是未来性关键影响因素,而I6石油、煤炭及其他燃料加工业内部数字化转型主体数量规模以及I5造纸印刷和文教体育传统制造业与I15仪器仪表传统制造业间数字化转型协同关系成为未来性关键影响因素,集合中其余关键影响因素保持不变;当干预时间 $t=4$ 时,与干预时间 $t=3$ 相比,I5造纸印刷和文教体育传统制造业与I15仪器仪表传统制造业间数字化转型协同关系不再是未来性关键影响因素,而I10金属制品业内数字化转型协同关系成为未来性关键影响因素,集合中其余关键影响因素保持不变;当干预时间继续增加,未来性关键影响因素集合构成不再变化。综上,干预时间达到4以后,影响内能指数提升的未来关键影响因素集合构成受时间跨度影响较小,说明此时边际效应较强影响因素的组成具有稳健性,可以作为后续分析江苏传统制造业数字化转型价值生态能级跃迁的未来性关键影响因素。

表 6-4　不同干预时间下江苏传统制造业数字化转型价值生态能级跃迁未来性关键影响因素集合

干预时间	未来性关键影响因素
$t=1$、$t=2$	Index IF(I1,I9)、Index IF(I1,I10)、Index IF(I1,I12)、Index IF(I1,I13)、Index IF(I1,I14)、Index IF(I3,I5)、Index IF(I3,I12)、Index IF(I8,I15)、Index IF(I9,I10)、Index IF(I9,I12)、Index IF(I9,I13)、Index IF(I9,I14)、Index IF(I10,I12)、Index IF(I12,I13)、Index IF(I12,I14)
$t=3$	Index IQ(I6)、Index EF(I10)、Index IF(I1,I9)、Index IF(I1,I10)、Index IF(I1,I12)、Index IF(I1,I13)、Index IF(I1,I14)、Index IF(I3,I5)、Index IF(I5,I15)、Index IF(I9,I10)、Index IF(I9,I12)、Index IF(I9,I13)、Index IF(I9,I14)、Index IF(I10,I12)、Index IF(I12,I13)、Index IF(I12,I14)
$t=4$、$t=5$、$t=6$、$t=7$	Index IQ(I6)、Index IF(I1,I9)、Index IF(I1,I10)、Index IF(I1,I12)、Index IF(I1,I13)、Index IF(I1,I14)、Index IF(I3,I5)、Index IF(I9,I10)、Index IF(I9,I12)、Index IF(I9,I13)、Index IF(I9,I14)、Index IF(I10,I12)、Index IF(I12,I13)、Index IF(I12,I14)

注:表中 Index IQ 表示产业部门内数字化转型主体数量规模,Index IM 表示产业部门数字化转型要素投入产出质量,Index IS 表示产业部门数字化转型要素投入产出增长率,Index EF 表示产业部门内数字化转型协同关系,Index IF 表示产业部门间数字化转型协同关系。

6.3　江苏传统制造业数字化转型价值生态能级跃迁临界条件识别

6.3.1　基于多 Agent 的仿真模型设计

1) 仿真参数设置

本书利用 Netlogo 复杂系统建模软件,构建了不同类型 Agent 的数字化转型交互行为,数据来源及初始参数设定具体如表 6-5 所示,其中系统规模 N、数字化资源投入数量 D 和传统资源投入数量 T 均来自于 2020 年《江苏统计年鉴》中规上工业大中小型企业经营管理活动数据。由于数字化资源相关数据无法直接获取,本书按照和传统资源相同比例设置数字化资源参数。由于本书模型的初始参数对仿真结果有着重要影响,文章通过参考一些已有的研究成果并进行了反复实验[106-108]，将资源的价值产出弹性 α 和 β 设置为0到1之间的随机数。此外，本书将综合技术水平 A 设为1，最大连接数 M 设置为5。后续，本书将通过鲁棒性分析对随机设置的参数进行检验。ε、C_z 和 C_x 这三个参数分别控制着价值创造水平的提升和企业采取的数字化转型决策行为。在本书的实验中，我们将其他参数保持不变，并调整上述三个参数，以研究不同数字化资源赋能强度和转型成本对企业数字化转型和价值生态构建的影响。

表6-5 仿真模型参数及含义

参数	参数描述
N	系统规模，包括头部企业规模 N_1 以及中小企业规模 N_2
D	数字化资源投入数量
T	传统资源投入数量
α	数字化资源产出弹性
β	传统资源产出弹性
C_D	单位数字化资源成本
C_T	单位传统资源成本
ε	数字化资源赋能强度
C_z	自主数字化转型成本因子
C_x	协同数字化转型成本因子
A	综合技术水平
M	企业最大连接数

2) 仿真步骤

首先，在系统中生成规定数量的头部企业节点和中小企业节点，并对各变量值进行初始化操作。其次，对每一节点进行如下操作：检查该节点进行自主数字化转型、协同数字化转型以及不转型时的可能收益。当自主数字化转型获取的收益最大时，节点企业将进行自主数字化转型决策行为，并对该节点进行放大操作，表征该企业在该阶段进行了自主数字化转型；当协同数字化转型获取的收益最大时，检查该节点的现有连接数，当该节点现有连接数小于最大连接数限制时，选择第一个同样能够在相互连接中获益并且现有连接数小于最大连接数的节点建立连接，并将该连接标记为数字化关系连接，直到所有节点连接数目都达到最大连接数或者已经没有节点能够找到合作伙伴时，结网过程停止；当不转型获取的收益最大时，企业将维持原状,节点状态标记为不进行数字化转型。此外,系统的价值总产出是所有企业节点价值产出之和。最后,当仿真模型持续运行直至收敛状态时,记录目标值,并重复运行30次,将30次运行结果的平均值作为仿真结果进行后续分析。

Netlogo是一种用于模拟自然界和社会的可程序模拟的虚拟现实环境,它适用于随着时间发展而变化的复杂系统。建模人员能够向独立运行的主体发出指令,从而从微观层面探究个体决策行为和个体之间的交互与整个宏观系统的关系。在许多领域,Netlogo都可以作为一个得力的研究工具。因此,本书选择Netlogo软件对江苏传统制造业数字化转型价值生态构建进行仿真模拟,图6-3为仿真界面。

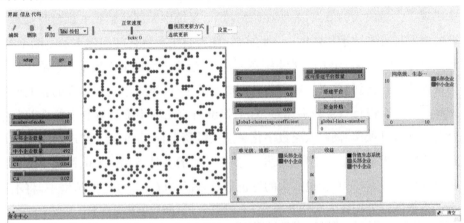

图6-3 Netlogo仿真界面图

6.3.2 临界条件分析

多主体的数字化转型能力是主体间协同关系和价值创造水平变化共同作用的结果,协同关系会随着主体预期价值创造水平的变化而调整,宏观表现为系统结构的改变。价值创造水平变化是节点在当期协同关系下产生的收益累积。因此,江苏传统制造业数字化转型价值生态构建涉及系统结构和价值创造水平两个维度,本书将从这两个维度来分析江苏传统制造业价值生态不同构建阶段的临界条件。此外,本书将通过鲁棒性分析对仿真结果进行检验。

1) 单元级到流程级临界条件分析

本书利用复杂系统建模软件Netlogo模拟了不同参数情境下企业进行数字化转型的决策行为,首先将变量初始值代入程序,观测其到达收敛状态下的目标值,并从系统结构、数字化转型企业数量、价值创造水平三个方面探究价值生态从单元级阶段到流程级阶段的构建过程及其临界条件。

根据上文中企业数字化转型内涵可知,在单元级阶段,企业主要进行内部单个业务或主营业务的自主数字化改造和升级,即企业主要进行自主数字化转型决策。因此,本书将基于企业数字化转型交互规则,仿真分析不同参数情境下企业采取的自主数字化转型决策行为。图6-4至图6-6为当数字化资源赋能强度$\varepsilon = 0.01$时,不同自主数字化转型成本下的系统结构图,图中红色节点代表头部企业,蓝色节点代表中小企业,放大的节点表示该节点企业在此情境下进行了自主数字化转型。图6-4为参数情境($\varepsilon = 0.01, C_z = 0.1$)下的传统制造业系统,如图所示,系统出现了大量放大的节点,表明在该情境下,系统中大部分企业依靠自身资源禀赋有能力实现自主数字化转型。与此同时,随着自主数字化转型成本的不断上升,如图6-5($\varepsilon = 0.01, C_z = 0.4$)的系统图所示,系统中放大的节点数量不断减少且主要为红色节点,说明随着自主数字化转型成本的上升,系统中越来越少的企业能够负担高昂的成本进行自主数字化转型,反映出当前江苏传统制造业中的大部分中小企业由于自身规模薄弱、缺乏数字化转型关键资源而"不能转"的现状。随着自主数字化转型成本的持续上升,到达$C_z \geqslant 0.7$的情境时,如图6-6,系统中不再出现蓝色的放大节点,只有少量放大的红色节点,说明在$C_z \geqslant 0.7$的情境中,将不再有中小企业能够进行自主数字化转型,此时系统出现结构锁定状态。

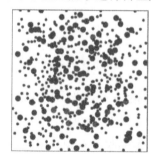 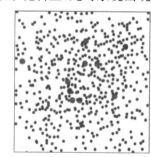 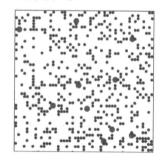

图6-4至6-6 不同自主数字化转型成本下江苏传统制造业系统图

进一步对不同数字化资源赋能强度下的单元级企业数字化转型数量及价值创造水平进行分析,图6-7和图6-8分别描绘了当$\varepsilon = 0.01$、0.03、0.05时单元级数字化转型企业数量及系统价值创造水平。如图所示,当$\varepsilon = 0.01$时,随着自主数字化转型成本的逐渐上升,进行自主数字化转型的企业数量越来越少,价值创造水平也越来越低;当$C_z = 0.7$时,系统中转型企业数量和价值创造水平降至最低点,并趋于平衡状态。结合上文分析,当$C_z \geqslant 0.7$时,系统进入结构锁定状态。为破除该结构锁定状态,企业将开展协同数字化转型,价值生态由单元级进入流程级发展阶段。此外,随着数字化资源赋能强度的提高,当ε由0.01分别提高至0.03和0.05时,系统由单元级数字化转型进入流程级数字化转型的临界值C_z分别变为0.7和1.1,表明数字化资源赋能强度的提升能促进企业进行自主数字化转型及提高价值创造水平。

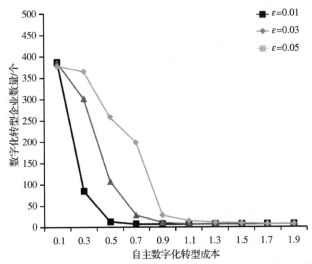

图6-7 不同自主数字化转型成本下单元级数字化转型企业数量

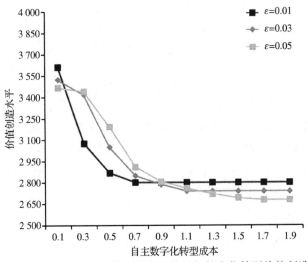

图6-8 不同自主数字化转型成本下单元级数字化转型价值创造水平

2) 流程级到网络级临界条件分析

如上文分析结果可知,在系统达到结构锁定状态时,系统中不再有中小企业进行自主数字化转型,此时系统内企业开始出现协同数字化转型现象。如图6-9所示,当 $\varepsilon=0.01$、$C_z=0.6$、$C_x=0.9$ 时,节点与节点间出现了边的连接,表明企业与企业间通过数字化关系的连接进行协同数字化转型,此时系统由单元级数字化转型进入流程级数字化转型阶段,基于数字化关系连接的价值生态开始构建。图6-10和6-11分别反映了 $\varepsilon=0.05$、$C_z=0.6$、$C_x=0.9$ 以及 $\varepsilon=0.07$、$C_z=0.6$、$C_x=0.9$ 两种参数情境下的价值生态网络图。如图所示,随着数字化资源赋能强度的持续上升,系统中边的数量也逐渐增加,系统中的协同数字化转型关系连接也逐渐增多,越来越多的企业开始拥有流程级数字化转型能力,且随着数字化资源赋能强度的持续提升,越来越多的中小企业能够打破初始阶段"不能转"的现状,与系统内其他企业进行协同数字化转型。但与此同时,江苏传统制造业数字化转型价值生态网络呈现明显的核心—边缘结构。也就是说,网络中只有少数企业能够与众多企业建立数字化关系连接,这些企业相互联系,形成网络的"核心";而大多数企业只与一两家企业有协同数字化连接关系,甚至不具备连接关系,这些企业之间稀疏的连接形成了网络的"边缘"。

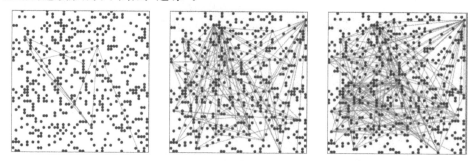

图6-9至6-11 不同数字化资源赋能强度下价值生态网络图

企业的流程级数字化转型能力是主体间协同数字化关系作用的结果,协同数字化关系会随着主体预期收益的变化而调整,宏观表现为网络结构的改变。因此,本书将从网络结构的角度来分析江苏传统制造业从流程级数字化转型到网络级数字化转型的临界条件。

在网络结构方面,本书选取网络总度数和平均集聚系数两个指标来反映系统中协同数字化关系的变动情况。网络总度数 $\omega(n)$ 是反映价值生态中协同数字化关系的数量大小的指标,$\omega(n)$ 越大,说明系统中进行协同数字化转型的关系数量就越多。平均聚集系数是刻画网络主体间协同数字化关系深度的度量,平均聚集系数越大,说明主体间协同数字化转型的程度越深。平均集聚系数的计算公式如下,假设价值生态网络中节点 i 的所有关联对象中有 Y_i 对节点是直接相连的,则平均集聚系数 $F(n)$ 为:

$$F(n)=\frac{1}{\omega(n)}\sum_i\frac{2Y_i}{\omega_i(n)(\omega_i(n)-1)} \quad (6-18)$$

其中 $\omega_i(n)$ 为节点 i 所拥有的关系数量,即 i 的度,$\omega(n)$ 为网络总度数。

首先,本书分析不同数字化资源赋能强度下价值生态网络的平均集聚系数和网络总度数变化情况,通过对不同数字化资源赋能强度下价值生态网络的总度数和平均集聚系数进行计算,得到图 6-12 和 6-13。如图所示,当 $C_x=0.9$ 时,随着数字化资源赋能强度的提升,江苏传统制造业价值生态网络平均集聚系数和网络总度数表现类似,呈现先上升后趋于稳定的趋势,并在数字化资源赋能强度 $\varepsilon \in [0.09,0.11]$ 区间时达到稳定状态,此时,江苏传统制造业由流程级数字化转型阶段进入网络级数字化转型阶段。由此可以得出,$\varepsilon \in [0.09,0.11]$ 为流程级数字化转型到网络级数字化转型的临界条件。此外,随着协同数字化转型成本的提高,如图所示,当 C_x 由 0.9 提高至 1.5 时,价值生态网络的总度数和平均集聚系数显著下降,且在 $\varepsilon \in [0.11,0.13]$ 时,系统由流程级进入网络级发展阶段。由此可以看出,协同数字化转型成本的提高会降低系统内企业开展协同数字化转型的意愿。

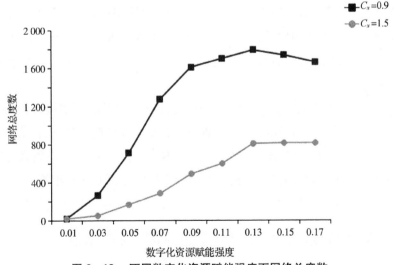

图 6-12　不同数字化资源赋能强度下网络总度数

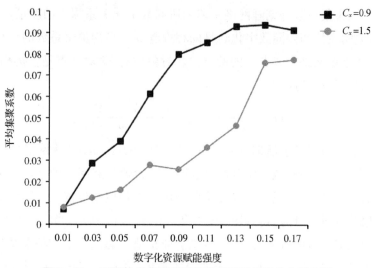

图 6-13　不同数字化资源赋能强度下网络平均集聚系数

3) 鲁棒性检验

在仿真参数设置方面,本书将对部分不可获取实际数据的参数如最大数字化连接数 M 和综合技术水平 A 以及生产函数中资源投入数量和资源产出弹性的随机数生成机制的取值进行鲁棒性检验。一方面,本书分别调整了模型中涉及的最大数字化连接数 M 和综合技术水平 A,在其他变量取值不变的情况下重新运行了模型。对于最大数字化连接数 M,分别检验了 $M=4,5,6,7$ 的情况;对于综合技术水平 A,分别检验了 $A=1、2、3、4$ 的情况。所得结果随着参数取值不同而有所差异,但是模型变化趋势和所得结论与原有模型完全相符。因此,本书模型的结论是具有鲁棒性的。

另一方面,对于模型中的经济价值产出在计算时涉及的资源投入量 D、T,经济价值产出弹性系数 α、β 等值,本书根据不同类型企业的现实数据,在仿真模型中按照一定区间内的均匀分布随机产生。此外,本书检验了正态分布、指数分布等不同的随机数生成机制,所得到的结论和变化趋势与原有模型基本相符。综上所述,本书的仿真结果是具有鲁棒性的。

6.3.3　基于临界条件的江苏传统制造业数字化转型分析

本节基于上述单元级数字化转型、流程级数字化转型到网络级数字化转型的临界条件,从数字化转型企业数量以及价值创造水平两个方面探究单元级、流程级和网络级发展阶段下企业的数字化转型情况,同时分析政策激励措施对江苏传统制造业流程级到网络级数字化转型的影响。

1) 江苏传统制造业单元级数字化转型分析

基于上述分析可知,在企业数字化转型发展初期,整个系统中企业主要开展单元级数字化转型,本书将从数字化转型企业数量以及价值创造水平两个方面研究整个系统及系统内不同类型主体的单元级数字化转型情况。

(1) 单元级数字化转型企业数量分析

在单元级数字化转型企业数量方面,本书将分析 $\varepsilon=0.01$ 时,不同数字化转型成本对各类型企业进行单元级数字化转型的影响。如图 6-14 所示,在 $C_z=0.1$ 时,共有 378 家中小企业和 10 家头部企业进行了单元级数字化转型。但随着数字化转型成本的上升,能够进行数字化转型的中小企业数量逐渐减少,到达单元级到流程级的临界条件时,即 $C_z=0.6$ 时,已没有中小企业能够进行单元级数字化转型。与之相对应的是,尽管随着数字化转型成本持续升高,头部企业依然有能力进行数字化转型,这进一步反映出江苏传统制造业头部企业与中小企业之间数字化转型实力差距过大。

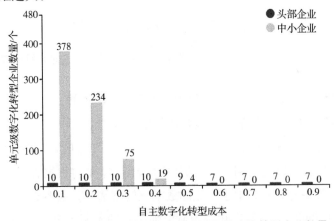

图 6-14 不同数字化转型成本下单元级数字化转型企业数量

(2) 单元级数字化转型阶段企业价值创造水平分析

价值创造是传统制造业进行数字化转型价值生态构建的最终目标。同样地,本书将分析当 $\varepsilon=0.01$ 时,不同数字化转型成本对各类型企业进行单元级数字化转型价值创造水平的影响,结果如图 6-15 所示。在系统初始阶段,对于整个系统来说,随着数字化转型成本的不断增加,整个系统的价值创造水平呈现出持续下降的趋势,到达临界状态后趋于稳定。这表明,单元级数字化转型能够实现整个系统价值创造水平的提升,但当数字化转型成本上升时,系统的价值创造水平会有所下降。

分企业规模来看,中小企业表现出与整个系统相似的发展趋势,随着数字化转型成本的不断增加,整个系统的价值创造水平呈现出持续下降的趋势,到达临界状态后趋于稳定,其主要原因是大部分中小企业只能在数字化转型成本较小时进行业务单元的数字化改造,随着数字化转型成本的上升,越来越少的企业能够开展自主数字化转型,因此,价值创造水平逐渐降低;对头部企业而言,数字化转型成本的上升对头部企业的价值创造水平影响较小,与上述结论一致,头部企业较中小企业具备更好的数字化转型能力基础。

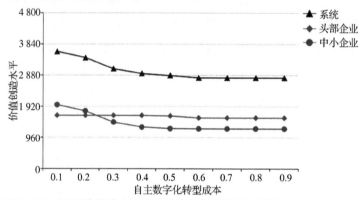

图 6-15　不同转型成本下企业单元级数字化转型价值创造水平分布图

2) 江苏传统制造业流程级和网络级数字化转型分析

(1) 流程级和网络级数字化转型企业数量分析

基于上述分析可知,在 $C_x=0.9$ 且 $\varepsilon \in [0.09, 0.11]$ 时,江苏传统制造业价值生态由流程级发展阶段进入网络级发展阶段,因此,本书将根据临界条件分析单元级和网络级阶段头部企业和中小企业的数字化转型情况。如图 6-16 所示,在 $\varepsilon \in [0.01, 0.11]$ 区间时,随着数字化资源赋能强度 ε 的不断提升,进行协同数字化转型的中小企业数量实现了快速增长。当 $\varepsilon=0.11$ 时,有 221 家中小企业能够参与协同数字化转型。同时,当系统进入网络级阶段即 $\varepsilon>0.11$ 时,系统中进行协同数字化转型的中小企业数量逐渐趋于稳定,维持在 248 左右,整个传统制造业价值生态表现出稳定发展态势。

(2) 流程级和网络级数字化转型阶段企业价值创造水平分析

同样地,在 $C_x=0.9$ 且 $\varepsilon \in [0.09, 0.11]$ 时,江苏传统制造业价值生态由流程

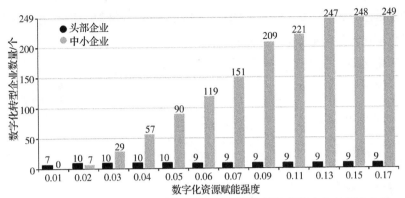

图 6-16 不同数字化资源赋能强度下流程级和网络级数字化转型企业数

级发展阶段进入网络级发展阶段,因此,本书将根据临界条件分析企业进行流程级和网络级数字化转型时的价值创造水平。

基于前文分析可知,当 $\varepsilon \in [0.09, 0.11]$ 时,企业由流程级数字化转型阶段进入网络级数字化转型阶段,本书分别对流程级和网络级数字化转型阶段下的企业价值创造水平进行了分析。如图 6-17 所示,当 ε 较小且 $\varepsilon \in [0.01, 0.05]$ 时,整个系统和头部企业的价值创造水平变动不大,中小企业的价值创造水平呈现小幅度增长趋势。但随着数字化资源赋能强度的逐渐提高,当 $\varepsilon \in (0.05, 0.07]$ 时,系统的价值创造水平实现了快速增长,且整个江苏传统制造业生态的大部分价值创造来源于中小企业。这表明,随着数字化转型效益指数的持续增加,在流程级阶段,中小企业积极参与价值生态构建能显著提升自身价值创造水平。因此,在江苏传统制造业数字化转型的进程中,中小企业要提高协同数字化转型意识,通过参与价值生态的构建,打破自身资源禀赋约束,实现更高价值的创造。此外,当系统进入

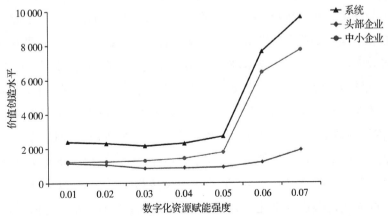

图 6-17 不同数字化资源赋能强度下流程级数字化转型价值创造水平

网络级发展阶段即 $\varepsilon>0.11$ 时,如图 6-18 所示,与流程级数字化转型阶段相比,在网络级数字化转型阶段,整个系统的价值创造水平呈爆发式增长。这表明,推动网络级数字化转型的发展有利于系统创造和获取更高的价值。

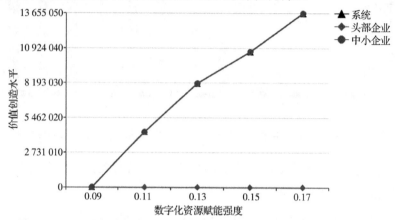

图 6-18　不同数字化资源赋能强度下网络级数字化转型价值创造水平

3) 政策促进江苏传统制造业数字化转型价值生态构建分析

当 $\varepsilon=0.02,C_z=0.6,C_x=0.9$ 时,系统由单元级进入流程级数字化转型阶段,此时网络中只有少量头部企业和中小企业能够实现协同数字化转型。为促进更多的企业参与协同数字化转型和价值生态构建,本书分析了政府采取财政资金补贴和搭建数字化转型服务平台这两种政策措施对江苏传统制造业数字化转型价值生态构建产生的影响。

首先,本书对政府采取财政补贴措施的行为进行了仿真研究。图 6-19 为流程级阶段的网络图,本书通过降低 20% 的协同数字化转型成本来刻画政府提供财政资金补贴的场景。如图所示,通过对比图 6-19 和图 6-20 结果可以发现,此时,网络总度数和平均集聚系数分别从 92、0.018 3 上升到 292、0.027 8,表明财政资金补贴可以有效降低数字化转型成本,提高企业数字化转型意愿,促使系统中企业实现协同数字化转型。此外,图 6-21 刻画了政府搭建数字化转型服务平台时,价值生态的网络情况。本书在系统中新建 15 家数字化平台用以刻画政府搭建平台的场景,其中网络中新加的绿色节点即为数字化平台。同样地,通过对比图 6-19 和图 6-21,结合网络总度数指标和平均集聚系数指标,在政府新建 15 家数字化转型服务平台后,网络总度数由 92 变为 228,平均集聚系数由 0.018 3 上升为 0.032 0,进一步表明政府通过搭建数字化平台也能够有效促进中小企业进行协同数字化转型,促进价值生态的构建。

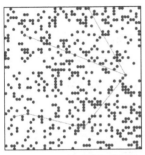
图 6-19　流程级网络图

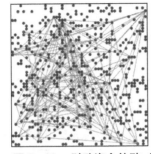
图 6-20　财政资金补贴

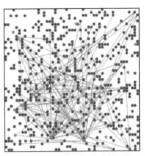
图 6-21　新建数字化转型服务平台

6.4　基于"要素 — 关系"赋能的江苏传统制造业数字化转型价值生态能级跃迁差异化路径设计

边际效应衡量了干预某个关键影响因素比未干预时内能指数的提升程度,边际效应越高说明对该影响因素的改善对内能指数的提高程度越大,即对江苏实现传统制造业数字化转型的促进作用越大,因此,可以对关键影响因素的边际效应进行排序。排名相对靠前的关键影响因素较排名相对靠后的关键影响因素具有更高的优先级,对江苏传统制造业实现数字化转型具有更重要的意义。进而,根据关键影响因素在不同产业部门的差异化分布及优先级顺序,本书从数字化转型的要素赋能和关系赋能两个维度提出不同产业部门的能级跃迁差异化路径。

首先,结合6.1能级跃迁历史性关键影响因素和6.2未来性关键影响因素,本书得到不同干预时间下分布在不同产业部门的江苏传统制造业数字化转型价值生态能级跃迁关键影响因素,并按照关键影响因素的边际效应进行降序排序,如表6-6所示。江苏传统制造业数字化转型价值生态能级跃迁关键影响因素共28个,其中23个属于产业部门间数字化转型协同关系维度,2个属于产业部门内数字化转型协同关系维度,1个属于产业部门内数字化转型主体数量规模维度,1个属于产业部门数字化转型要素投入产出质量维度,1个属于产业部门数字化转型要素投入产出增长率维度。对关键影响因素的边际效应进行排序发现,前5名关键影响因素均属于产业部门间数字化转型协同关系维度,分别是I12交通运输设备传统制造业与I14计算机、通信和其他电子设备传统制造业间数字化转型协同关系

(15.389 0)、I9 金属冶炼和压延加工业与 I13 电气机械和器材传统制造业间数字化转型协同关系(12.983 2)、I12 交通运输设备传统制造业与 I13 电气机械和器材传统制造业间数字化转型协同关系(12.654 7)、I9 金属冶炼和压延加工业与 I10 金属制品业间数字化转型协同关系(12.271 7)、I1 食品和烟草传统制造业与 I10 金属制品业间数字化转型协同关系(10.405 3),说明江苏传统制造业整体数字化转型的实现,应优先加强这些产业部门间数字化转型协同关系的紧密程度。

表 6-6　江苏传统制造业数字化转型价值生态能级跃迁关键影响因素边际效应排序

指标序号	指标名称	边际效应 /‰	排名
176	Index IF(I12,I14)	15.389 0	1
160	Index IF(I9,I13)	12.983 2	2
175	Index IF(I12,I13)	12.654 7	3
157	Index IF(I9,I10)	12.271 7	4
73	Index IF(I1,I10)	10.405 3	5
76	Index IF(I1,I13)	10.355 7	6
161	Index IF(I9,I14)	10.253 8	7
95	Index IF(I3,I5)	9.895 1	8
77	Index IF(I1,I14)	9.676 9	9
165	Index IF(I10,I12)	9.490 0	10
72	Index IF(I1,I9)	9.120 0	11
75	Index IF(I1,I12)	8.919 1	12
159	Index IF(I9,I12)	7.074 6	13
6	Index IQ(I6)	6.818 6	14
58	IndexEF(I10)	5.955 1	15
140	Index IF(I7,I8)	5.899 5	16
170	Index IF(I11,I12)	4.446 5	17
61	IndexEF(I13)	4.085 3	18
99	Index IF(I3,I9)	3.472 6	19
84	Index IF(I2,I7)	3.151 6	20
158	Index IF(I9,I11)	2.954 0	21

续表

指标序号	指标名称	边际效应/‰	排名
74	Index IF(I1,I11)	2.929 7	22
38	Index IS(I6)	2.796 7	23
115	Index IF(I4,I13)	1.844 5	24
111	Index IF(I4,I9)	1.760 3	25
164	Index IF(I10,I11)	1.689 8	26
29	Index IM(I13)	1.115 4	27
144	Index IF(I7,I12)	0.868 3	28

注：表中 Index IQ 表示产业部门内数字化转型主体数量规模，Index IM 表示产业部门数字化转型要素投入产出质量，Index IS 表示产业部门数字化转型要素投入产出增长率，Index EF 表示产业部门内数字化转型协同关系，Index IF 表示产业部门间数字化转型协同关系。

其次，本书根据江苏传统制造业数字化转型价值生态能级跃迁关键影响因素边际效应排序及产业部门差异化分布，提出江苏传统制造业数字化转型过程中，各产业部门关键影响因素改善的优先级顺序，如表6-7所示。具体地，I1食品和烟草传统制造业的关键影响因素优先级顺序是与I10金属制品业数字化转型协同关系、与I13电气机械和器材传统制造业数字化转型协同关系、与I14计算机、通信和其他电子设备传统制造业数字化转型协同关系、与I9金属冶炼和压延加工业数字化转型协同关系、与I12交通运输设备传统制造业数字化转型协同关系、与I11通用、专用设备传统制造业数字化转型协同关系；I3纺织服装鞋帽皮革羽绒及其制品传统制造业的关键影响因素优先级顺序是与I5造纸印刷和文教体育传统制造业数字化转型协同关系、与I9金属冶炼和压延加工业数字化转型协同关系；I4木材加工和家具传统制造业的关键影响因素优先级顺序是与I13电气机械和器材传统制造业数字化转型协同关系、与I9金属冶炼和压延加工业数字化转型协同关系；I6石油、煤炭及其他燃料加工业的关键影响因素优先级顺序是产业部门内数字化转型主体数量规模、数字化转型要素投入产出增长率；I7化学产品传统制造业的关键影响因素优先级顺序是与I8非金属矿物制品业数字化转型协同关系、与I2纺织业数字化转型协同关系、与I12交通运输设备传统制造业数字化转型协同关系；I9金属冶炼和压延加工业的关键影响因素优先级顺序是与I13电气机械和器材传统制造业数字化转型协同关系、与I10金属制品业数字化转型协同关系、与I14计算机、通信和其他电子设备传统制造业数字化转型协同关系、与I1食品和烟草传统制造业数字化转型协同关系、与 I12 交通运输设备传统制造业数字化转型协同关系、与 I3 纺织服装鞋帽皮革羽绒及其制品传统制造业数字化转型协同关系、与 I11 通用、专用设备传统制造业数字化转型协同关系、与 I4 木材加工和家具传统制造业数字化转型协同关系；I10 金属制品业的关键影响因素优先级顺序是与 I9 金属冶炼和压延加工业数字化转型协同关系、与 I1 食品和烟草传统制造业数字化转型协同关系、与 I12 交通运输设备传统制造业数字化转型协同关系、I10 金属制品业内部数字化转型协同关系、与 I11 通用、专用设备传统制造业数字化转型协同关系；I11 通用、专用设备传统制造业的关键影响因素优先级顺序是与 I12 交通运输设备传统制造业数字化转型协同关系、与 I9 金属冶炼和压延加工业数字化转型协同关系、与 I1 食品和烟草传统制造业数字化转型协同关系、与 I10 金属制品业数字化转型协同关系；I12 交通运输设备传统制造业的关键影响因素优先级顺序是与 I14 计算机、通信和其他电子设备传统制造业数字化转型协同关系、与 I13 电气机械和器材传统制造业数字化转型协同关系、与 I10 金属制品业数字化转型协同关系、与 I1 食品和烟草传统制造业数字化转型协同关系、与 I9 金属冶炼和压延加工业数字化转型协同关系、与 I11 通用、专用设备传统制造业数字化转型协同关系、与 I7 化学产品传统制造业数字化转型协同关系；I13 电气机械和器材传统制造业的关键影响因素优先级顺序是与 I9 金属冶炼和压延加工业数字化转型协同关系、与 I12 交通运输设备传统制造业数字化转型协同关系、与 I1 食品和烟草传统制造业数字化转型协同关系、I13 电气机械和器材传统制造业内部数字化转型协同关系、与 I4 木材加工和家具传统制造业数字化转型协同关系、I13 电气机械和器材传统制造业数字化转型要素投入产出质量；I14 计算机、通信和其他电子设备传统制造业的关键影响因素优先级顺序是与 I12 交通运输设备传统制造业数字化转型协同关系、与 I9 金属冶炼和压延加工业数字化转型协同关系、与 I1 食品和烟草传统制造业数字化转型协同关系。

表 6-7　江苏传统制造业数字化转型各产业部门关键影响因素优先级顺序

产业部门	关键影响因素优先级顺序
I1 食品和烟草传统制造业	Index IF(I1,I10)(10.405 3) → Index IF(I1,I13)(10.355 7) → Index IF(I1,I14)(9.676 9) → Index IF(I1,I9)(9.12) → Index IF(I1,I12)(8.919 1) → Index IF(I1,I11)(2.929 7)
I3 纺织服装鞋帽皮革羽绒及其制品传统制造业	Index IF(I3,I5)(9.895 1) → Index IF(I3,I9)(3.472 6)

续表

产业部门	关键影响因素优先级顺序
I4 木材加工和家具传统制造业	Index IF(I4,I13)(1.844 5) → Index IF(I4,I9)(1.760 3)
I6 石油、煤炭及其他燃料加工业	Index IQ(I6)(6.818 6) → Index IS(I6)(2.796 7)
I7 化学产品传统制造业	Index IF(I7,I8)(5.899 5) → Index IF(I7,I2)(3.151 6) → Index IF(I7,I12)(0.868 3)
I9 金属冶炼和压延加工业	Index IF(I9,I13)(12.983 2) → Index IF(I9,I10)(12.271 7) → Index IF(I9,I14)(10.253 8) → Index IF(I9,I1)(9.12) → Index IF(I9,I12)(7.074 6) → Index IF(I9,I3)(3.472 6) → Index IF(I9,I11)(2.954) → Index IF(I9,I4)(1.760 3)
I10 金属制品业	Index IF(I10,I9)(12.271 7) → Index IF(I10,I1)(10.405 3) → Index IF(I10,I12)(9.49) → Index EF(I10)(5.955 1) → Index IF(I10,I11)(1.689 8)
I11 通用、专用设备传统制造业	Index IF(I11,I12)(4.446 5) → Index IF(I11,I9)(2.954) → Index IF(I11,I1)(2.929 7) → Index IF(I11,I10)(1.689 8)
I12 交通运输设备传统制造业	Index IF(I12,I14)(15.389) → Index IF(I12,I13)(12.654 7) → Index IF(I12,I10)(9.49) → Index IF(I12,I1)(8.919 1) → Index IF(I12,I9)(7.074 6) → Index IF(I12,I11)(4.446 5) → Index IF(I12,I7)(0.868 3)
I13 电气机械和器材传统制造业	Index IF(I13,I9)(12.983 2) → Index IF(I13,I12)(12.654 7) → Index IF(I13,I1)(10.355 7) → Index EF(I13)(4.085 3) → Index IF(I13,I4)(1.844 5) → Index IM(I13)(1.115 4)
I14 计算机、通信和其他电子设备传统制造业	Index IF(I14,I12)(15.389) → Index IF(I14,I9)(10.253 8) → Index IF(I14,I1)(9.676 9)

注：表中 Index IQ 表示产业部门内数字化转型主体数量规模，Index IM 表示产业部门数字化转型要素投入产出质量，Index IS 表示产业部门数字化转型要素投入产出增长率，Index EF 表示产业部门内数字化转型协同关系，Index IF 表示产业部门间数字化转型协同关系，括号内的值表示关键影响因素边际效应。

最后，本书基于关键影响因素优先级顺序以及能级跃迁临界条件，针对江苏传统制造业各个产业部门提出"要素 — 关系"赋能差异化路径。

（1）基于多产业部门间数字化转型协同关系赋能的能级跃迁路径

I1 食品和烟草传统制造业、I3 纺织服装鞋帽皮革羽绒及其制品传统制造业、I4 木材加工和家具传统制造业、I7 化学产品传统制造业、I9 金属冶炼和压延加工业、I11 通用、专用设备传统制造业、I12 交通运输设备传统制造业、I14 计算机、通信和其他电子设备传统制造业，应通过建立跨产业部门数字化平台和产业互联网等方式，基于供应网络、产业网络、创新网络，按照与 I10 金属制品业、I13 电气机械和器材传统制造业、I14 计算机、通信和其他电子设备传统制造业、I9 金属冶炼和压延加工业、I12 交通运输设备传统制造业、I11 通用、专用设备传统制造业的先后顺序；与 I5 造纸印刷和文教体育传统制造业、I9 金属冶炼和压延加工业的先后顺序；与 I13 电气机械和器材传统制造业、I9 金属冶炼和压延加工业的先后顺序；与 I8 非金属矿物制品业、I2 纺织业、I12 交通运输设备传统制造业的先后顺序；与 I13 电气机械和器材传统制造业、I14 计算机、通信和其他电子设备传统制造业、I1 食品和烟草传统制造业、I12 交通运输设备传统制造业、I3 纺织服装鞋帽皮革羽绒及其制品传统制造业、I11 通用、专用设备传统制造业、I4 木材加工和家具传统制造业的先后顺序；与 I12 交通运输设备传统制造业、I9 金属冶炼和压延加工业、I1 食品和烟草传统制造业、I10 金属制品业的先后顺序；与 I14 计算机、通信和其他电子设备传统制造业、I13 电气机械和器材传统制造业、I10 金属制品业、I1 食品和烟草传统制造业、I9 金属冶炼和压延加工业、I7 化学产品传统制造业的先后顺序；与 I12 交通运输设备传统制造业、I9 金属冶炼和压延加工业、I1 食品和烟草传统制造业的先后顺序，加强跨产业部门数字化关系连接，推动全要素、全过程互联互通和动态优化，实现以数据为驱动的跨产业部门业务模式创新。

（2）基于产业部门内数字化转型主体数量—数字化要素投入产出增长率赋能的能级跃迁路径

I6 石油、煤炭及其他燃料加工业一方面应通过营造良好的创业氛围，鼓励小微企业完成孵化，增加产业部门内处于不同数字化转型水平下的各类企业数量及多样性，进而增加产业部门整体对数字化资源的动态吸聚、利用能力；另一方面，应通过加大数字化人才、数字化技术、数字化设备等数字化资源的投入，提高数字技术发明专利等数字化产出。

（3）基于多产业部门间—产业部门内数字化转型协同关系赋能的能级跃迁路径

I10 金属制品业一方面应通过建立跨产业部门数字化平台和产业互联网等方式，基于供应网络、产业网络、创新网络，按照与 I9 金属冶炼和压延加工业、I1 食品和烟草传统制造业、I12 交通运输设备传统制造业、I11 通用、专用设备传统制造业的先后顺序，加强跨产业部门数字化关系连接，推动全要素、全过程互联互通和动态优化，实现以数据为驱动的跨产业部门业务模式创新；另一方面，应通过合理的政策倾斜，引导龙头企业和骨干企业分享数字化转型经验，组织编写数字化转型指南，共享数字化转型资源，加强产业部门内部处于不同数字化转型水平的大中小企业间的数字化关系连接,基于不同企业间数据采集和集成共享,开展基于数据要素的价值在线交换,提高价值创造要素的综合利用水平,进而以流程为驱动,实现关键业务流程、关键业务目标、关键价值创造活动的集成优化,开展跨企业的业务流程优化设计和职能职责调整。

(4) 基于多产业部门间 — 产业部门内数字化转型协同关系 — 数字化转型要素投入产出质量赋能的能级跃迁路径

I13电气机械和器材传统制造业首先应通过建立跨产业部门数字化平台和产业互联网等方式,基于供应网络、产业网络、创新网络,按照与I9金属冶炼和压延加工业、I12交通运输设备传统制造业、I1食品和烟草传统制造业、I4木材加工和家具传统制造业的先后顺序,加强跨产业部门数字化关系连接,推动全要素、全过程互联互通和动态优化,实现以数据为驱动的跨产业部门业务模式创新;其次,应通过财税方式激励核心企业打造数据平台,建设数字产业链,增强数据要素在全产业链中的流动能力,加强产业部门内部处于不同数字化转型水平的大中小企业间的数字化关系连接,拉近大中小企业之间的经济距离和创新距离,基于不同企业间数据采集和集成共享,开展基于数据要素的价值在线交换,提高价值创造要素的综合利用水平,进而以流程为驱动,实现关键业务流程、关键业务目标、关键价值创造活动的集成优化;最后,应通过加大电气机械和器材传统制造业数字化人才、数字化技术、数字化设备等数字化资源的投入,提高数字技术发明专利等数字化产出。

第七章

基于系统动力学的江苏传统制造业数字化转型价值生态构建政策作用机理研究

第六章在基于价值生态能级跃迁的江苏传统制造业数字化转型路径研究中，基于能级跃迁历史性、未来性关键影响因素及临界条件，提出江苏传统制造业数字化转型各产业部门"要素——关系"赋能差异化路径。而支撑路径的具体落地与实施，需要不同类型的数字化转型相关政策发挥组合效应，共同促进价值生态的构建。因此，本章针对江苏传统制造业数字化转型价值生态构建相关政策的作用机理，开展系统分析。具体地，首先从要素——关系维度，剖析传统制造业数字化转型价值生态的政策作用机理。在此基础上，基于系统动力学理论，构建传统制造业数字化转型价值生态政策优化的系统动力学模型，以江苏省传统制造业为研究对象，仿真分析各类政策组合关系及其对江苏传统制造业数字化转型价值生态构建的影响。具体地，根据劳动生产率增长率、价值生态协同关系强度增长率、GDP 增速三个指标，设计基准型、要素或关系导向型及均衡型等六种目标情景，根据江苏传统制造业数字化转型相关政策规划，设置政策变量的三种执行水平，然后基于正交试验法，选取代表性政策组合方案，仿真分析不同政策组合变动下价值生态价值创造水平的变化情况，挖掘江苏传统制造业数字化转型政策作用点，为后续提出政策建议和对策措施提供依据。

7.1 传统制造业数字化转型价值生态政策作用分析

7.1.1 扩大数字化转型要素投入的推动型政策作用分析

在传统制造业数字化转型过程中，政府通过制定产业技术政策、金融财税政策、产业资源政策等针对性政策，扩大传统制造业数字化转型相关要素投入，推动传统制造业数字化转型价值生态的稳定建设。

其一，传统制造业数字化转型的本质在于传统制造业与数字技术的深度融合，必然离不开数字技术的支撑。因此，政府可以制定产业技术政策，支持工业软件等核心技术研发、智能装备生产线数字化技术改造等。同时，数字化转型的核心技术创新成果会以发明专利等知识产权的形式表现出来，而随着数字化转型价值生态的构建，跨企业间资源共享的强度逐渐加大，知识产权保护制度显得尤为重要。因此，政府针对软件、数字技术等创新成果建立知识产权保护制度，加大对知识产权侵权的惩罚力度，构建完善的知识产权保护体系，有利于保护企业的数字化转型产出,保障企业的核心竞争力和权益。

其二,数字化转型具有成本高、见效慢、周期长等特点,尤其对于中小微型制造企业往往因为过高的数字化转型成本而面临"不敢转"难题。因此,政府可以通过出台财政补贴、设立数字化转型专项资金等财政支持政策;制定贷款优惠、放宽信贷限制等金融支持政策,为企业数字化转型构建良好的金融支持体系;通过出台智能制造企业进口设备免税、研发费用加计扣除、扩大抵扣范围等税收优惠政策,帮助企业在数字化转型过程中减少税务负担,提高企业利润以及用于自身的数字化、智能化改造的资金。因此,金融财税政策主要是通过多种直接、间接方式,拓宽传统制造业企业数字化转型的融资渠道,解决企业资金投入短缺等问题,有效规避企业数字化转型风险,提高企业数字化转型意愿。

其三,在产业资源政策中,劳动力、基础设备设施等也是数字化转型不可或缺的重要资源和基本要素。然而简单的劳动力资源难以满足数字化转型需求,因此,数字化专业人才对传统制造业数字化转型来说尤为重要。政府可以通过搭建数字化转型人才智库平台、依托实训基地培养数字工匠型人才等数字化人才培养政策,加大区域人才培养投入,提高传统制造业整体的数字化专业人才储备,以良好的人才环境推动传统产业企业数字化转型的持续发展,进而促进企业获取高额的数字化转型价值效益。针对基础设施要素,铁路、公路等传统基础设施难以满足传统制造业发展需求,需要依托5G基站、工业互联网平台、宽带网络等新型基础设施,这对传统制造业数字化转型至关重要。值得注意的是,新型基础设施虽然是一种数字化转型要素,但是相比于劳动力、资本、技术等要素,新型基础设施的投入更多作用于关系层面,即新型基础设施能够完善传统制造业的数字化转型环境,为传统制造业数字化转型提供坚实的技术和平台支撑,为企业间乃至跨产业间相互传递和获取数字化重要信息奠定较好的基础条件。综上,传统制造业数字化转型过程中,扩大数字化转型要素投入的推动型政策作用机理如图7-1所示。

7.1.2 强化组织间数字化协同关系的拉动型政策作用分析

对江苏传统制造业而言,只有建立企业间、产业部门间数字化协同关系,才能基于资源共享、风险共担,实现数字化转型价值创造水平最大化。因此,政府应通过制定产业结构政策、产业组织政策、产业布局政策等针对性政策,实现传统制造业企业内、跨企业、跨产业的协同数字化转型,拉动实现数字化转型价值生态最佳价值创造效益。

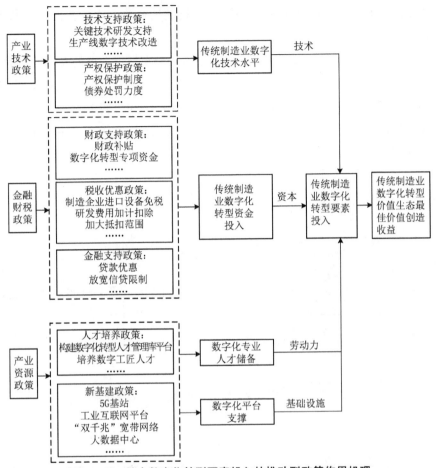

图 7-1 扩大数字化转型要素投入的推动型政策作用机理

其一,产业结构政策主要是通过产业部门资源配置和比例关系调整等方式,选择主导产业、扶持战略产业、撤让衰退产业以及保护幼小产业,来推动区域整体产业结构优化。例如,江苏省出台的《江苏省"十四五"制造业高质量发展规划(2021—2025年)》等政策文件,明确指出聚焦新能源装备、机械、新材料、纺织等产业领域向高端化、智能化发展,打造国际先进的产业集群等。

其二,产业组织政策主要针对某一产业内部企业间的相互关系,促进产业上下游大中小企业协同发展等,其中最为突出的是基于产业链视角而出台的补链、强链、延链等一系列产业链政策[109]。例如,江苏省出台的《江苏省"产业强链"三年行动计划(2021—2023年)》等政策,通过产业链政策,加大对传统制造业产业链协作平台的搭建力度,鼓励有实力的龙头企业成为产业链"链主"企业,基于协作平台带动产业链上下游企业实现数字化协作,为传统制造业数字化转型价值生态建设提供有力保障。

其三,产业布局政策主要针对重点行业的空间分布进行合理的布局与调整,引导劳动力、资本等要素在该地区集聚,如建立传统制造业重点产业开发区、产业园区等,促进实现传统制造业产业合理布局以及区域经济的协调发展。综上,传统制造业数字化转型过程中,强化组织间数字化协同关系的拉动型政策作用机理如图7-2所示。

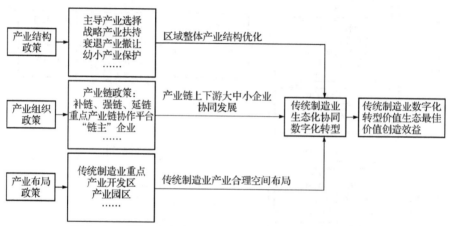

图7-2 强化组织间数字化协同关系的拉动型政策作用机理

7.2 传统制造业数字化转型价值生态政策优化仿真模型构建

传统制造业数字化转型价值生态具有较为复杂的内部组织结构,其构建涉及多种动力和制约因素,因素间又存在大量的反馈关系,且其中部分因素难以用定量关系衡量。因此,本书基于系统动力学理论,仿真分析如何通过优化政府政策组合,实现传统制造业数字化转型生态价值创造水平最大化。

系统动力学(System Dynamics, SD)是由麻省理工学院福瑞斯特(Forrester)教授于1956年提出的一种系统仿真分析方法[110],他认为内部组织结构、内外部各动力和制约因素共同决定了系统的特征、行为表现、发展和演化。因此,系统动力学适用于解决复杂系统问题[111]。具体地,基于可接受范围内的参数估计,其可以有效解决价值生态部分变量间关系无法量化的难点;通过调整系统动力学模型中各类政策控制变量,观测价值创造水平等输出变量的变化趋势,可以得到促进传统制造业数字化转型价值生态最优价值创造水平的政策优化组合。因此,本书结合对传统制造业数字化转型价值生态中各变量因果反馈关系的静态分析,以及具体变量的动态流图分析,构建传统制造业数字化转型价值生态政策优化的系统动力学模型。

7.2.1 建模基础

1) 建模目的和边界

本书基于系统动力学对传统制造业数字化转型价值生态政策优化进行仿真研究的主要目的是从政府的角度考虑,了解在现阶段传统制造业数字化转型价值生态的构建与发展过程中如何优化不同的政策组合方式,以实现传统制造业数字化转型价值生态的价值创造水平最大化,为政府制定传统制造业数字化转型相关政策和决策调整提供理论参考。

在明确系统建模目的后,需要排除与系统无关的因素,确定系统边界,基于此,才能更深入地解析传统制造业数字化转型价值生态内部的结构。本书主要研究政府对于传统制造业数字化转型价值生态的政策调控和支持作用,因此,从参与主体维度,只考虑政府作为数字化转型的政策引导和制度保障者,传统制造业作为数字化转型的主要实施者,以及信息通信技术产业为代表作为传统制造业数字化转型的技术支撑与赋能者;从数字化转型价值体现角度,只考虑传统制造业在数字化转型过程中创造及获取的经济价值,主要表现为产业产值和地区生产总值的提高,不考虑传统制造业在工业活动中对资源和环境产生的社会价值。

2) 子系统划分

基于4.1和4.2对传统制造业数字化转型价值生态的内涵及政策作用分析,本书明确传统制造业要想进行数字化转型,离不开数字技术的支持[112],其本质便是通过数字技术赋能传统制造业生产力和生产关系发生深刻变革。首先,数字技术从根本上对劳动力、资本等传统生产要素进行改造升级,即数字技术赋能传统要素,促进要素间加速实现交叉融合,提高要素配置效率与生产效率[17],并促进传统生产要素实现结构转型[113]。其次,数据改变了传统生产组织方式,实现了传统制造业从业务单元级到流程级再到网络级的关系转变。具体地,数字生产力驱动传统制造业企业逐步实现从研发、生产、经营、服务等单点变革向业务流程集成融合方向演进[114];改变传统链式和规模化生产模式,依托数字平台开展网络化协同和个性化定制,实现传统制造业产业链上下游企业有效对接;打通传统制造业产业链、供应链、创新链间上下游主体,加快形成价值共创共享生态关系。此外,政府可以基于现实情况出台不同着力点的政策法规,对传统制造业数字化转型进行一定的政策调控和支持。

基于此,本书将传统制造业数字化转型价值生态划分成数字化赋能子系统、传统制造业要素子系统、传统制造业关系子系统,其结构框架简图如图7-3所示。其中,数字化赋能子系统主要以信息通信技术产业为主,其在产业发展的同时,也为传统制造业提供源源不断的数字化技术支持与服务,直接影响着传统制造业的数字化转型进程。在传统制造业要素子系统中,要素是传统制造业开展数字化转型活动的基础,包括劳动力、资本、技术等。政府制定针对性的政策,如数字化专业人才培养、财政资金支持、知识产权保护等政策,同时数字技术赋能传统制造业实现传统生产要素结构优化配置,提高传统制造业数字化转型创新效率。传统制造业关系子系统主要实现传统制造业业务单元级、流程级、网络级数字化转型,即逐步实现传统制造业企业内部业务集成融合,产业链中企业间的互联互通,以及跨产业的协同合作。通过要素结构优化配置和跨企业、跨产业等组织间协同数字化转型,可以促进实现传统制造业数字化转型价值创造水平最大化。

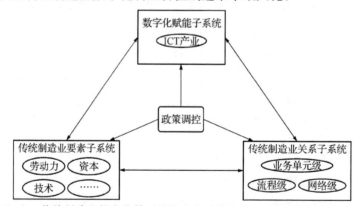

图7-3 传统制造业数字化转型价值生态政策优化 SD 模型子系统结构简图

7.2.2 变量选取

基于上述分析,本书进行传统制造业数字化转型价值生态政策优化仿真研究,核心要义在于研究如何通过政策组合优化实现传统制造业数字化转型价值生态要素和关系的协调发展和价值创造效益最大化,即表现为政策控制变量与数字化转型价值生态各变量之间的作用关系。基于此,本节旨在选取政策控制变量以及数字化赋能子系统、传统制造业要素子系统、传统制造业关系子系统的相关变量,为后续变量之间的关系分析提供基础。

1) 政策控制变量选取

基于第三章江苏传统制造业数字化转型政策环境现状分析发现,现有政策仍存在一些问题,如数字化人才培养与引进的配套政策制定较为滞后、大中小企业无法同等享受金融财税政策红利、产业技术政策未能有效提升数字技术支撑能力、产业链政策缺乏操作性的实施细则等。因此,本书针对现有政策的有待改善之处,并结合 7.1 政策作用分析,重点考察人才培养政策、财政资金支持政策、金融支持政策、税收优惠政策、知识产权保护政策、新基建政策和产业链政策等,进而选取政策控制变量。

具体地,人才培养政策是指通过增加人才培养的经费投入,培育和引进与传统制造业数字化转型相适配的数字化专业人才,提高传统制造业数字化人才储备;财政资金政策主要是通过增加政府科技投资,直接提高传统制造业企业的数字化转型经费投入;金融支持政策主要是通过引导银行等金融机构加大对传统制造业企业贷款额度,助力传统制造业数字化转型;税收优惠政策则是通过将政府部分税收收入让渡给传统制造业企业,间接增加企业利润,提高企业自身用于数字化转型的经费投入;知识产权保护政策则是针对传统制造业数字化转型的核心技术等创新成果建立完善的产权管理与保护制度,保证传统制造业数字化技术创新成果产出;新基建政策主要是通过加大工业互联网平台、5G 基站、宽带网络、大数据中心等新型基础设施的投入力度,为促进传统制造业企业内、企业间以及跨产业之间的协同数字化转型奠定良好的基础条件;产业链政策则是通过鼓励龙头企业担任"链主"地位,使其依托产业链协作平台等精准对接上下游中小企业实现协作数字化转型。

基于此,本书将上述重点考察的 7 种政策分别量化成人才培养投入因子、财政支持因子、金融支持因子、税率影响因子、知识产权保护因子、新基建投入因子、产业链协作支持因子,并将它们作为影响子系统的政策控制变量。

2) 数字化赋能子系统变量选取

数字化赋能子系统主要是以 ICT 产业为核心,在实现产业发展的同时为传统制造业数字化转型提供源源不断的数字技术支撑。参考柯布—道格拉斯生产函数理论,经济发展主要受到劳动力、资本、技术、设施等各类要素的影响,因此数字化赋能子系统需要涵盖表征劳动力、资本、技术、设施等要素投入水平的变量,作为直接驱动力,实现 ICT 产业的发展。

针对劳动力要素,从业人数可以较好地表征产业的劳动力要素[24],因此本书选取 ICT 产业从业人员数量衡量 ICT 产业劳动力要素投入水平。针对资本要素,林毅夫等学者认为,研发投入的增加能加快经济增长步伐,实现国家之间的技术与经济赶超[115]。基于此,本书认为 ICT 产业研发投入的增加有助于 ICT 产业研发活动顺利开展,进一步提高产业的技术水平并获取创新收益,以实现产业发展。因此,本书选取 ICT 产业研发投入衡量 ICT 产业资本要素投入。ICT 技术水平这一变量可以直接表征技术要素,而专利尤其是发明专利是最直观反映产业技术水平的指标之一[116],因此本书选取 ICT 产业有效发明专利数量衡量 ICT 技术水平。

针对设施要素,相较于铁路、公路等传统基础设施,依托新一代信息技术建立的 5G、工业互联网、宽带网络、数据中心等新型基础设施是产业和经济发展的新引擎[117],因此本书选取新基建完善程度(D_1)衡量设施要素投入。参考相关政府报告和学者研究,新基建完善程度主要由 5G 基站数、工业互联网平台数、互联网宽带接入端口数、每百家企业拥有网站数、移动电话用户普及率等信息基础设施指标,以及省级以上产业创新中心数量、大数据中心数量等创新基础设施指标综合表征[118]。在此基础上,本书利用熵值权重法来定量测度新基建完善程度。

值得注意的是,数字化赋能子系统在实现 ICT 产业发展的同时,为传统制造业数字化转型提供技术支撑。因此,在保证充足的要素投入基础上,实现 ICT 产业发展主要表现为产业产值的提高,因此,本书选取 ICT 产业产值衡量 ICT 技术水平。ICT 技术水平也将作为直接驱动力赋能传统制造业要素子系统,实现传统制造业生产要素结构优化,促进传统制造业实现数字化转型。

3) 传统制造业要素子系统变量选取

传统制造业要素子系统中,要素是传统制造业数字化转型价值创造的逻辑起点,是传统制造业数字化转型创造价值的源泉。要素的稳定投入以及数字技术赋能要素配置优化,可以最终实现传统制造业和区域经济发展。因此,传统制造业要素子系统中必然涵盖了表征传统制造业数字化转型要素投入、要素配置及数字化产出的变量。

针对要素投入,借鉴相关学者研究,主要涵盖劳动力、资本、技术等[119]。其一,对于劳动力要素,大多研究选取传统制造业从业人员数量[24]来衡量。然而数字化转型涉及先进综合的技术与理论,简单的劳动力资源难以满足数字化转型需求,数字化人才资本对传统制造业数字化转型来说尤为重要,因此,本书选取传统制造业数字化专业人才数量衡量数字化人才资本。而随着数字经济时代的发展,数字化专业人才的标准相应提高,进而本书选取传统制造业企业科技机构中从事科技活动的本科及以上学历的人员来衡量传统制造业人力资本[120]。其二,对于物质资本要素,现有研究主要选取传统制造业数字化转型经费投入来衡量,并且传统制造业物质资本主要由传统制造业企业自身经费投入、政府科技投资以及金融机构贷款三个渠道筹集[121]。具体地,传统制造业企业自身经费投入主要是企业从利润中提取出用于数字化转型活动的资金,因此,利润总额的高低一定程度上影响企业数字化转型经费投入。政府科技投资的作用不仅在于通过政府资金的投入推进企业数字化转型活动的开展,还在于形成"杠杆作用"刺激更多企业参与数字化转型,在传统制造业内形成良好竞争和活力的氛围。数字化转型具备周期长、投入多、见效慢、风险大等特点,因此,传统制造业还需通过向金融机构贷款等方式拓宽融资渠道。其三,对于技术要素,发明专利是最直观反映产业技术的指标之一[116],因此,本书选取传统制造业有效发明专利数量衡量传统制造业技术水平。

在要素配置过程中,数字技术赋能传统制造业实现传统生产要素结构优化[113],因此,本书选取传统生产要素结构优化程度(O_{ES})来衡量传统制造业技术要素结构,其由数字技术、传统制造业人力、资本和技术要素结构等四项指标综合表征。具体地,要素结构参考林毅夫、波特等学者的研究,指物力资本、人力资本、技术等高级要素与劳动力等初级要素的比例关系[115,122],因此,本书选取传统制造业数字化专业人才数量、传统制造业数字化转型经费投入、传统制造业有效发明专利数量与传统制造业从业人员数量的比值,分别衡量传统制造业人力资本、物质资本以及技术的要素结构。基于上述分析,传统生产要素结构优化程度(O_{ES})用熵值权重法确定,得到第i年传统制造业的传统生产要素结构优化程度,如公式7-1所示:

$$O_{ES} = w_1 \cdot TI_{ICT} + w_2 \cdot \frac{DP_{TMI}}{EN_{TMI}} + w_3 \cdot \frac{DTI_{TMI}}{EN_{TMI}} + w_4 \cdot \frac{VIP_{TMI}}{EN_{TMI}} \quad (7-1)$$

其中,O_{ES}表示传统生产要素结构优化程度,TI_{ICT}表示ICT技术水平,DP_{TMI}表示传统制造业数字化专业人才数量,DTI_{TMI}表示传统制造业数字化转型经费投入,VIP_{TMI}表示传统制造业有效发明专利数量,EN_{TMI}表示传统制造业从业人员数量,DP_{TMI}/EN_{TMI}表示传统制造业数字化人才要素结构,DTI_{TMI}/EN_{TMI}表示传统制造业数字化资本要素结构,VIP_{TMI}/EN_{TMI}表示传统制造业数字化技术要素结构,w_1、w_2、w_3、w_4表示相应指标的权重。

此外,对于传统制造业数字化转型产出,由于传统制造业数字化转型是以提供满足用户需求的产品或服务为目的的,因此,产品凝聚了数字化转型创造和获取的价值。基于此,本书以传统制造业产品开发数量衡量传统制造业数字化转型价值产出。在此基础上,进一步创造经济价值,表现为传统制造业产值和地区生产总值的提升。

4) 传统制造业关系子系统变量选取

在传统制造业关系子系统中,实现由业务单元级到流程级再到网络级的数字化转型协同关系转变,即企业内部业务数字化集成向跨企业、跨产业的数字化协同合作演进,这有助于汇集资源、共担风险,并实现数字化转型价值创造效益最大化。

其一,实现企业内研发设计与制造、经营与生产控制、产供销等[123]不同方面的业务数字化综合集成[124],是传统制造业数字化转型价值效益实现突破性提升的前提条件。因此,本书选取传统制造业企业内业务数字化集成程度(DI_B)衡量传统制造业处于数字化转型业务单元级时的特征。该变量反映的是传统制造业企业内部各业务环节间相互配合的紧密程度,主要受到数字化基础设施[125]和数据信息在企业内业务流程中流通性[126]的影响,其中,数据信息流通性表现为企业数据接入端口的先进程度,选取光纤(FTTH/O)接入端口数占互联网宽带接入端口总数的比例来衡量。

其二,有实力的企业在数字化转型中基于企业内业务综合集成进行了突破创新,实现了产业部门内跨企业的协同数字化转型。因此,本书选取传统制造业产业部门内数字化转型协同程度(C_{IE})衡量传统制造业在数字化转型流程级这一阶段的特征。为实现定量测度,本书借鉴相关学者研究[127],引入区位熵的概念。其本是用于衡量单个产业部门的要素专业化程度和集聚水平,若区位熵越高,则该产业部门内各企业间协同程度越高。综上,传统制造业产业部门内数字化转型协同程度测算方式如公式7-2所示。设传统制造业数字化转型价值生态中存在n类产业部门,第r类产业部门区位熵LQ_{ri}为:

$$LQ_{ri} = \frac{x_{ri}/x_i}{X_{ri}/X_i} \quad (7-2)$$

其中$i=1,2,3$,分别表示传统制造业产业部门的三类要素投入,即就业人数、资本、以及ICT产业对传统制造业的中间投入,x_{ri}表示第r类产业部门的第i类要素指标值,x_i表示传统制造业价值生态中所有传统制造业产业部门的第i类要素指标值,X_{ri}表示全国范围内第r类产业部门第i类的要素指标值,X_i表示全国范围内所有传统制造业产业部门第i类要素指标值。进而根据几何平均法,得到第r类产业部门内数字化转型协同程度C_{IEr},并算出传统制造业产业部门内数字化转型协同程度C_{IE},如公式7-3、7-4所示:

$$C_{IEr} = \sqrt[3]{LQ_{r1} \cdot LQ_{r2} \cdot LQ_{r3}} \quad (7-3)$$

$$C_{IE} = \frac{1}{n}\sum_{r=1}^{n} C_{IEr} \quad (7-4)$$

其三,在传统制造业中,处于不同数字化转型水平的产业部门之间会依托产业链、供应链和价值链等形成跨产业的网络化业务联系,实现更高深度和广度的协同数字化转型。因此,本书选取传统制造业产业部门间数字化转型协同程度(C_{II})衡量传统制造业处于网络级这一阶段的特征。为定量测度产业部门间数字化转型协同程度,本书借鉴相关学者提出的产业协同集聚指数[128],衡量区域内产业间协同程度,值越大,表示该区域内产业间要素差异越小,产业间的协同程度越高。具体地,设传统制造业数字化转型价值生态中存在n类产业部门,根据公式7-5得到第a和b类产业部门间数字化转型协同程度C_{IIab},并根据公式7-6得到传统制造业产业部门间数字化转型协同程度C_{II}。

$$C_{IIab} = \left[1 - \frac{|C_{IEa} - C_{IEb}|}{C_{IEa} + C_{IEb}}\right] + [C_{IEa} + C_{IEb}] \quad (7-5)$$

$$C_{II} = \frac{1}{n}\sum C_{IIab} \quad (7-6)$$

综上所述,在传统制造业数字化转型中,实现了由企业内部业务数字化集成逐渐向跨企业、跨产业的协同数字化转型演进变革,最终实现了传统制造业数字化转型价值生态整体协同关系的提升。因此,本书选取传统制造业数字化转型价值生态协同关系强度(SS_E)这一变量,从整体层面上来衡量数字化转型价值生态的协同关系。基于此,传统制造业数字化转型价值生态协同关系强度(SS_E)由传统制造业企业内业务数字化集成程度(DI_B)、传统制造业产业部门内数字化转型协同程度(C_{IE})以及传统制造业产业部门间数字化转型协同程度(C_{II})综合表征,用熵值权重法确定,得到第i年传统制造业数字化转型价值生态协同关系强度(SS_E),如公式7-7所示,其中w_5、w_6、w_7是相应指标的权重。

$$SS_E = w_5 \cdot DI_B + w_6 \cdot C_{IE} + w_7 \cdot C_{II} \quad (7-7)$$

因此,最终形成的传统制造业数字化转型价值生态政策优化仿真模型中的政策控制变量和各子系统变量如表 7-1 所示。

表 7-1 传统制造业数字化转型价值生态政策优化仿真模型变量

变量类别	变量名称
政策控制变量	人才培养投入因子、财政支持因子、金融支持因子、税率影响因子、知识产权保护因子、新基建投入因子、产业链协作支持因子
数字化赋能子系统变量	ICT 产业从业人员数量、ICT 产业研发投入、ICT 技术水平、新基建完善程度、ICT 产业产值
传统制造业要素子系统变量	传统制造业从业人员数量、传统制造业数字化专业人才数量、传统制造业数字化转型经费投入、政府科技投资、金融机构贷款、传统制造业企业自身经费投入、传统制造业有效发明专利数量、传统生产要素结构优化程度、传统制造业产品开发数量、传统制造业产值
传统制造业关系子系统变量	传统制造业企业内业务数字化集成程度、传统制造业产业部门内数字化转型协同程度、传统制造业产业部门间数字化转型协同程度、数据信息流通性、传统制造业数字化转型价值生态协同关系强度

7.2.3 子系统因果关系分析

1) 数字化赋能子系统因果关系分析

在新一轮产业革命中,传统制造业仅凭产业自身技术基础与实力无法实现高效的数字化转型,必然离不开数字技术的支撑与赋能。因此,在数字化赋能子系统中,信息通信产业在自身实现良性循环发展的前提下,持续为传统制造业提供技术支持与服务。对于 ICT 产业来说,其首要目标是实现产业自身发展,因此,在 ICT 产业从业人员数量、研发投入、技术水平以及新基建完善程度等共同影响下,ICT 产业产值和地区生产总值提高,形成的数字化赋能子系统关键反馈回路如图 7-4 至 7-6 所示,且均为正反馈回路。

图 7-4 至 7-6 反映的是在政府财政支出中加大对 ICT 产业投入的比例以及新型基础设施建设政策作用下,加大新基建投入力度,正向促进 ICT 产业研发投入、新基建完善程度的提高,并在知识产权保护政策等作用下直接促进 ICT 产业技术水平的提升。在充足要素投入下共同创造经济价值,表现为 ICT 产业产值和地区生产总值的提高。而 GDP 的提高又反过来进一步扩大政府的财政支出,进而加大对下一阶段 ICT 产业资本、基础设施等资源的投入力度,形成良性循环发展。综上,最终形成的数字化赋能子系统关系回路图如图 7-7 所示。

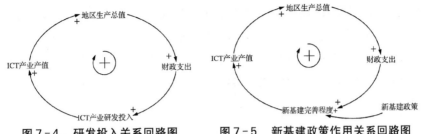

图7-4 研发投入关系回路图　　图7-5 新基建政策作用关系回路图

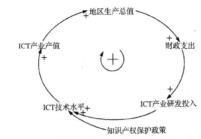

图7-6 知识产权保护政策作用关系回路图

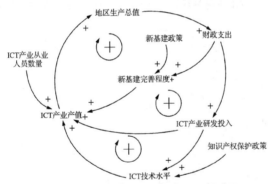

图7-7 数字化赋能子系统因果回路图

2) 传统制造业要素子系统因果关系分析

对传统制造业而言,数字化转型的目的在于最大化创造并获取价值效益,此过程受到要素配置、政策调控等多方面影响。一方面,政府通过针对性的政策措施手段加大支持力度,提高传统制造业数字化转型的要素投入。具体地,通过人才培养政策扩大财政支出中人才培养投入,提高数字化专业人才数量;通过财政政策加大财政支出中科技投资比例,提高传统制造业数字化转型经费投入总额;通过知识产权保护政策,保证数字化转型技术创新成果,提高传统制造业技术水平。另一方面,在要素配置过程中,数字技术赋能传统制造业实现传统生产要素结构优化[113]。要素稳定投入和结构优化可以提升传统制造业产品开发数量,并进一步促进传统制造业产值和地区生产总值的增加。而GDP的增长反过来进一步促进下一阶段政府财政支出对传统制造业的人力、资本、技术等要素的投入,形成良性循环发展。综上,形成的关键因果反馈关系回路如图7-8至7-10所示,且均为正反馈回路。

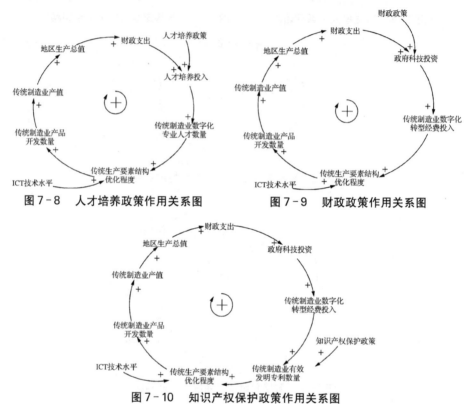

图7-8　人才培养政策作用关系图　　图7-9　财政政策作用关系图

图7-10　知识产权保护政策作用关系图

同时,最终形成的传统制造业数字化转型要素子系统关系回路如图7-11所示。其中值得注意的是,传统制造业数字化转型经费投入主要依托政府、金融机构以及企业自身三个主要渠道。其中,金融支持政策主要是通过提高传统制造业企业贷款额度,助力传统制造业数字化转型;税收优惠政策则是通过间接增加企业利润,提高企业自身用于数字化转型的经费投入。

3) 传统制造业关系子系统因果关系分析

对传统制造业而言,实现企业内业务数字化集成以及跨企业、跨产业的数字化协同合作,有助于实现数字化转型价值创造效益最大化。而工业互联网平台、大数

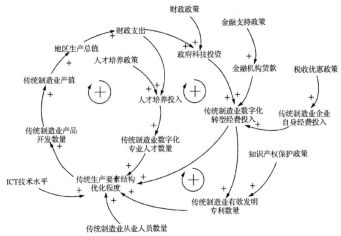

图7-11 传统制造业要素子系统因果回路图

据中心、5G基站等新型基础设施,为传统制造业构建数字化协同关系提供坚实的平台支撑。因此,在新基建政策等作用下,通过赋能传统制造业,实现从企业单点的数字化业务集成到产业部门企业间的数字化转型协同再到跨产业部门的协同数字化转型变革[50]。提高了传统制造业企业内业务数字化集成程度(DI_B)、传统制造业产业部门内数字化转型协同程度(C_{IE})以及传统制造业产业部门间数字化转型协同程度(C_{II}),最终实现传统制造业数字化转型价值生态协同关系强度(SS_E)的提高。而政府产业链政策还有助于促进产业链上下游企业有效协同联接,提高传统制造业产业部门内数字化转型协同程度。价值生态整体协同关系强度的提高有利于促进传统制造业产品开发数量的增加,进而创造经济价值,表现为传统制造业产值和地区生产总值的提升,进而促进区域经济发展。

而经济发展反过来进一步提高下一阶段政府财政支出以及对新型基础设施建设的投入力度,并提高传统制造业数字化转型价值生态企业内、跨企业以及跨产业的数字化协同关系,形成良性循环发展。综上,形成的传统制造业关系子系统关键反馈回路如图7-12至7-14所示,且均为正反馈回路,最终的传统制造业关系子系统反馈回路如图7-15所示。

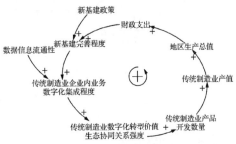

图7-12 传统制造业企业内业务集成关系回路图

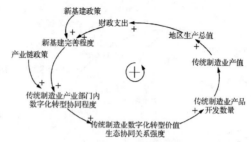

图 7-13 传统制造业产业内协同数字化回路图

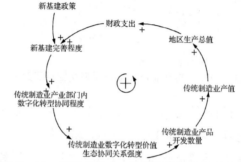

图 7-14 传统制造业产业间协同数字化回路图

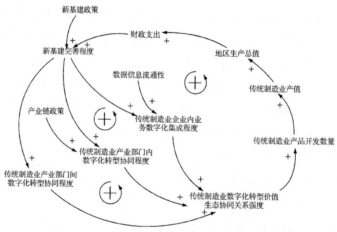

图 7-15 传统制造业关系子系统因果回路图

7.2.4 流图分析

为了保证传统制造业数字化转型价值生态的高效、均衡、持续发展,需要数字化赋能子系统、传统制造业要素子系统、传统制造业关系子系统间互相影响,并依托子系统各要素间的反馈关系,推动子系统有机结合。考虑到系统建模仿真的可行性,本书在对各子系统进行静态因果关系分析的基础上,进一步将系统变量划分成状态变量、速率变量、辅助变量等相关变量类型来构建动态流图模型,以细致描述各子系统的复杂关系。其中,状态变量是描述系统内积累效应的变量,反映物质、信息等对时间的积累;速率变量则是描述状态变量随时间变化快慢的变量;辅助变量则用来描述状态和速率变量间信息传递的"局部结构"。本节在 7.2.3 子系统因果关系分析的基础上,进一步分析系统的动态变化特征。

首先,在数字化赋能子系统中,由于产值是产业经济产出的一种主要表现形式,也反映了其对时间的累计结果和子系统的运行状态,所以将 ICT 产业产值作为状态变量;ICT 产业产值增量为速率变量,反映子系统运行状态的变化速度;产值主要受到劳动力、资本、技术、设施等要素投入的综合影响,因此用 ICT 产业从业人员数量、ICT 产业研发投入、ICT 技术水平和新基建完善程度作为辅助变量,同时将地区生产总值、财政支出以及新基建投入因子和知识产权保护因子等政策控制变量作为产业产值与产值增量之间物质、信息传递的辅助变量。数字化赋能子系统相关变量如表 7-2 所示,并形成如图 7-16 所示的数字化赋能子系统流图。

表 7-2　数字化赋能子系统相关变量类型

状态变量	速率变量	辅助变量
ICT 产业产值	ICT 产业产值增量	ICT 产业从业人员数量、ICT 产业研发投入、ICT 技术水平、新基建完善程度、地区生产总值、财政支出、新基建投入因子、知识产权保护因子

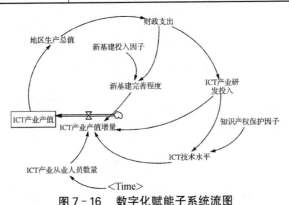

图 7-16　数字化赋能子系统流图

其次,在传统制造业要素子系统中,基于 7.2.3 因果关系分析,传统制造业主要通过稳定的要素投入和要素结构优化提升产品开发数量并获取数字化转型经济价值,表现为传统制造业产值和地区生产总值的增加。因此,本书选取传统制造业产值、传统制造业数字化专业人才数量和有效发明专利数量等作为衡量要素子系统中物质、信息等随时间积累的状态变量;将传统制造业产值增量、数字化专业人才增量、有效发明专利增量作为衡量要素子系统各状态变量随时间变化快慢的速率变量;将人才培养投入、传统制造业从业人员数量、政府科技投资、金融机构贷款、传统制造业企业自身经费投入、传统制造业利润总额、传统制造业数字化转型经费投入、ICT技术水平、传统生产要素结构优化程度、传统制造业产品开发数量、地区生产总值、财政支出等变量,以及人才培养投入因子、财政支持因子、税率影响因子、金融支持因子、知识产权保护因子等政策控制变量作为影响子系统的辅助变量。传统制造业要素子系统相关变量如表7-3所示,并形成如图7-17所示的传统制造业要素系统流图。

表7-3 传统制造业要素子系统相关变量类型

状态变量	速率变量	辅助变量
传统制造业产值、传统制造业数字化专业人才数量、传统制造业有效发明专利数量	传统制造业产值增量、数字化专业人才增量、有效发明专利增量	人才培养投入、传统制造业从业人员数量、政府科技投资、金融机构贷款、传统制造业企业自身经费投入、传统制造业数字化转型经费投入、传统制造业利润总额、ICT技术水平、传统生产要素结构优化程度、传统制造业产品开发数量、地区生产总值、财政支出、人才培养投入因子、财政支持因子、税率影响因子、金融支持因子、知识产权保护因子

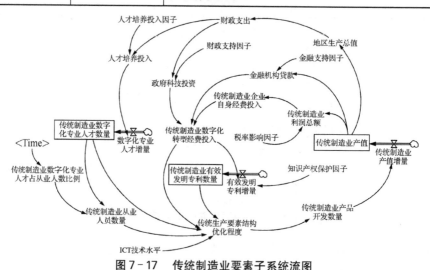

图7-17 传统制造业要素子系统流图

在传统制造业关系子系统中,基于7.2.3因果关系分析,其核心在于实现传统制造业从企业单点的数字化业务集成到产业部门企业间甚至跨产业部门的协同数字化转型方向的演进变革,最终推动传统制造业数字化转型价值生态整体协同关系强度的提高,并在此基础上扩大产品开发数量并获取数字化转型经济价值,表现为传统制造业产值和地区生产总值的增加。因此,本书选取传统制造业产值作为反映要素子系统中物质、信息等随时间积累的状态变量;将传统制造业产值增量作为速率变量;将传统制造业企业内业务数字化集成程度(DI_B)、传统制造业产业部门内数字化转型协同程度(C_{IE})、传统制造业产业部门间数字化转型协同程度(C_{II})、传统制造业数字化转型价值生态协同关系强度(SS_E)、传统制造业产品开发数量、地区生产总值、财政支出、数据信息流通性、新基建完善程度,以及新基建投入因子、产业链协作支持因子等政策控制变量作为影响子系统的辅助变量。综上,传统制造业关系子系统相关变量如表7-4所示,并形成如图7-18所示的传统制造业关系子系统流图。

表7-4 传统制造业关系子系统相关变量类型

状态变量	速率变量	辅助变量
传统制造业产值	传统制造业产值增量	传统制造业企业内业务数字化集成程度、传统制造业产业部门内数字化转型协同程度、传统制造业产业部门间数字化转型协同程度、传统制造业数字化转型价值生态协同关系强度、传统制造业产品开发数量、地区生产总值、财政支出、数据信息流通性、新基建完善程度、新基建投入因子、产业链协作支持因子

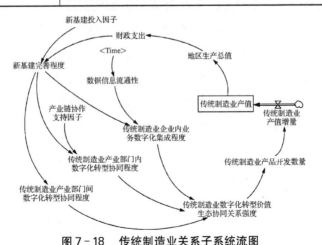

图7-18 传统制造业关系子系统流图

因此，最终形成的传统制造业数字化转型价值生态政策优化的系统动力学仿真模型如图 7-19 所示。

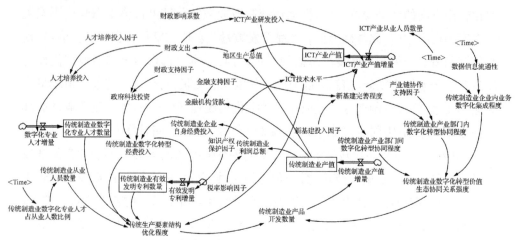

图 7-19　传统制造业数字化转型价值生态动力学流图

简言之，本研究的系统动力学模型，一是选取传统制造业数字化专业人才数量、数字化转型经费投入、有效发明专利数等指标衡量传统制造业数字化转型的要素投入，ICT技术赋能传统生产要素实现要素结构优化；选取传统制造业企业内业务数字化集成程度（DI_B）、传统制造业产业部门内数字化转型协同程度（C_{IE}）以及传统制造业产业部门间数字化转型协同程度（C_{II}）三个变量衡量新基建赋能传统制造业数字化转型从企业单点向跨企业、跨产业协同演进，在整体层面上提高传统制造业数字化转型价值生态协同关系强度（SS_E），最终促进传统制造业产品开发以及产业产值和 GDP 的提高。二是在政府的人才培养投入因子、财政支持因子、金融支持因子、税率影响因子、知识产权保护因子、新基建投入因子、产业链协作支持因子等政策控制变量的影响作用下，分析传统制造业数字化转型价值生态关键指标的变动情况，来表征政府对传统制造业数字化转型的政策宏观调控与优化作用。

7.2.5　模型主要方程建立

本节基于 7.2.4 流图分析，进一步确定各变量之间的函数关系，为下文仿真模拟奠定基础。传统制造业数字化转型价值生态政策优化仿真模型主要包括状态变量、速率变量，以及辅助变量。

状态变量表示的是系统内具有一定积累效应的变量,其取值是从初始时刻到特定时刻,是物质流、信息流等积累的结果。数值具有一定的累加性,受到初始值和速率变量的影响,随着速率值的增加而增加。方程表示为:

$$L(t)=L(t_0)+\int_{t0}^{t}\mathrm{rate}(t)\mathrm{d}t \qquad (7-8)$$

其中,$L(t)$ 表示 t 时刻状态变量的存量值,$L(t_0)$ 表示 t_0 时刻状态变量的存量值,$\mathrm{rate}(t)$ 表示状态变量的变化速率。

对于速率变量,其是状态变量在不同时刻下的变化量,方程表示为:

$$\mathrm{rate}(t)=f(L(t),\mathrm{Aux}(t),\mathrm{Data},\mathrm{Const}) \qquad (7-9)$$

其中,$L(t)$ 表示 t 时刻状态变量的存量值,$\mathrm{Aux}(t)$ 表示辅助变量值,Const 表示常量,Data 表示数据,一般是时间序列,是直接输入的参考值。

对于辅助变量,可以通过系统中与其他变量之间的定量关系测算得出,方程可以表示为:

$$\mathrm{Aux}(t)=g(L(t),\mathrm{Aux}(t),\mathrm{Data},\mathrm{Const}) \qquad (7-10)$$

因此,政策优化仿真模型的方程主要通过以下几种方式确定。

(1) 赋初值法。传统制造业数字化专业人才数量、有效发明专利数量、传统制造业产值、ICT 产业产值等状态变量的初始值采用直接赋值方法。

(2) 回归分析法。对于某些速率变量和辅助变量,如数字化专业人才增量、数字化转型经费投入、金融机构贷款、传统制造业利润总额、传统制造业产品开发数量、地区生产总值、财政支出、ICT 产业研发投入、ICT 技术水平、新基建完善程度、传统制造业产业部门内数字化转型协同程度以及传统制造业产业部门间数字化转型协同程度等,根据变量之间的因果关系和数据的定量关系,在自然拟合状态下,用一元、多元线性回归方法或者非线性回归方法进行分析,具体选取哪种,将基于历史数据的拟合程度予以确定。

(3) 逻辑推断法。该方法主要根据变量之间的逻辑关系来建立方程,如人才培养投入、政府科技投资、传统制造业从业人员数量、传统制造业企业内业务数字化集成程度、传统制造业数字化转型价值生态协同关系强度等。

(4) 表函数法。传统制造业数字化专业人才占从业人数比例、ICT 产业从业人员数量、数据信息流通性等指标,可以结合现实情况用表函数输入两组数据表示两组变量间的关系。

7.3 江苏传统制造业数字化转型价值生态政策优化仿真模型设计与运行分析

近年来,江苏省传统制造业数字化转型取得了一定的进展,但也存在着龙头企业与中小企业数字化转型差距大等问题,为此江苏省在区域范围内构建传统制造业数字化转型价值生态,以期解决此弊端。然而传统制造业企业间缺乏良好的有机协同,数字化转型价值生态建设步伐较为缓慢,制约着江苏省传统制造业整体的价值创造水平和经济发展。因此,江苏省政府有必要制定合理的政策,以营造稳定的数字化转型环境,促进数字化转型价值生态稳步发展。但是不同数字化转型政策组合方式会产生不同的政策调控效果,而如何合理配置政策组合以达到最优政策绩效是本章研究的主要问题。

因此,本节以江苏省传统制造业为研究对象,基于7.2构建的传统制造业数字化转型价值生态政策优化的系统动力学模型,对仿真结果进行分析,并探讨不同政策组合变动下价值生态价值创造水平的变化情况,从而为第八章提出促进江苏省传统制造业数字化转型生态价值创造效益最大化的针对性政策建议奠定基础,以实现江苏省传统制造业高质量发展和经济进步。

7.3.1 政策优化仿真模型方程设计

本研究所建模型主要针对江苏省区域的传统制造业数字化转型价值生态,仿真时限为2015—2030年,其中2015—2020年是数据检验时间段,模型中各变量之间的关系用方程式来表示,统计数据主要来源于《中国统计年鉴》《江苏统计年鉴》,以及江苏省工信厅、财政厅等政府报告,通过软件对变量之间的关系进行函数拟合。当有些指标不能直接用统计数值加以量化时,则主要利用参数估计法,在选取初始值后,通过不断修改取值降低有关变量的模拟值与实际值的误差,以得到相对准确的参数估计值,如税率影响因子、知识产权保护因子、产业链协作支持因子等。因此,最终确定模型各子系统变量之间的主要方程。

1) 数字化赋能子系统方程设计

(1) ICT产业产值与ICT产业产值增量间方程设计

数字化赋能子系统中ICT产业产值这一状态变量,是系统内具有一定积累效应的变量,其数值具有一定的累加性,并受到初始值和速率变量的影响,随着速率值的增加而增加。方程表达式如式 7-11 所示：

$$IOV_{\mathrm{ICT}}(t)=IOV_{\mathrm{ICT}}(t_0)+\int_{t0}^{t}IOVI_{\mathrm{ICT}}(t)\mathrm{d}t \quad (7-11)$$

其中，$IOV_{\mathrm{ICT}}(t)$ 表示 t 时刻江苏省 ICT 产业产值的存量值，$IOVI_{\mathrm{ICT}}(t)$ 表示 t 时刻江苏省 ICT 产业产值增量这一速率变量，$IOV_{\mathrm{ICT}}(t_0)$ 表示初始值。本书主要通过赋初值法确定，基于《江苏统计年鉴》中 2015 年 ICT 产业产值数据，确定初始值为 9 168.523。

(2) ICT 产业产值增量与劳动力、资本、技术、设施变量间方程设计

针对 ICT 产业产值增量这一速率变量，基于 7.2.2 数字化赋能子系统变量选取分析，产业和经济发展主要受到劳动力、资本、技术、设施的直接影响，因此 ICT 产业产值增量的测算方式可以借鉴柯布—道格拉斯生产函数，方程表达式如式 7-12 所示：

$$IOVI_{\mathrm{ICT}}(t)=TI_{\mathrm{ICT}}(t) \cdot RDI_{\mathrm{ICT}}(t)^{\alpha} \cdot EN_{\mathrm{ICT}}(t)^{\beta} \cdot D_I(t)^{\gamma} \quad (7-12)$$

其中，$IOVI_{\mathrm{ICT}}(t)$ 表示 t 时刻江苏省 ICT 产业产值增量；$TI_{\mathrm{ICT}}(t)$ 表示 t 时刻江苏省 ICT 技术水平，用 ICT 产业有效发明专利数量来表征；$RDI_{\mathrm{ICT}}(t)$ 表示 t 时刻江苏省 ICT 产业研发投入；$EN_{\mathrm{ICT}}(t)$ 表示 t 时刻江苏省 ICT 产业从业人员数量；$D_I(t)$ 表示 t 时刻江苏省新基建完善程度，通过熵权法确定；α、β、γ 表示 ICT 产业中研发投入、从业人员数量和新基建完善程度的产出弹性。本书对公式两端取对数，并根据《江苏统计年鉴》中 2015—2020 年 ICT 产值增量、有效发明专利数量、研发投入、从业人员数量等数据进行函数拟合，确定 α 为 0.244，β 为 -0.644，γ 为 1.424。

(3) ICT 产业研发投入与财政支出间方程设计

对于辅助变量，根据 7.2.3 数字化赋能子系统因果关系分析，ICT 产业研发投入与财政支出间存在因果关系，并且根据《江苏统计年鉴》上 2015—2020 年相关数据进行函数拟合，发现变量间存在高度相关关系（R^2 为 0.98），因此建立如式 7-13 所示的一元线性回归方程：

$$RDI_{\mathrm{ICT}}(t)=a_1 \cdot E(t)+b_1 \quad (7-13)$$

其中，$RDI_{\mathrm{ICT}}(t)$ 表示 t 时刻江苏省 ICT 产业研发投入，$E(t)$ 表示 t 时刻江苏省财政支出，a_1、b_1 是方程参数。本书通过函数拟合确定 a_1 为 0.053，b_1 为 -354.399。

(4) ICT 技术水平与 ICT 产业研发投入间方程设计

根据 7.2.3 数字化赋能子系统因果关系分析，ICT 技术水平与 ICT 产业研发

投入间存在因果关系,并且根据《江苏统计年鉴》中 2015—2020 年相关数据进行函数拟合,发现变量间存在高度相关关系(R^2 为 0.981),因此建立如式 7-14 所示的一元线性回归方程:

$$TI_{ICT}(t) = IPF * (a_2 * RDI_{ICT}(t) + b_2) \qquad (7-14)$$

其中,$TI_{ICT}(t)$ 表示 t 时刻江苏省 ICT 技术水平,IPF 为知识产权保护因子,$RDI_{ICT}(t)$ 表示 t 时刻江苏省 ICT 产业研发投入,a_2、b_2 是方程参数。本书通过函数拟合确定 a_2 为 126.67,b_2 为 $-1\,586.17$。

(5) 新基建完善程度与财政支出间方程设计

根据 7.2.3 数字化赋能子系统因果关系分析,新基建完善程度与财政支出间存在因果关系,并且根据《江苏统计年鉴》中 2015—2020 年相关数据进行函数拟合,发现变量间存在高度相关关系(R^2 为 0.905),因此建立如式 7-15 所示的一元线性回归方程:

$$D_I(t) = a_3 \cdot E(t) + b_3 \qquad (7-15)$$

其中,$D_I(t)$ 表示 t 时刻江苏省新基建完善程度,$E(t)$ 表示 t 时刻江苏省财政支出,a_3、b_3 是方程参数。本书通过函数拟合确定 a_3 为 0.059,b_3 为 -73.424。

2) 传统制造业要素子系统方程设计

(1) 传统制造业数字化专业人才数量与数字化专业人才增量间方程设计

在传统制造业要素子系统中,针对传统制造业数字化专业人才数量这一状态变量主要由初始值和数字化专业人才增量这一速率变量决定,随着速率值的增加而增加,方程表达式如式 7-16 所示:

$$DP_{TMI}(t) = DP_{TMI}(t_0) + \int_{t_0}^{t} DPI_{TMI}(t)\mathrm{d}t \qquad (7-16)$$

其中,$DP_{TMI}(t)$ 表示 t 时刻江苏传统制造业数字化专业人才数量的存量值,$DPI_{TMI}(t)$ 表示 t 时刻江苏数字化专业人才增量这一速率变量,$DP_{TMI}(t_0)$ 表示江苏数字化专业人才数量的初始值。初始值通过赋初值法确定,基于《江苏统计年鉴》2015 年相关数据,确定初始值为 62.06。

(2) 传统制造业有效发明专利数量与有效发明专利增量间方程设计

针对传统制造业有效发明专利数量这一状态变量,其主要由初始值和传统制造业有效发明专利增量这一速率变量决定,随着速率值的增加而增加,方程如式 7-17 所示:

$$VIP_{TMI}(t) = VIP_{TMI}(t_0) + \int_{t_0}^{t} VIPI_{TMI}(t)\mathrm{d}t \qquad (7-17)$$

其中，$VIP_{TMI}(t)$ 表示 t 时刻江苏传统制造业有效发明专利数量的存量值，$VIPI_{TMI}(t)$ 表示 t 时刻江苏传统制造业有效发明专利增量这一速率变量，$VIP_{TMI}(t_0)$ 表示有效发明专利数量的初始值。初始值通过赋初值法确定，基于《江苏统计年鉴》中 2015 年相关数据，确定初始值为 47 952。

（3）传统制造业产值与传统制造业产值增量间方程设计

针对传统制造业产值这一状态变量，其主要受到初始值和传统制造业产值增量这一速率变量的影响，随着速率值的增加而增加，方程如式 7-18 所示：

$$IOV_{TMI}(t) = IOV_{TMI}(t_0) + \int_{t0}^{t} IOVI_{TMI}(t)dt \qquad (7-18)$$

其中，$IOV_{TMI}(t)$ 表示 t 时刻江苏传统制造业产值的存量值，$IOVI_{TMI}(t)$ 表示 t 时刻江苏传统制造业产值增量这一速率变量，$IOV_{TMI}(t_0)$ 表示传统制造业产值的初始值。初始值通过赋初值法确定，基于《江苏统计年鉴》中 2015 年相关数据，确定初始值为 26 434.83。

（4）数字化专业人才增量与人才培养投入间方程设计

根据 7.2.3 传统制造业要素子系统变量之间的因果关系分析，数字化专业人才增量与人才培养投入变量之间存在因果关系，并且根据《江苏统计年鉴》中 2015—2020 年相关数据进行函数拟合，发现两个变量间建立对数方程时，拟合度较高（R^2 为 0.894），因此建立如式 7-19 的方程：

$$DPI_{TMI}(t) = a_4 \cdot LN(TTI(t)) + b_4 \qquad (7-19)$$

其中，$DPI_{TMI}(t)$ 表示 t 时刻江苏数字化专业人才增量，$TTI(t)$ 表示 t 时刻江苏人才培养投入，a_4、b_4 是方程参数，基于数据进行函数拟合确定 a_4 为 8.942，b_4 为 -50.382。

（5）传统制造业有效发明专利增量与数字化转型经费投入间方程设计

在传统制造业要素子系统因果关系分析中，有效发明专利增量与传统制造业数字化转型经费投入存在因果关系，并且根据《江苏统计年鉴》中 2015—2020 年相关数据进行函数拟合，发现变量间存在高度相关关系（R^2 为 0.847），因此建立如式 7-20 所示的一元线性回归方程：

$$VIPI_{TMI}(t) = IPF \cdot (a_5 \cdot DTF(t) + b_5) \qquad (7-20)$$

其中，$VIPI_{TMI}(t)$ 表示 t 时刻江苏传统制造业有效发明专利增量，$DTF(t)$ 表示 t 时刻江苏传统制造业数字化转型经费投入，IPF 为知识产权保护因子，a_5、b_5 是方程参数，通过函数拟合确定 a_5 为 4.718，b_5 为 16 278.737。

(6) 传统制造业产值增量与产品开发数量间方程设计

在传统制造业要素子系统因果关系分析中,传统制造业产值增量与传统制造业产品开发数量之间存在因果关系,并且根据《江苏统计年鉴》中 2015—2020 年相关数据进行函数拟合,发现两两变量间存在高度相关关系(R^2 为 0.747、0.896),因此建立如式 5-11 所示的一元线性回归方程:

$$IOVI_{TMI}(t) = a_6 \cdot PDN(t) + b_6 \qquad (7-21)$$

其中,$IOVI_{TMI}(t)$ 表示 t 时刻江苏传统制造业产值增量,$PDN(t)$ 表示 t 时刻江苏传统制造业产品开发数量,a_6、b_6 是方程参数,通过函数拟合确定 a_6 为 0.019,b_6 为 3 510.404。

(7) 人才培养投入与财政支出间方程设计

根据 7.2.3 传统制造业要素子系统变量之间的因果关系分析,人才培养投入与财政支出之间存在因果关系,利用逻辑推断法确定,方程表达式如式 7-22 所示:

$$TTI(t) = TTIP \cdot E(t) \qquad (7-22)$$

其中,$TTI(t)$ 表示 t 时刻江苏人才培养投入,$TTIP$ 表示人才培养投入因子,$E(t)$ 表示 t 时刻江苏财政支出。

(8) 政府科技投资与财政支出间方程设计

在传统制造业要素子系统因果关系分析中,政府科技投资与财政支出之间存在因果关系,利用逻辑推断法确定,方程表达式如式 7-23 所示:

$$GI(t) = FSP \cdot E(t) \qquad (7-23)$$

其中,$GI(t)$ 表示 t 时刻江苏政府科技投资,FSP 表示财政支持因子,$E(t)$ 表示 t 时刻江苏财政支出。

(9) 传统制造业从业人员数量与数字化专业人才数量间方程设计

在传统制造业要素子系统因果关系分析中,传统制造业从业人员数量与传统制造业数字化专业人才数量之间存在因果关系,利用逻辑推断法确定,建立如式 7-24 所示的方程:

$$EN_{TMI}(t) = \frac{DP_{TMI}(t)}{PDP_{TMI}} \qquad (7-24)$$

其中,$EN_{TMI}(t)$ 表示 t 时刻江苏传统制造业从业人员数量,$DP_{TMI}(t)$ 表示 t 时刻江苏传统制造业数字化专业人才数量,PDP_{TMI} 表示传统制造业数字化专业人才占从业人数比例。

(10) 传统制造业数字化转型经费投入相关变量间方程设计

根据 7.2.3 传统制造业要素子系统的因果关系分析,传统制造业数字化转型经费投入与政府科技投资、传统制造业企业自身经费投入、金融机构贷款变量之间存在因果关系,利用逻辑推断法确定,建立如式 7-25 所示的方程:

$$DTI_{TMI}(t) = GI(t) + EI_{TMI}(t) + LFI(t) \qquad (7-25)$$

其中,$DTI_{TMI}(t)$ 表示 t 时刻江苏传统制造业数字化转型经费投入,$GI(t)$ 表示 t 时刻江苏政府科技投资,$EI_{TMI}(t)$ 表示 t 时刻江苏传统制造业企业自身经费投入,$LFI(t)$ 表示 t 时刻江苏金融机构贷款。

(11) 传统制造业企业自身经费投入与传统制造业利润总额间方程设计

基于 7.2.3 传统制造业要素子系统因果关系分析,传统制造业企业自身经费投入与传统制造业利润总额之间存在因果关系,并且根据《江苏统计年鉴》中 2015—2020 年相关数据进行函数拟合,发现变量间存在高度相关关系(R^2 为 0.956),因此建立如式 7-26 所示的一元线性回归方程:

$$EI_{TMI}(t) = a_7 \cdot TP_{TMI}(t) + b_7 \qquad (7-26)$$

其中,$EI_{TMI}(t)$ 表示 t 时刻江苏传统制造业企业自身经费投入,$TP_{TMI}(t)$ 表示 t 时刻江苏传统制造业利润总额,a_7、b_7 是方程参数,通过函数拟合确定 a_7 为 0.148,b_7 为 428.417。

(12) 传统生产要素结构优化程度与相关要素变量间方程设计

针对传统生产要素结构优化程度(O_{ES})这一辅助变量,7.2.2 传统制造业要素子系统变量选取中提及其主要由数字技术、传统制造业人才、资本和技术要素结构等四项指标综合表征,并利用熵值权重法来确定,基于此,建立如 7-27 所示的方程:

$$O_{ES}(t) = w_1 \cdot TI_{ICT}(t) + w_2 \cdot \frac{DP_{TMI}(t)}{EN_{TMI}(t)} + w_3 \cdot \frac{DTI_{TMI}(t)}{EN_{TMI}(t)} + w_4 \cdot \frac{VIP_{TMI}(t)}{EN_{TMI}(t)}$$
$$(7-27)$$

其中,$O_{ES}(t)$ 表示 t 时刻江苏传统生产要素结构优化程度,$TI_{ICT}(t)$ 表示 t 时刻江苏 ICT 技术水平,$DP_{TMI}(t)/EN_{TMI}(t)$ 表示 t 时刻江苏传统制造业数字化人才要素结构,$DTI_{TMI}(t)/EN_{TMI}(t)$ 表示 t 时刻江苏传统制造业数字化资本要素结构,$VIP_{TMI}(t)/EN_{TMI}(t)$ 表示 t 时刻江苏传统制造业数字化技术要素结构,w_1、w_2、w_3、w_4 表示相应指标的权重。通过 2015—2020 年间 ICT 技术水平、传统制造业数字化专业人才数量、传统制造业从业人员数量、传统制造业数字化转型经费投入、传统制造业有效发明专利数量等变量数据,测算得出各指标权重分别为0.295、0.289、0.195、0.221。

(13) 传统制造业产品开发数量与传统生产要素、传统制造业数字化转型生态协同关系间方程设计

基于 7.2.3 传统制造业要素子系统因果关系分析,传统制造业产品开发数量主要受传统生产要素结构优化程度、传统制造业数字化转型生态协同关系强度的影响,并且根据《江苏统计年鉴》中 2015—2020 年传统制造业产品开发数量数据进行函数拟合,发现变量间存在高度相关关系(R^2 为 0.941),因此建立如式 7-28 所示的二元线性回归方程:

$$PDN(t) = a_8 \cdot O_{ES}(t) + b_8 \cdot SS_E(t) \quad (7-28)$$

其中,$PDN(t)$ 表示 t 时刻江苏传统制造业产品开发数量,$O_{ES}(t)$ 表示 t 时刻江苏传统生产要素结构优化程度,$SS_E(t)$ 表示 t 时刻江苏传统制造业数字化转型价值生态协同关系强度,a_8、b_8 是方程参数,通过函数拟合确定 a_8 为 3 108.379、b_8 为 264.418。

(14) 地区生产总值与相关产业产值间方程设计

在传统制造业要素子系统中,地区生产总值与传统制造业产值和 ICT 产业产值变量之间存在因果反馈关系,通过《江苏统计年鉴》中 2015—2020 年地区生产总值、传统制造业产值、ICT 产业产值数据进行函数拟合,发现变量间存在高度相关关系(R^2 为 0.987),因此建立如式 7-29 所示的二元线性回归方程:

$$GDP(t) = a_9 \cdot (IOV_{TMI}(t) + IOV_{ICT}(t)) + b_9 \quad (7-29)$$

其中,$GDP(t)$ 表示 t 时刻江苏地区生产总值,$IOV_{TMI}(t)$ 表示 t 时刻江苏传统制造业产值,$IOV_{ICT}(t)$ 表示 t 时刻江苏 ICT 产业产值,a_9、b_9 是方程参数,通过函数拟合确定 a_9 为 1.912、b_9 为 4 210.34。

(15) 财政支出与地区生产总值

根据 7.2.3 传统制造业要素子系统因果关系分析,财政支出与地区生产总值变量之间存在因果关系,并且根据《江苏统计年鉴》中 2015—2020 年江苏财政支出和 GDP 数据进行函数拟合,发现变量间存在高度相关关系(R^2 为 0.949),因此建立如式 7-30 所示的一元线性回归方程:

$$E(t) = a_{10} \cdot GDP(t) + b_{10} \quad (7-30)$$

其中,$E(t)$ 表示 t 时刻江苏财政支出,$GDP(t)$ 表示 t 时刻江苏地区生产总值,a_{10}、b_{10} 是方程参数,通过函数拟合确定 a_{10} 为 0.123、b_{10} 为 524.273。

3) 传统制造业关系子系统方程设计

(1) 传统制造业企业内业务数字化集成程度与相关变量间方程设计

在传统制造业数字化转型关系子系统中,针对传统制造业企业内业务数字化集成程度(DI_B)这一变量,借鉴相关学者研究,发现其主要受数字化基础设施和数据信息在企业内业务流程中流通性的影响,因此利用逻辑推断法建立如式7-31的方程:

$$DI_B(t) = D_I(t) \cdot DIC(t) \qquad (7-31)$$

其中,$DI_B(t)$表示t时刻江苏传统制造业企业内业务数字化集成程度,$D_I(t)$表示t时刻江苏新基建完善程度,$DIC(t)$表示数据信息流通性,其表现为企业数据接入端口的先进程度,用光纤(FTTH/0)接入端口数占互联网宽带接入端口总数的比例来表征。

(2) 传统制造业产业部门内数字化转型协同程度与新基建完善程度间方程设计

根据7.2.2和7.2.3传统制造业关系子系统变量选取及因果关系分析,传统制造业产业部门内数字化转型协同程度(C_{IE})与新基建完善程度之间存在因果关系,根据相关数据进行拟合,发现两两变量间存在高度相关关系(R^2为0.925),因此建立如式7-32所示的一元线性回归方程:

$$C_{IE}(t) = SF_{ICC} \cdot a_{11} \cdot D_I(t) + b_{11} \qquad (7-32)$$

其中,$C_{IE}(t)$表示t时刻江苏传统制造业产业部门内数字化转型协同程度,SF_{ICC}表示产业链协作支持因子,$D_I(t)$表示t时刻江苏新基建完善程度,a_{11}、b_{11}是方程参数,在利用熵权法测算出江苏传统制造业产业部门内数字化转型协同程度和新基建完善程度的基础上,通过函数拟合确定a_{11}为0.202,b_{11}为-28.960。

(3) 传统制造业产业部门间数字化转型协同程度与新基建完善程度间方程设计

在传统制造业关系子系统中,传统制造业产业部门间数字化转型协同程度(C_{II})与新基建完善程度之间存在因果关系,根据相关数据进行拟合,发现两两变量间存在高度相关关系(R^2为0.908),因此建立如式7-33所示的一元线性回归方程:

$$C_{II}(t) = a_{12} \cdot D_I(t) + b_{12} \qquad (7-33)$$

其中,$C_{II}(t)$表示t时刻江苏传统制造业产业部门间数字化转型协同程度,

$D_1(t)$ 表示 t 时刻江苏新基建完善程度,a_{12}、b_{12} 是方程参数,在利用熵权法测算出江苏传统制造业产业部门间数字化转型协同程度和新基建完善程度的基础上,通过函数拟合确定 a_{12} 为 0.246,b_{12} 为 -34.346。

(4) 传统制造业数字化转型价值生态协同关系强度与相关变量间方程设计

本书用传统制造业数字化转型价值生态协同关系强度(SS_E)这一变量从整体层面上来衡量数字化转型价值生态的协同关系,其由传统制造业企业内业务数字化集成程度(DI_B)、传统制造业产业部门内数字化转型协同程度(C_{IE})以及传统制造业产业部门间数字化转型协同程度(C_{II})综合表征,用熵值权重法确定,建立如式 7-34 所示的三元一次线性方程:

$$SS_E(t) = w_5 \cdot DI_B(t) + w_6 \cdot C_{IE}(t) + w_7 \cdot C_{II}(t) \tag{7-34}$$

其中,$SS_E(t)$ 表示 t 时刻江苏传统制造业数字化转型价值生态协同关系强度,$DI_B(t)$ 表示 t 时刻江苏传统制造业企业内业务数字化集成程度,$C_{IE}(t)$ 表示 t 时刻江苏传统制造业产业部门内数字化转型协同程度,$C_{II}(t)$ 表示 t 时刻江苏传统制造业产业部门间数字化转型协同程度,w_5、w_6、w_7 表示相应指标的权重,通过 2015—2020 年间传统制造业企业内业务数字化集成程度、传统制造业产业部门内数字化转型协同程度以及传统制造业产业部门间数字化转型协同程度的变量数据,测算得出各指标权重分别为 0.302、0.373、0.325。

7.3.2 政策优化仿真模型检验

本书构建系统动力学模型是为了对政府不同传统制造业数字化转型价值生态调控政策的影响机理进行系统仿真分析,而模型仿真结果与实际情况是否拟合是本研究开展进一步深入分析的前提条件,只有通过检验的模型才能有效反映价值生态的结构、特征,并对其演变趋势做出较为准确的预测。因此,本书主要通过以下方式对模型进行有效性检验。

1) 历史数据检验

利用客观的历史统计数据与模型模拟值进行比较,分析两者的误差率,验证模型的动态变化规律与现实情况是否符合,即验证本书所建立的系统动力学模型是否可以模拟出传统制造业数字化转型政策调控的现实情形。因此,本书选取传统制造业数字化转型价值生态动力学模型中的主要变量,对其模拟值与真实值的误差率进行检验,结果如表 7-5 所示。

表7-5 模型主要变量模拟值与真实值误差率检验表

变量		年份					
		2015	2016	2017	2018	2019	2020
传统制造业数字化专业人才数量	模拟值	62.06	64.02	66.40	69.23	72.58	76.43
	真实值	62.06	65.89	69.79	73.84	78.95	83.81
	误差率	0.00%	2.84%	4.86%	6.24%	8.07%	8.81%
传统制造业从业人员数量	模拟值	827.47	800.22	714.02	647.04	562.63	561.99
	真实值	830.15	819.41	749.96	689.39	610.47	616.16
	误差率	0.32%	2.34%	4.79%	6.14%	7.84%	8.79%
政府科技投资	模拟值	28.25	29.63	31.14	32.99	34.91	37.11
	真实值	27.83	29.63	31.43	33.23	35.03	36.83
	误差率	1.51%	0.00%	0.92%	0.72%	0.34%	0.76%
传统制造业企业自身经费投入	模拟值	1 122.06	1 151.87	1 186.69	1 224.16	1 265.25	1 311.21
	真实值	1 095.32	1 167.34	1 239.36	1 311.37	1 383.39	1 455.41
	误差率	2.44%	1.33%	4.25%	6.65%	8.54%	9.91%
金融机构贷款	模拟值	114.019	117.001	120.188	123.640	127.457	131.823
	真实值	109.290	116.030	122.770	129.510	136.250	142.990
	误差率	4.33%	0.84%	2.10%	4.53%	6.45%	7.81%
财政支出	模拟值	9 415.19	9 836.03	10 323.80	10 955.20	11 637.30	12 430.50
	真实值	9 687.58	9 981.96	10 621.00	11 657.40	12 573.60	13 681.60
	误差率	2.81%	1.46%	2.80%	6.02%	7.45%	9.14%
新基建完善程度	模拟值	489.59	515.00	541.89	574.15	606.78	643.37
	真实值	432.53	519.11	588.63	652.52	679.50	687.34
	误差率	13.19%	0.79%	7.94%	12.01%	10.70%	6.40%
传统制造业有效发明专利数量	模拟值	47 952.0	56 892.6	65 912.8	75 025.8	84 239.1	93 562.1
	真实值	47 952.0	65 151.0	75 694.0	85 343.0	93 292.0	98 776.0
	误差率	0.00%	12.68%	12.92%	12.09%	9.70%	5.28%

续表

变量		年份					
		2015	2016	2017	2018	2019	2020
传统制造业产品开发数量	模拟值	59 808.1	69 828.2	75 168.0	82 405.8	92 188.3	97 460.2
	真实值	57 204.0	64 029.0	69 653.0	80 291.0	95 797.0	102 826.0
	误差率	4.55%	9.06%	7.92%	2.63%	3.77%	5.22%
传统制造业产值	模拟值	26 434.8	27 571.2	28 897.9	30 326.1	31 891.8	33 643.4
	真实值	26 434.8	27 813.3	31 698.4	33 885.2	34 891.7	35 404.4
	误差率	0.00%	0.87%	8.83%	10.50%	8.60%	4.97%
地区生产总值	模拟值	72 283.90	76 040.90	80 120.10	85 139.20	90 342.10	96 297.60
	真实值	71 255.90	77 350.90	85 869.80	93 207.60	98 656.80	102 718.90
	误差率	1.42%	1.69%	6.70%	8.66%	8.43%	6.25%
ICT产业产值	模拟值	9 168.52	9 963.27	10 834.70	11 848.60	12 974.20	14 209.60
	真实值	9 168.52	9 678.47	11 131.90	12 899.30	14 509.90	15 983.60
	误差率	0.00%	2.94%	2.67%	8.15%	10.58%	11.10%
ICT产业从业人员数量	模拟值	182.49	183.59	170.73	172.61	179.17	187.06
	真实值	182.49	169.65	171.45	177.97	185.80	187.84
	误差率	0.00%	8.22%	0.42%	3.01%	3.57%	0.42%

此外,采用相关系数法,具体公式如式 7-35 所示,以观察模型主要变量的模拟值和真实值间的拟合程度。

$$R^2 = 1 - \frac{\sum_{i=1}^{n}(x_i - y_i)}{\sum_{i=1}^{n}(x_i - \bar{x}_i)} \tag{7-35}$$

其中 x_i 表示真实值,y_i 表示模拟值,$\bar{x}_i$ 表示真实数据的平均值,n 为模拟的时间年数。

表 7-6 模型主要变量模拟值与真实值拟合度检验表

变量	R^2
传统制造业数字化专业人才数量	0.996
传统制造业从业人员数量	0.996

续表

变量	R^2
政府科技投资	0.992 8
传统制造业企业自身经费投入	0.994 7
金融机构贷款	0.995 1
财政支出	0.994 8
新基建完善程度	0.95
传统制造业有效发明专利数量	0.963 7
传统制造业产品开发数量	0.977 4
传统制造业产值	0.898 4
地区生产总值	0.966 1
ICT产业产值	0.992 3

如表7-5、7-6所示，本书选择传统制造业数字化专业人才及从业人员数量、政府科技投资、企业自身经费投入、新基建完善程度、有效发明专利数量、传统制造业产品开发数量、传统制造业产值、地区生产总值、ICT产业产值等关键指标进行历史数据检验，可以看出上述变量的模拟值与仿真值的误差率绝大部分小于10%，而且数据变化趋势基本吻合，同时模型的关键变量真实值和模拟值的拟合度较高，这些表明了本书所构建的传统制造业数字化转型价值生态仿真模型合理有效，可以较好地模拟现实情况，进一步反映了该模型后续的仿真结果也具备一定的参考价值。

2）灵敏度检验

在构建传统制造业数字化转型价值生态动力学模型过程中，部分变量参数的定量化带有一定的主观性和模糊性，如产业链协作支持因子等，因此有必要分析这些不确定性变量发生突变时对其他变量产生的影响来检验所构建系统的稳定性。而灵敏度分析便是通过调整参数值、观测参数值变动引起的输出变量变动程度来衡量参数的灵敏程度，以此检验系统的稳定性。一般，对于稳定的仿真系统而言，其参数和变量是不灵敏的，若某一参数变动对系统其他变量或参数产生较为强烈的影响，则说明系统模型较不稳定，模拟仿真结果可能会出现较大误差。因此，本书利用灵敏度分析来检验传统制造业数字化转型价值生态动力学模型的稳定性。

本书选取人才培养投入因子、财政支持因子、税率影响因子、知识产权保护因子、产业链协作支持因子等参数变量,参数取值均变化±10%,研究其对传统制造业数字化专业人才数量、传统制造业有效发明专利数量、传统制造业产值、ICT产业从业人员数量、ICT产业产值等变量的影响,并用5个状态变量的灵敏度均值来代表其灵敏度,结果如图7-20所示。

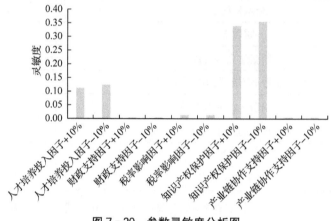

图7-20 参数灵敏度分析图

根据图7-20可以看出,人才培养投入因子、财政支持因子、税率影响因子、知识产权保护因子、产业链协作支持因子等参数的灵敏度值均小于1,说明本书所构建的传统制造业数字化转型价值生态政策优化系统仿真模型对于这些参数变量的变化是稳定的,不会因为参数小范围变动引起系统异常变化甚至引起系统崩溃。模型具有较好的稳定性,上述参数均为有效设置,且可以用于后续的仿真模拟。

7.3.3 政策优化仿真模型运行

在确定所建立的传统制造业数字化转型价值生态动力学模型有效性的基础上,本书利用 Vensim 仿真软件进行模型的仿真实验,对该价值生态政策优化仿真模型的主要变量包括传统制造业产值、地区生产总值、ICT产业产值、传统制造业数字化转型价值生态协同关系强度、传统制造业数字化专业人才数量、传统制造业数字化转型经费投入、传统制造业有效发明专利数量、传统生产要素结构优化程度等进行模拟仿真,仿真时限为2015—2030年,得到的结果分别如图7-21至7-24所示。

图7-21所示的是江苏省2015—2030年传统制造业数字化转型生态系统中传统制造业产值、ICT产业产值和地区生产总值的趋势演变仿真结果。从整体来

看,在现有的政策实施背景下,江苏省传统制造业产值、ICT 产业产值均呈现出逐年上升的趋势,且增速逐渐明显,并且复合正向促进江苏省区域经济的持续快速发展。

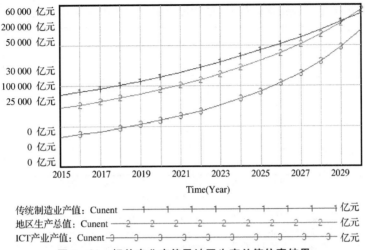

图 7-21 相关产业产值及地区生产总值仿真结果

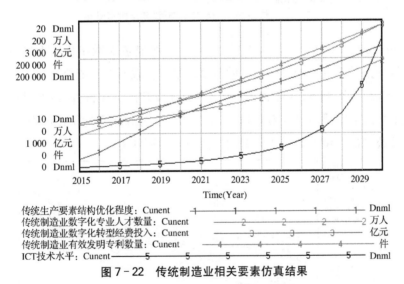

图 7-22 传统制造业相关要素仿真结果

图 7-22 所示的是江苏省 2015—2030 年传统制造业生产要素及要素结构优化程度的趋势演变仿真结果。从图可以看出,在仿真时限内,传统制造业产业中数字化专业人才数量、数字化转型经费投入、有效发明专利数量等表征高级生产要素的指标保持增长态势。其中,传统制造业数字化专业人才数量变量值以相对稳定的速率增长,表明未来江苏省传统制造业数字化转型会吸引更多的专业型人才集

聚。同时,基于一定程度的知识产权保护,江苏省传统制造业拥有的有效发明专利数量也在持续增长,这也表明传统制造业技术水平不断提高。此外,以 ICT 技术为核心的数字技术水平也以较快速度提升,赋能传统制造业实现要素结构优化。

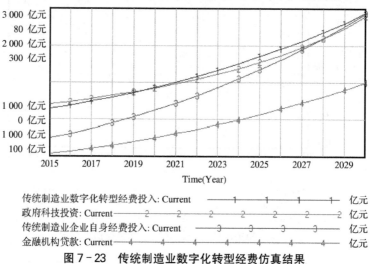

图 7-23　传统制造业数字化转型经费仿真结果

图 7-23 所示的是江苏省 2015—2030 年传统制造业数字化转型经费投入总额及其筹集渠道等变量随时间变化的仿真结果。在政府财政资金支持、税收优惠、金融支持等政策影响下,江苏省传统制造业通过政府、企业自身、金融机构贷款三种渠道筹集的数字化转型经费均以不同的增幅呈现出持续上升的趋势,综合促进江苏省传统制造业用于数字化转型的经费投入总额的提升。

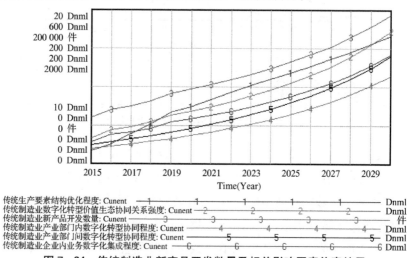

图 7-24　传统制造业新产品开发数量及相关影响因素仿真结果

图 7-24 所示的是江苏省 2015—2030 年传统制造业新产品开发数量相关变量的演变趋势仿真结果。传统制造业要素结构优化程度不断提升,同时在新型基础设施以及产业链协作支持的影响下,传统制造业企业内业务数字化集成程度、跨企业甚至跨产业间协同数字化转型程度均持续提高,而这三者复合正向影响传统制造业数字化转型生态系统整体协同关系强度呈现出提高的态势。在要素结构和协同关系强度的综合影响下,传统制造业新产品开发数量呈现出逐年上升变化趋势,并直接影响着传统制造业产值的提高。

7.4 江苏传统制造业数字化转型价值生态政策优化仿真分析

传统制造业数字化转型价值生态政策优化的目的在于通过调整政府不同政策组合来实现整个江苏省传统制造业数字化转型生态系统价值创造水平的最大化。基于此,本节聚焦于研究如何调整政策组合以及调整后的政策调控效果如何。在对政策优化目标进行情景设计的基础上,本节依据江苏省相关政策规划对政策组合方案进行设计,并选取最具代表性的政策组合方案进行仿真模拟,分析不同情景下政策组合方案的实施效果,确定实现江苏省传统制造业数字化转型价值生态价值创造水平最大化的最优政策组合。

7.4.1 基于"要素—关系"的目标情景设计

本书所构建的江苏传统制造业数字化转型价值生态政策优化仿真模型,核心要义是在政府不同政策组合调控下,以 ICT 技术为代表的数字技术和新基建为传统制造业提供技术与平台支撑,赋能其实现要素结构优化以及企业内业务数字化集成、跨企业和跨产业间协同数字化转型,复合促进传统制造业数字化转型创造和获取最大化价值效益,进一步实现江苏省经济高质量发展。因此,本书针对江苏传统制造业数字化转型价值生态,以"要素—关系"为导向进行政策优化的仿真目标情景设计。

1) 目标情景设计原则

在设计江苏传统制造业数字化转型价值生态政策优化仿真的目标情景时,首先应满足以下四个原则。

(1) 系统性原则

针对江苏传统制造业数字化转型价值生态的政策优化研究是一项复杂的系统性工程,是在政策组合调控下,实现数字化转型要素稳定投入、要素结构优化以及企业间协同数字化转型,并共同实现数字化转型价值创造水平最大化。因此,目标情景设计要能够系统性地反映传统制造业数字化转型价值生态中的要素维度特征、关系维度特征以及价值效益特征。

(2) 科学性原则

在设计目标情景时,应坚持科学性原则,确保能够通过观察或者定量测度等方式得出明确结论。目标情景可复杂但不能相互重叠,应具有较强的现实可操作性和可比性,并能够科学地、客观地反映传统制造业数字化转型价值生态的政策优化效果。

(3) 典型性原则

在目标情景设计中,能够表征传统制造业数字化转型价值生态政策优化目标的指标有很多,将所有指标纳入目标情景设计中,不仅不切实际,而且会使操作过程变得冗余复杂。因此,选择能够表征传统制造业数字化转型价值生态政策优化效果的关键性、代表性、典型性的指标,据此来进行政策优化目标情景设计。

(4) 可操作性原则

在依托相关指标进行政策优化目标情景设计时,应确保指标的可操作性,即力求指标数据是可获得的和准确的。只有这样,才能使目标情景设计尽量符合客观情况,具有较好指示作用。

2) 目标情景设计过程

在以"要素—关系"为导向进行江苏传统制造业数字化转型价值生态政策优化仿真的目标情景设计时,需要兼顾传统制造业数字化转型价值生态中要素、关系以及价值创造等三方面的指标。

首先在要素方面,考虑到劳动力中涵盖了技术、资本要素,因此,本书利用劳动力来设计要素维度的政策仿真目标。劳动生产率直接表现了每个劳动者在单位时间内生产的产品数量,也即体现了传统制造业中劳动者在数字化转型中创造经济价值的效率,用传统制造业的总产值与从业人员平均人数的比值表示。而劳动生产率增长率则主要体现了一定时间段内劳动生产率的变化情况,也即数字化转型价值创造效率的变化情况[129]。因此,本书用劳动生产率增长率这一指标来衡量传统制造业因数字化转型凝结在产品中的价值创造效率提升情况。《江苏省"十四五"制造业高质量发展规划》等政策文件指出传统制造业劳动生产率增长率要高于产业增加值增速,因此本书以当前劳动生产率增长率水平 5.54% 为起点,以 10% 为发展目标,将江苏省传统制造业数字化转型价值生态劳动生产率增长率分成 3 个阶段,如表 7-7 所示。

表 7-7 劳动生产率增长率阶段划分表

发展阶段	劳动生产率增长率区间
L(Ⅰ)	[0.055,0.07)
L(Ⅱ)	[0.07,0.085)
L(Ⅲ)	[0.085,0.1)

其次在关系层面,在传统制造业数字化转型价值生态中,传统制造业不同企业处于业务单元级、流程级、网络级等不同数字化转型阶段,也同时涵盖了企业内业务数字化集成、产业内以及跨产业协同数字化转型等关系,而传统制造业数字化转型价值生态协同关系强度(SS_E)正是传统制造业企业内业务数字化集成程度(DI_B)、传统制造业产业部门内数字化转型协同程度(C_{IE})以及传统制造业产业部门间数字化转型协同程度(C_{II})的综合体现。因此,本书主要利用传统制造业数字化转型价值生态协同关系强度增长率这一指标来衡量江苏传统制造业数字化转型协同关系强度的提升情况,当前价值生态协同关系强度增长率水平为 0.11,以 0.45 为发展目标,将江苏省传统制造业数字化转型价值生态协同关系强度增长率划分成 3 个阶段,如表 7-8 所示。

表 7-8 价值生态协同关系强度增长率阶段划分表

发展阶段	价值生态协同关系强度年均增长率区间
S(Ⅰ)	[0,0.15)
S(Ⅱ)	[0.15,0.3)
S(Ⅲ)	[0.3,0.45)

最后在价值维度,构建传统制造业数字化转型价值生态的目的在于,创造并获取最大化数字化转型价值效益,表现为产业和经济发展,而 GDP 增速正是传统制造业数字化转型促进区域经济发展的直观表示。因此,本书利用 GDP 增速这一指标来设计价值维度的政策仿真目标,用以表征江苏经济发展水平的变化程度。《江苏省国民经济和社会发展第十四个五年规划和二〇三五年远景目标纲要》提出要

保持地区生产总值年均增长 5.5% 左右。通过统计并测算 2015—2020 年江苏省 GDP 增速情况,发现江苏省 GDP 年均增速约为 6.68%,而 2021 年甚至达到了 8.6%。因此,结合规划和江苏省 GDP 增速现实情况,本书将江苏省 GDP 增速划分成 3 个阶段,如表 7-9 所示。

表 7-9 江苏省 GDP 增速阶段划分表

发展阶段	GDP 增速区间
G(Ⅰ)	[5.5%,7%)
G(Ⅱ)	[7%,8.5%)
G(Ⅲ)	8.5% 及以上

通过上述分析,本书主要以"要素—关系"为导向,根据劳动生产率增长率、价值生态协同关系强度增长率以及 GDP 增速三个指标进行目标情景设计,以衡量不同政策组合的政策调控效果。通过对江苏省劳动生产率增长率、价值生态协同关系强度增长率、GDP 增速三个指标进行阶段划分,共有 27 种情景组合。为了避免重复性操作,本书从中选取具有代表性的组合并将其归纳为 6 种目标情景,分别是基准情景、要素或关系导向型、要素—关系型、要素—价值型、关系—价值型以及均衡型情景。

当三个指标均处于第一阶段时,为基准情景。要素或关系导向型情景是指劳动生产率增长率或者价值生态协同关系强度增长率指标所处阶段分别优于其他两个指标,这表明了仅仅能实现传统制造业要素稳定投入或者协同数字化转型,但无法实现价值创造水平最大化。要素—关系型情景是指劳动生产率增长率和价值生态协同关系强度增长率两个指标处于相同阶段,这表明了兼顾传统制造业要素投入和协同数字化转型,共同进行数字化转型价值创造。要素—价值型情景是指劳动生产率增长率和 GDP 增速所处阶段高于价值生态协同关系强度增长率所处阶段,表明数字化转型价值创造水平的提升主要依托要素维度。关系—价值型情景是指价值生态协同关系强度增长率和 GDP 增速所处阶段高于劳动生产率增长率所处阶段,表明关系维度的协同数字化转型对价值创造水平的提升产生更大的作用。均衡型情景是指三个指标同处于第二或第三阶段,表明实现了传统制造业要素稳定投入、协同数字化转型以及价值效益获取的均衡发展。最终形成的目标情景划分表,如表 7-10 所示。

表 7-10 目标情景划分表

目标情景	情景描述
基准情景	$L(\mathrm{I}), S(\mathrm{I}), G(\mathrm{I})$
要素或关系导向型情景	$L(\mathrm{III}), S\in(\mathrm{I},\mathrm{II}), G\in(\mathrm{I},\mathrm{II})$
	$S(\mathrm{III}), L\in(\mathrm{I},\mathrm{II}), G\in(\mathrm{I},\mathrm{II})$
要素—关系型情景	$L(\mathrm{I}), S(\mathrm{I}), G(\mathrm{II})$ 或 $L(\mathrm{II}), S(\mathrm{II}), G(\mathrm{III})$
要素—价值型情景	$L(\mathrm{III}), S(\mathrm{II}), G(\mathrm{III})$
关系—价值型情景	$L(\mathrm{I}), S(\mathrm{II}), G(\mathrm{II})$
均衡型情景	$L(\mathrm{II}), S(\mathrm{II}), G(\mathrm{II})$ 或 $L(\mathrm{III}), S(\mathrm{III}), G(\mathrm{III})$

7.4.2 基于正交试验法的政策组合方案设计

1) 政策组合方案设计依据

江苏传统制造业数字化转型价值生态政策优化的关键在于调整不同政策组合的配置来实现整个江苏省传统制造业数字化转型生态系统价值创造水平的最大化,因此重点在于如何调整政策组合以及调整后的政策调控效果如何。前文重点研究了人才培养、财政支持、税收优惠、金融支持、知识产权保护、新基建、产业链等政策对江苏省传统制造业数字化转型生态价值创造水平的影响作用。基于此,本书主要依据全国和江苏省的相关战略规划以及江苏省相关政策执行水平现状和增速来设置各政策变量的调整水平,分别取当前执行水平、适中的政策规划水平以及按照一定增速设定的最高水平。

在要素类政策中,人才培养政策主要体现在人才教育支出的调整。根据江苏省 2020 年的教育经费执行情况公告,人才教育经费支出占财政支出比例比 2019 年提高了 0.18%,因此,本书以这个增速来设定取值范围,分别是当前执行水平 3.7%、适中的政策规划水平 4.6% 以及按照一定增速设定的最高水平 6.0%。对于财政支持政策,根据《江苏省"十四五"科技创新规划》,到 2025 年,全省研发经费投入占地区生产总值比重达 3.2%,因此,本书以这个增速来设定政府财政支出中对传统制造业的政府资金投入占比的取值范围,分别是当前执行水平 0.3%、适中的政策规划水平 3.2% 以及按照一定增速设定的最高水平 6.2%。对于税收优惠,江苏省政府出台了将传统制造业企业研发费用加计扣除比例提高到 100% 等一系列减税政策,因此根据统计数据的增速趋势,本书设定税率影响因子的水平分别为

0.399、0.386、0.375。对于金融支持政策,《江苏省"十四五"制造业高质量发展规划》指出,鼓励金融机构加大对传统制造业中长期贷款的投放力度,因此根据统计数据变化趋势,本书设定金融支持影响系数的取值范围,分别是当前执行水平0.003、适中的政策规划水平0.008以及按照一定增速设定的最高水平0.012。对于知识产权保护政策,江苏省于2022年1月出台的《江苏省知识产权促进和保护条例》提出赋予企业在信息技术等重点领域研究与创新的完成人产权所有权或长期使用权、并依托产权参与行业标准制定等系列措施强化产权高标准保护。因此,基于目前政府对知识产权保护的重视程度和增速,本书设定知识产权保护因子的取值范围,分别是0.372、0.435、0.498。

针对关系类政策,对于数字化转型新基建政策,《江苏省"十四五"新型基础设施建设规划》指出要加大5G基站、大数据中心、工业互联网平台、省级以上创新平台等新基建力度。因此,基于目前江苏政府对新基建的重视程度和统计数据变化趋势,本书设定新基建投入因子的取值范围,分别是当前执行水平0.059、适中的政策规划水平0.066以及按照一定增速设定的最高水平0.073。对于产业链政策,江苏省在《江苏省"产业强链"三年行动计划(2021—2023年)》等政策文件中指出要依托产业链协作平台等载体促进产业链上全链条企业实现数字化协作,形成数字化产业生态。因此,基于江苏政府对产业链协作的重视程度,本书设定产业链协作支持因子的取值范围,分别是0.5、0.514、0.519。

2) 政策组合方案设计过程

通过上述对相关政策取值水平的设定,若采取全面实验法则需要进行2187次政策组合模拟实验,鉴于模拟实验次数过多,本书基于正交试验法,选出部分具有代表性的政策组合,进行后续模拟仿真。正交试验法是用正交表来处理多因素试验的一种研究设计方法,主要优点便是在众多试验方案中挑选出极具代表性的少数方案,进而根据试验结果确定出最优方案。因此,本书通过SPSS软件最终得到了针对7种调控政策的3种执行水平下的$L_{18}(3^7)$正交试验表,如表7-11所示。

表7-11 政策组合正交试验表

方案	人才培养投入因子	财政支持因子	税率影响因子	金融支持因子	知识产权保护因子	新基建投入因子	产业链协作支持因子
1	0.060	0.062	0.399	0.003	0.435	0.066	0.514
2	0.037	0.003	0.399	0.003	0.372	0.059	0.500

续表

方案	人才培养投入因子	财政支持因子	税率影响因子	金融支持因子	知识产权保护因子	新基建投入因子	产业链协作支持因子
3	0.060	0.032	0.399	0.012	0.372	0.059	0.519
4	0.046	0.003	0.399	0.008	0.498	0.066	0.519
5	0.060	0.003	0.386	0.008	0.498	0.059	0.514
6	0.037	0.062	0.386	0.008	0.372	0.066	0.500
7	0.046	0.062	0.399	0.012	0.498	0.073	0.500
8	0.060	0.032	0.386	0.003	0.498	0.073	0.500
9	0.037	0.003	0.386	0.012	0.435	0.073	0.519
10	0.037	0.032	0.375	0.003	0.498	0.066	0.519
11	0.060	0.062	0.375	0.008	0.372	0.073	0.519
12	0.046	0.032	0.375	0.003	0.372	0.073	0.514
13	0.037	0.062	0.375	0.012	0.498	0.059	0.514
14	0.060	0.003	0.375	0.012	0.435	0.066	0.500
15	0.046	0.032	0.375	0.008	0.435	0.059	0.500
16	0.037	0.032	0.399	0.008	0.435	0.073	0.514
17	0.046	0.032	0.386	0.012	0.372	0.066	0.514
18	0.046	0.062	0.386	0.003	0.435	0.059	0.519

7.4.3 政策组合方案及目标情景仿真模拟分析

1) 政策组合方案仿真模拟

根据前文所构建的传统制造业数字化转型价值生态动力学模型对上述 18 种政策组合方案进行仿真模拟，并根据仿真数据计算劳动生产率增长率、价值生态协同关系强度增长率和 GDP 增速三个指标的模拟结果，如表 7-12 所示。

表 7-12 18 种政策组合方案的仿真模拟结果

方案	劳动生产率增长率	价值生态协同关系强度增长率	GDP 增速
1	0.065	0.15	7.25%
2	0.055	0.11	5.60%
3	0.057	0.11	5.64%

续表

方案	劳动生产率增长率	价值生态协同关系强度增长率	GDP 增速
4	0.077	0.15	7.25%
5	0.058	0.11	5.65%
6	0.089	0.15	7.25%
7	0.088	0.30	9.04%
8	0.076	0.29	8.98%
9	0.098	0.29	8.99%
10	0.090	0.15	7.28%
11	0.076	0.29	8.98%
12	0.087	0.28	8.92%
13	0.085	0.12	5.75%
14	0.064	0.14	7.21%
15	0.071	0.11	5.67%
16	0.098	0.29	9.01%
17	0.077	0.15	7.23%
18	0.084	0.11	5.69%

根据上述 18 种政策组合方案的模拟结果，依照目标情景设计对政策组合方案进行归类，来衡量与分析各种政策组合方案的调控效果，结果如表 7-13 所示。

表 7-13 政策组合方案的目标情景结果

目标情景	政策组合方案
基准情景	方案 2、3、5
要素或关系导向型情景	方案 6、10、13、15、18
要素—关系型情景	方案 8、11、14
要素—价值型情景	方案 9、12、16
关系—价值型情景	方案 1
均衡型情景	方案 4、7、17

从仿真模拟结果来看，在不同的政策组合下，仿真结果存在较大的差异。这也表明了在不同的政策组合作用下，传统制造业数字化转型生态价值创造水平存在一定的差异。其中值得注意的是方案 2 代表了政府现有政策的执行水平，而方案

3、5虽然在现有政策执行水平基础上进行了一定程度的调整,但作用力度比较有限,劳动生产率增长率、价值生态协同关系强度增长率和GDP增速指标只产生小幅度改善,仍处于基准情景。

  对于要素或关系导向型情景,方案13、15和18的共同点在于通过加大财政资金支持、税收优惠、知识产权保护力度,使劳动生产率增长率优于基准水准,但是均忽视了传统制造业产业链上下游跨企业甚至跨产业的协同数字化转型,导致区域经济发展状况没有得到明显的提升,即价值生态协同关系强度增长率和GDP增速均处于第一阶段。而方案6和10在财政资金支持、税收优惠等优于基准水准的情况下加大了新基建投入力度,促进传统制造业数字化转型价值生态协同关系强度提升,也促进了区域的经济发展,使这两个指标均处于第二发展阶段。

  在要素—关系型情景中,方案8、11增加了对人才培养投入、财政资金支持、税收优惠以及新基建投入力度的调控力度,使得劳动生产率增长率和价值生态协同关系强度增长率均处于第二发展阶段,同时兼顾传统制造业要素投入和协同数字化转型,使GDP增速处于第三发展阶段,即实现经济的快速发展。方案14也是通过加大一定程度的人才培养、税收优惠、金融支持和新基建投入,实现在现有条件下共同数字化转型的价值创造。

  在要素—价值型情景中,政策组合9、12、16在人才培养、财政资金支持、税收优惠、金融支持、知识产权保护等政策方面加大了调控力度,使劳动生产率增长率和GDP增速处于第三发展阶段,依靠稳定的数字化转型要素投入来实现数字化转型价值创造水平的提升。方案1属于关系—价值型情景,主要通过加大对新基建投入和产业链协作的支持力度,侧重于依靠企业内、企业间以及跨产业的协同数字化转型来对价值创造水平的提升起到促进作用。

  在均衡型情景中,方案4和17的共同点在于增加了对人才培养投入、金融支持、新基建投入和产业链协作的支持力度,在稳定促进传统制造业数字化转型要素投入的同时,提高了传统制造业数字化转型价值生态协同关系强度,也促进了区域经济同步发展。而政策组合7在现有政策执行水平的基础上,加大了对人才培养、财政资金支持、金融支持、知识产权保护、新基建的投入力度,其政策调控效果表现为综合提高传统制造业数字化转型价值创造效率和跨企业、跨产业的数字化协同合作,并最大程度地促进了传统制造业产值提高和区域经济可持续发展。此外,值得注意的是,该方案GDP增速期望值为9.04%。而根据相关统计数据,江苏省从2015年以来,GDP年增速最高为8.6%,因此要想实现从基准到理想情景的跨越式发展,仍需多方主体共同努力。

2) 目标情景仿真结果分析

基于上述分析,本书分别从要素或关系导向型、要素—关系型、要素—价值型、关系—价值型、均衡型和基准情景中选取代表性的政策组合方案进行仿真模拟,研究不同政策组合对江苏传统制造业数字化转型价值生态的调控作用。具体地,分别选择方案10、方案11、方案16、方案1、方案7与方案2进行仿真模拟,结果如图7-25至7-38所示。

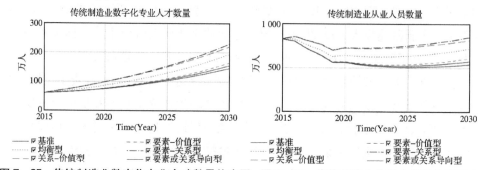

图7-25 传统制造业数字化专业人才数量仿真图　图7-26 传统制造业从业人员数仿真图

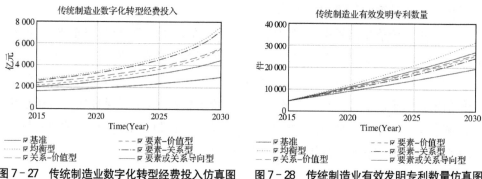

图7-27 传统制造业数字化转型经费投入仿真图　图7-28 传统制造业有效发明专利数量仿真图

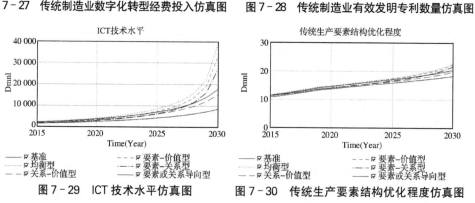

图7-29 ICT技术水平仿真图　图7-30 传统生产要素结构优化程度仿真图

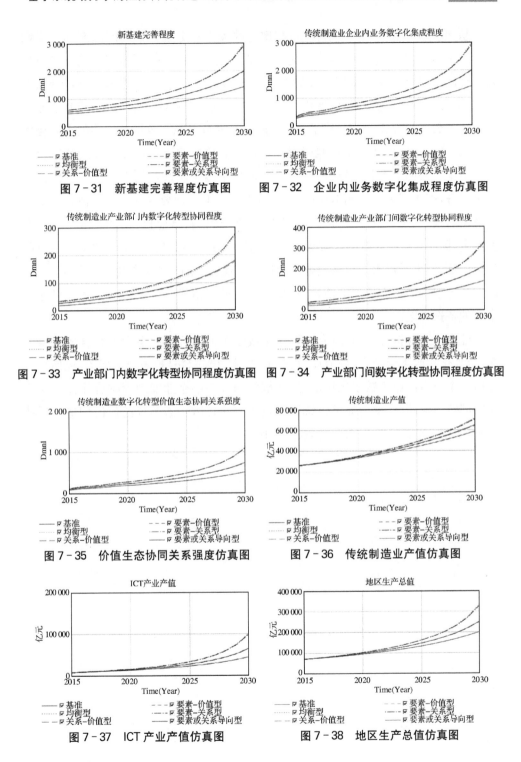

图 7-31　新基建完善程度仿真图
图 7-32　企业内业务数字化集成程度仿真图
图 7-33　产业部门内数字化转型协同程度仿真图
图 7-34　产业部门间数字化转型协同程度仿真图
图 7-35　价值生态协同关系强度仿真图
图 7-36　传统制造业产值仿真图
图 7-37　ICT产业产值仿真图
图 7-38　地区生产总值仿真图

从图 7-25 至 7-38 可以看出,在现有政策水平上进行的不同范围和力度调整的政策组合,其政策调控效果均优于基准情景。对比五种不同情景,均衡型情景是最优政策组合方式,在现有政策执行水平上,增加了人才培养投入、财政支持、金融支持、知识产权保护以及新基建投入的调控力度,即精准针对江苏传统制造业数字化转型数字化人才、资本、技术、新基建需求,充分考虑了政策调控范围和调控力度的双重效应,实现数字化转型要素稳定投入和传统要素结构优化以及数字化转型价值生态协同关系强度提升,共同复合促进了传统制造业数字化转型价值创造水平提升,即表现为传统制造业产值和 GDP 的提升。而要素—关系型情景增加了人才培养投入、财政资金支持、税收优惠、金融支持、新基建投入、产业链协作的调控力度,同时兼顾数字化转型要素投入和协同数字化转型发展,虽然政策调控范围较为广泛,但无需很大的政策调整力度便可实现良好的政策调控效果。因此,在未能实现理想的均衡型情景的前提下,要素—关系型情景的政策组合方案也可作为未来的备选方案。

综合上述分析,江苏政府有必要基于政策类型组合和政策力度组合的双重效应,合理优化政策组合,实现劳动力、资本、技术、设施等要素的合理配置,促使传统制造业企业内部业务数字化集成、产业部门内大中小企业实现紧密合作以及跨产业协同数字化转型,进而促进传统制造业数字化转型生态系统的价值创造水平的提升,实现产业产值的提高和区域经济持续发展。

第八章

面向江苏传统制造业数字化转型的价值生态构建政策建议和对策措施

为有效解决第三章提出的江苏传统制造业数字化转型政策实施存在的数字化人才培养与引进的配套政策制定较为滞后、产业技术政策未能有效提升数字技术支撑能力、缺乏操作性的产业链政策实施细则等问题,本章根据第六章基于价值生态能级跃迁的转型路径设计及第七章江苏传统制造业数字化转型价值生态构建政策仿真结果,从江苏传统制造业数字化转型的本质出发,围绕扩大数字化转型要素投入、强化组织间数字化协同关系、构建有机协同的价值生态等目标,一方面从产业人才培养试点项目政策、产业技术政策、产业财税政策、产业组织政策、产业激励政策等政策类型出发,针对江苏传统制造业数字化转型价值生态构建的最优政策组合制定具体的政策建议;另一方面,从数字化人才培养、数字化资金吸聚、数字化知识产权保护、企业数字化协同、数字化技术创新和应用推广等方面提出针对性的对策措施,为江苏传统制造业数字化转型价值生态构建提供实践支撑。

8.1 江苏传统制造业数字化转型价值生态构建政策建议

基于第七章对政策作用机理进行分析得到的数字化人才培养、财政支持、金融支持、知识产权保护及新基建投入的最优政策组合,本节需要进一步制定细化的具体政策,才能有效解决第三章提出的江苏传统制造业数字化转型政策实施存在的数字化人才培养与引进的配套政策制定较为滞后、产业技术政策未能有效提升数字技术支撑能力、缺乏操作性的产业链政策实施细则等问题。因此,本节从产业人才培养试点项目政策、产业技术政策、产业财税政策、产业组织政策、产业激励政策等政策类型出发,针对江苏传统制造业数字化转型价值生态构建的最优政策组合,制定具体的政策建议。

8.1.1 强化复合型数字化人才支撑,落实产业人才培养试点项目政策

传统制造业数字化转型是一项复杂的系统性工程,传统的劳动力资源难以满足数字化转型需求,而江苏目前兼备数字技术和制造技术知识的复合型数字化人才缺口仍较大。相关研究报告显示,长三角地区传统制造业数字化专业人才渗透率仅为5%~10%,远低于ICT行业;江苏省部分城市人才流失较严重,处于人才净流出状态。以江苏集成电路产业为例,2020年江苏集成电路产业产量达到836.5亿块,总产值超过2 000亿元,按产值同比例计算,到2023年,江苏省集成电

路人才缺口将超过 10 万人。因此,应强化复合型数字化人才支撑,落实人才培养和试点工程相关政策。

江苏政府应完善数字化人才培养政策,通过由江苏政府主导搭建的传统制造业数字化转型人才智库平台等,加大对数字化人才的培养与引进力度,为江苏传统制造业数字化转型提供坚实的数字化人才支撑。具体地,发挥江苏省重大人才工程引领作用,搭建"智改数转"人才智库平台,加快建设一批高水平人才创新载体,聚焦"高精尖缺"引进"智改数转"领域的战略科学家、科技领军人才和创新团队。开展制造业"智改数转"人才培养试点,推进产教融合、校企合作,培养制造业"智改数转"卓越工程师及青年科技人才。实施数字化技能人才培训工程,依托工业互联网平台建设制造业数字化人才公共实训基地,培育一批高技能人才和大国工匠。组织举办各类专题培训班,营造引才聚才用才的良好氛围。

8.1.2 面向数字化技术研发及新场景应用,出台产业技术政策

传统制造业数字化转型的本质是实现数字技术与传统制造业的深度融合,而数字技术攻关和新场景应用在传统制造业数字化转型过程中尤为重要。然而,江苏省知识产权局统计数据显示,截止到 2021 年 9 月底,在我国数字经济领域专利申请量中,江苏省排名第二。但是江苏省在芯片、软件、核心元器件等核心技术领域的专利申请量偏少,控制系统、数据开发工具等领域的专利多为外围应用类,缺少核心专利,反映出江苏省传统制造业数字化转型所需的数字化关键核心技术水平有待进一步提升。并且与北京、广东、上海等省市相比,江苏省云服务技术应用水平提升空间较大。因此,应面向数字化技术研发及新场景应用,出台产业技术政策。

江苏政府需针对影响传统制造业数字化转型的关键共性技术攻关,搭建数字化共性技术池等平台;支持行业龙头骨干企业牵头建设工业软件攻关基地,开展关键软件核心技术攻关,打造安全可控的行业系统解决方案,奠定传统制造业数字化转型良性发展基础;省财政应对工业软件研发予以适当补助,对制造业企业应用安全可控的工业软件、行业系统解决方案等实施数字化改造予以适当支持。鼓励各地市加大对工业软件研发支持力度,并为工业软件攻关基地建设提供场地、人才、资金等支持。支持地市采取事后奖补方式支持工业软件"首版次"应用;鼓励高等院校、科研机构等使用安全可控的工业软件开展教学实验;通过完善相关的数字化创新成果知识产权保护制度,聚焦江苏传统制造业数字化关键共性技术,保护其数

字化技术创新成果转化及新场景应用。

8.1.3 以推动数字化资本多元化吸聚为目标,构建组合式产业财税政策

传统制造业数字化转型具备成本高、见效慢等特点,尤其对于江苏中小微型传统制造企业而言,往往因为过高的数字化转型成本而面临"不敢转"难题。对江苏有效推广数字化转型企业调研的结果显示,有28%的企业表示"比较满意",有28%和20%的企业表示"现在做判断为时尚早"和"中立",说明数字化转型是一项长期性工程,充满不确定性。因此,江苏政府有必要出台相关的金融财税政策,构建组合式产业税费政策,并且针对中小企业有一定程度的政策倾斜,保证传统制造业数字化转型充足的资金投入。如政府可以通过设立传统制造业数字化转型专项资金等充分发挥财政政策的引导作用,通过将数字化转型费用纳入研发费用加计扣除等税收优惠政策减少企业税务负担,并通过放宽信贷限制等金融支持政策增加传统制造业数字化转型的贷款额度,解决江苏传统制造业数字化转型资金投入短缺问题,提高传统制造业企业的数字化转型意愿。政府可以支持金融机构创新金融产品和服务,开设"专精特新"企业金融服务绿色通道,推动投贷联动;鼓励金融企业运用大数据探索产融合作新模式,推进基于工业互联网平台的产融协作服务创新;引导金融机构增加制造业中长期贷款,支持中小企业设备更新和技术改造;支持企业通过融资租赁方式开展"智改数转",融资租赁费用可享受同等财政补助政策。

8.1.4 以形成大中小企业协同价值生态为导向,强化产业组织政策制定

针对目前江苏传统制造业数字化转型中面临的诸如大中小企业间数字化转型的水平、速度差距大等问题,应强化龙头企业数字化成果的示范效应,促进传统制造业企业间协同数字化转型,促进江苏省传统制造业数字化转型价值生态稳步建设。然而,江苏目前的龙头企业试点示范数量仍需增加。从智能制造试点示范项目看,工信部最新一期授予的智能制造试点示范项目企业全国共307家,其中广东34家、山东25家、浙江25家,江苏仅19家,江苏在全国占比不到十分之一,与江苏工业大省地位不匹配。同时,龙头企业平台影响力还需提升。工信部2019年发布十大"双跨"工业互联网平台,江苏仅徐工汉云工业互联网平台上榜。因此,应以形

成大中小企业协同价值生态为导向,强化产业组织政策制定。

具体地,聚焦江苏传统优势制造产业,如纺织业、装备传统制造业等,优先打造重点产业链,即加大对相关产业链协作的支持力度,针对各产业搭建产业链上下游内循环协作平台,打通产业链上下游企业间的行政壁垒,鼓励龙头企业担任产业链"链主"地位,并带动产业链上下游中小企业实现数字化协作,促进大中小企业融通数字化转型,从而带动重点产业整体数字化水平提升。组织行业龙头企业、科研院所、技术专家总结"智改数转"成果和经验,加强技术交流,凝聚发展共识。积极开展多种形式精准化宣传推广对接,开展制造业"智改数转"环省行、区县行、进园区等活动,宣传制造业"智改数转"典型案例、解读相关政策,扩大示范带动效应。高质量举办世界智能制造大会、世界物联网博览会、中国(南京)国际软件产品和信息服务交易博览会、世界工业与能源互联网暨国际工业装备博览会等,打造专业化、国际化、高水平的"智改数转"交流合作平台。

8.1.5 围绕数字化新型基础设施建设,制定资费减免等产业激励政策

5G基站、工业互联网、数据中心等数字化新型基础设施,本质上是信息数字化的基础设施,通过不断拓展数字化新型基础设施应用的深度与宽度,可以为相关产业链上下游各企业间相互传递和获取数字化技术和信息奠定较好的基础条件,也为江苏传统制造业进行数字化转型价值生态建设提供坚实的技术和平台支撑。因此,江苏政府可以围绕数字化新型基础设施建设,制定自费减免等产业激励政策,加大对新基建的投入力度,营造良好的数字化转型氛围。

一方面,加快5G、物联网、千兆光网等新型网络规模化部署,支持企业开展内外网改造;鼓励电信运营商创新5G商业模式,制定面向工业应用的5G资费减免政策,降低企业内外网改造和使用成本,建设并推广工业互联网标识解析二级节点。另一方面,省级财政可以每年安排专项资金,采取贷款贴息、有效投入补助等方式,支持传统制造业企业对数字化新型基础设施的研发和应用。进一步提高效率,优化流程,加强动态评价,建立新基建项目库管理制度,试行"当年入库、优化安排、滚动调整",切实发挥好财政资金的引导作用。鼓励有条件的地方在省级财政补助的基础上给予一定比例的配套补助,形成政策叠加效应。研究制定"智改数转"费用纳入研发费用范围的政策,引导企业享受更多税收优惠政策。探索建立制造业"智改数转"成效评估指标体系,开展全省制造业"智改数转"监测工作,为政策研究、宏观决策等提供支撑。建立情况通报制度,定期反映各地工作目标任务完成

情况。邀请第三方咨询机构开展行业"智改数转"评估诊断,帮助解决行业转型过程中遇到的共性问题。强化数据要素支撑,探索推动工业数据的采集、传输、加工、存储和共享,促进数据开放利用,营造良好的数字化转型氛围。

8.2 江苏传统制造业数字化转型价值生态构建对策措施

传统制造业数字化转型价值生态建设是一项价值创造多主体参与的复杂、长期性工程,结合江苏传统制造业存在的数字化关键核心技术严重依赖进口、复合型数字化人才培养有待完善、大中小企业间尚未形成紧密的数字化转型协同关系等问题,基于8.1提出的江苏传统制造业数字化转型价值生态构建政策建议,本节进一步从数字化人才培养、数字化资金吸聚、数字化知识产权保护、企业数字化协同、数字化技术创新和应用推广等方面提出针对性的对策措施。

8.2.1 完善数字化人才培养体系以提供坚实智力队伍支撑

目前,江苏传统制造业数字化人才的缺口已经对江苏传统制造业数字化转型步伐产生一定的负面影响。因此,急需政府、企业、高校等多方主体参与,完善数字化人才培养体系,提供坚实智力队伍支撑。

首先,由江苏政府主导加强数字化人才标准研究。不同行业、不同企业传统制造业数字化转型对人才需求不同,涉及数字化领导型人才、数字化工匠型人才等,各种人才角色职责不相同,能力水平也参差不齐。因此,可由江苏政府部门主导进行统一的数字化人才标准建设,并提供官方认证服务,建立健全以创新能力、质量、实效、贡献为导向的科技人才评价机制和技能人才评价体系,完善人才价值实现机制,突破行业评价机制。其次,创新江苏传统制造业数字化人才培养模式。以当前及未来一段时间内江苏省传统制造业产业人才需求为导向,加强关键学科、交叉学科建设,深化科教结合、产教融合。针对数字经济发展涉及的"技术研发、软件设计、生产制造、经营管理、资本运作"等关键领域,适当的调整人才培养模式。政府应积极与企业、高校等创新性基地开展数字化转型学科建设或者增设数字化转型相关课程,鼓励有能力的企业与高校共建数字化人才培养模式,注重培养创新型、复合型、应用型人才,加快打造数字经济人才高地、培训基地,如"人才定制实验室"等,促进数字化人才孵化,培养与传统制造业数字化转型相适配的复合型人才。最后,重视数字化人才引进,加大人才引进力度。政府应主导制定数字经济领域"高精尖缺"人才目录清单,搭建传统制造业数字化转型人才智库平台、人才服务平台等,依托重大创新平台载体实施高端人才引进计划,加大国际一流人才和旗舰团队的引进力度,吸聚数字化转型领军人才和科技创新团队,并制定完善相应的人才引进保障政策。此外,政府应优化数字化人才配套服务,为提高江苏传统制造业对数字化人才的吸引力提供完善的人才梯队配套、科研条件配套服务,并建立健全收益分配制度,保障数字化人员的薪资水平,因地制宜创新人才服务工作,为人才提供职称评定、医疗、社会保险、住房、子女就学、配偶就业等消费优惠和便利服务。

8.2.2 健全以数字化技术成果为重点的知识产权保护体系

对于传统制造业而言,数字化转型的核心数字技术创新成果大多会以发明专利等知识产权形式表现出来,因此,知识产权是传统制造业数字化转型重要竞争力之一,其具有公开性特征。然而随着数字化转型价值生态的构建,跨企业间资源共享的强度逐渐加大,知识产权保护制度显得十分重要。因此,江苏政府有必要加大知识产权保护力度,并促进数字化转型创新成果转化。

一方面,针对传统制造业数字化转型领域,政府可以通过建立完善的知识产权管理制度、增强产权工作的指导力度、加大知识产权侵权的惩罚力度等方式构建完善的知识产权保护体系,保护江苏传统制造业数字化转型技术创新成果。另一方面,江苏政府可以主导建立"专利池",在数字化转型关键技术领域抢占制高点,并健全数字化转型知识产权转化机制,聚焦江苏传统制造业数字化转型关键共性技术攻关的保护以及数字化创新成果转化等领域,通过推进知识产权质押融资、知识产权证券化等方式,加快促进江苏传统制造业数字化技术创新成果市场化进程,提高江苏传统制造业数字化转型水平。

8.2.3 构建数字化转型资金多元化吸聚机制

在江苏传统制造业数字化转型过程中,资金投入也是影响数字化转型步伐的重要因素之一。部分传统制造业企业尤其是中小微型企业利润率较低,考虑到投资回报率等问题,往往不愿投入过多资金。因此,政府可以通过财政支持、企业数字化转型经费投入和社会资金注入等多元化吸聚方式,保障江苏传统制造业数字化转型资金的持续投入。

首先,加大对企业尤其是中小企业数字化转型投入的力度,如安排数字化转型专项资金等,引导专项资金用于工业传感器、工业软件等数字化共性技术研发与攻关;同时给予财政补贴,并鼓励江苏省级以下政府相关部门在省级财政补贴的基础上叠加一定的配套补助。其次,加大税收优惠力度,将数字化转型费用纳入企业研发费用范围加计扣除;对于小微企业,扩大增值税抵扣范围;通过传统制造业企业固定资产加速折旧等方式,提高传统制造业企业利润,并引导企业自身投入更多资金用于数字化转型行动。最后,充分发挥财政资金的引导作用,吸引更多社会资本向江苏传统制造业倾斜,如引导金融机构加大传统制造业中长期贷款,逐步加大对传统制造业数字化转型的投资力度;创新融资信贷服务、金融贷款担保机制等,引导天使投资、风险投资等;针对"专精特新"小巨人企业开通绿色通道,探索"云量贷""数据入股"等新型融资服务方式,提高江苏传统制造业尤其是中小企业获取社会资本支持的便利程度。

8.2.4 依托标杆引领促进工程和高端服务平台发挥龙头企业带动作用

为巩固提升江苏传统优势产业,需针对部分重点产业如纺织业、装备传统制造业等,优先重点发展,支持重点园区、龙头企业以及行业协会发挥自身优势牵头搭建数字化赋能平台,组建服务联盟,成立行业联合会,吸引中小企业积极参与,强化要素信息共享,打造一批"智改数转"生力军,通过加大对产业链协作的支持力度,推动产业链上下游企业融合发展,实现协同数字化转型。

具体地,针对江苏省传统制造业重点优势产业,搭建产业链上下游内循环协作平台等载体,并充分给予数字化人才需求库建立、产业链重大项目资金支持、产业链精准招商引资等各方面的政策倾斜和配套保障,实现传统制造业产业链上产供销的良性配套与衔接和上下游企业协同数字化转型。其中,鼓励实力强劲的龙头骨干企业积极担任产业链"链主"企业角色,与上下游企业数字化精准对接,发挥灯塔工厂、龙头企业、链主企业的引领带动作用,通过示范引领、标杆输出,强化上下游企业衔接协同,带动更多企业参与数字化转型;支持大中型企业剥离软件开发、系统集成、信息服务等分支机构,成立独立法人实体,提供专业的数字化转型服务;鼓励有实力的行业标杆企业总结复制先进经验和优秀方案,并依托自身综合优势输出典型做法和管理模式,放大"溢出效应",打造一批示范企业、示范工厂、示范项目,形成更多示范点。而针对产业链的中小企业,具备协作配套能力强这一独特优势,能够围绕龙头骨干企业需求提升协作配套水平。对此,加快培育专精特新小巨人企业,政府需要进行合理的干预,积极为中小企业开展数字化转型诊断服务,为中小企业解决因自身实力不足导致数字化转型步履维艰的窘境,提高中小企业数字化转型意愿并缩减其与龙头企业数字化转型的差距,实现江苏传统制造业重点产业整体数字化转型水平的提升。

8.2.5 加快新型基础设施建设和数字技术应用推广

5G基站、工业互联网平台、数据中心等新型基础设施能够营造良好的数字化转型环境,是推动实现企业间信息传递和获取、促进传统制造业数字化转型价值生态建设的关键支撑。因此,政府有必要提高对新型基础设施建设的重视程度,通过新型基础设施加速数字技术与传统制造业的深度融合,加快数字化转型步伐。

一方面,提高对数字化转型新基建的有效投资,形成合理的数字化转型新基建发展逻辑。政府需要加强数字化转型新基建的财政预算,增加专项投资,并引导市场和企业作为主体,尤其是鼓励传统制造业实力强劲的龙头企业参与数字化转型新基建,形成"政府主力+企业动力"的传统制造业数字化转型新基建格局,以避免出现单由政府主导和推进新基建可能产生的定位和市场需求脱节等风险。同时,由于新基建涵盖的制造、应用、服务等领域间存在着紧密的服务和配套关系,政府需要引导与鼓励传统制造业相关领域的龙头骨干企业和中小企业分别凭借自身实力为新基建提供相应配套产品和服务,以极大地促进龙头骨干企业与中小企业的协同合作。

另一方面,扩大并优化数字化项目建设布局,形成数字化转型新基建规模效应。基于跨区域跨行业的资源集聚,打造综合性工业互联网平台;针对江苏装备传统制造业、新材料、纺织、化工等重点传统制造业行业的高频使用场景,探索工业互联网、大数据中心等建设,如打造特色型工业互联网平台等,提高数字化转型新基建的应用性,为江苏传统制造业数字化转型提供坚实的平台和载体,加快传统制造业整体数字化转型步伐,并促进江苏省经济高质量发展。

参考文献

参考文献

[1] 李载驰,吕铁. 数字化转型:文献述评与研究展望[J]. 学习与探索,2021(12):130-138.

[2] Coile R C. The digital transformation of health care[J]. Physician Executive,2000,26(1):8-15.

[3] Vial G. Understanding digital transformation:A review and a research agenda[J]. The Journal of Strategic Information Systems,2019,28(2):118-144.

[4] Gobble M M. Digital strategy and digital transformation[J]. Research-Technology Management,2018,61(5):66-71.

[5] 杨伟,刘健,周青. 传统产业数字生态系统的形成机制:多中心治理的视角[J]. 电子科技大学学报(社会科学版),2020,22(2):11-17.

[6] Chanias S,Myers M D,Hess T. Digital transformation strategy making in pre-digital organizations:The case of a financial services provider[J]. The Journal of Strategic Information Systems,2019,28(1):17-33.

[7] Hess T,Matt C,Benlian A,et al. Options for formulating a digital transformation strategy[J]. MIS Quarterly Executive,2016,15(2):123.

[8] Sebastian I M,Ross J W,Beath C,et al. How big old companies navigate digital transformation[J]. MIS Quarterly Executive,2017,16(3):197-213.

[9] 戚聿东,蔡呈伟. 数字化企业的性质:经济学解释[J]. 财经问题研究,2019(5):121-129.

[10] Nwankpa J K,Roumani Y,Datta P. Process innovation in the digital age of business:The role of digital business intensity and knowledge management[J]. Journal of Knowledge Management,2022,26(5):1319-1341.

[11] 徐伟呈,范爱军. 互联网技术驱动下制造业结构优化升级的路径:来自中国省际面板数据的经验证据[J]. 山西财经大学学报,2018,40(7):45-57.

[12] Pramanik H S,Kirtania M,Pani A K. Essence of digital transformation:Manifestations at large financial institutions from North America[J]. Future Generation Computer Systems,2019,95:323-343.

[13] 朱秀梅,林晓玥. 企业数字化转型:研究脉络梳理与整合框架构建[J]. 研究与发展管理,2022,34(4):141-155.

[14] 周剑,陈杰,金菊,等. 数字化转型:架构与方法[M]. 北京:清华大学出版社,2020.

[15] Venkatraman N. IT—enabled business transformation: From automation to business scope redefinition[J]. MIT Sloan Management Review,1994,35(2):73.

[16] 陈志祥,迟家昱. 制造业升级转型模式、路径与管理变革:基于信息技术与运作管理的探讨[J]. 中山大学学报(社会科学版),2016,56(4):180-191.

[17] 孔存玉,丁志帆. 制造业数字化转型的内在机理与实现路径[J]. 经济体制改革,2021(6):98-105.

[18] 安家骥,狄鹤,刘国亮. 组织变革视角下制造业企业数字化转型的典型模式及路径[J]. 经济纵横,2022(2):54-59.

[19] 肖静华. 企业跨体系数字化转型与管理适应性变革[J]. 改革,2020(4):37-49.

[20] 任爽. 数字经济背景下传统制造业转型升级对策研究[J]. 现代商业,2022(7):21-23.

[21] 何军. 互联网化助力产业转型升级[J]. 信息化建设,2015(1):60-62.

[22] 胡德兆. 从"产业集群+工业互联"切入 加快制造业数字化转型[J]. 中国科技产业,2022(3):30-31.

[23] 王树祥,张明玉,郭琦. 价值网络演变与企业网络结构升级[J]. 中国工业经济,2014(3):93-106.

[24] 刘平峰,张旺. 数字技术如何赋能制造业全要素生产率?[J]. 科学学研究,2021,39(8):1396-1406.

[25] 严子淳,李欣,王伟楠. 数字化转型研究:演化和未来展望[J]. 科研管理,2021,42(4):21-34.

[26] 曾可昕,张小蒂. 数字商务与产业集群外部经济协同演化:产业数字化转型的一种路径[J]. 科技进步与对策,2021,38(16):53-62.

[27] 王谦,付晓东. 数据要素赋能经济增长机制探究[J]. 上海经济研究,2021,33(4):55-66.

[28] 华为技术有限公司. 全球联接指数 2020:量化数字经济进程[R]. 深圳,2021.

[29] Mithas S, Tafti A, Mitchell W, et al. How a firm's competitive environment and digital strategic posture influence digital business strategy[J]. MIS Quarterly,2013,37(2):511-536.

[30] 吴群. 传统企业互联网化发展的基本思路与路径[J]. 经济纵横, 2017 (1): 57-61.

[31] Esposito De Falco S, Renzi A, Orlando B, et al. Open collaborative innovation and digital platforms[J]. Production Planning & Control, 2017, 28 (16): 1344-1353.

[32] Song P J, Xue L, Rai A, et al. The ecosystem of software platform: A study of asymmetric cross-side network effects and platform governance[J]. MIS Quarterly, 2018, 42(1): 121-142.

[33] 李春发, 李冬冬, 周驰. 数字经济驱动制造业转型升级的作用机理: 基于产业链视角的分析[J]. 商业研究, 2020(2): 73-82.

[34] 李煜华, 向子威, 胡瑶瑛, 等. 路径依赖视角下先进制造业数字化转型组态路径研究[J]. 科技进步与对策, 2022, 39(11): 74-83.

[35] Sousa-Zomer T T, Neely A, Martinez V. Digital transforming capability and performance: A microfoundational perspective[J]. International Journal of Operations & Production Management, 2020, 40(7/8): 1095-1128.

[36] 钱晶晶, 何筠. 传统企业动态能力构建与数字化转型的机理研究[J]. 中国软科学, 2021(6): 135-143.

[37] 波特. 竞争优势[M]. 陈小悦, 译. 北京: 华夏出版社, 1997.

[38] Normann R, Ramírez R. From value chain to value constellation: Designing interactive strategy[J]. Harvard Business Review, 1993, 71(4): 65-77.

[39] Rayport J F, Sviokla J J. Exploiting the virtual value chain[J]. Mckinsey Quarterly, 1996(1): 20-36.

[40] Brandenburger A M, Nalebuff B J. Co-opetition[M]. New York: Doubleday, 1997.

[41] Hearn G, Pace C. Value-creating ecologies: Understanding next generation business systems[J]. Foresight, 2006, 8(1): 55-65.

[42] 孙野. 价值链升级过程中的企业动态能力演进研究: 以大连圣亚旅游控股股份有限公司为例[D]. 大连: 东北财经大学, 2016.

[43] 李震. 新能源汽车生态型商业模式及其对品牌竞争力的影响[D]. 北京: 北京交通大学, 2021.

[44] 苏昕, 牟春兰, 张正. 服务型制造价值共创机理与实现路径研究: 基于

服务生态系统视角[J]. 宏观经济研究,2021(1):96-104,130.

[45] 董必荣. 基于价值网络的企业价值计量模式研究[J]. 中国工业经济,2012(1):120-130.

[46] 贾湖,闫相斌. 基于多 agent 复杂系统理论的产业集群动态能力研究[J]. 山西财经大学学报,2012,34(S3):105.

[47] 金帆. 价值生态系统:云经济时代的价值创造机制[J]. 中国工业经济,2014(4):97-109.

[48] 孙国民. 战略性新兴产业生态系统耦合模式研究:以产城耦合为例[J]. 科技进步与对策,2017,34(10):46-52.

[49] 许其彬,王耀德. 商业生态系统与价值生态系统的比较与启示[J]. 商业经济研究,2018(4):17-20.

[50] 余东华,李云汉. 数字经济时代的产业组织创新:以数字技术驱动的产业链群生态体系为例[J]. 改革,2021(7):24-43.

[51] 张洪军. 生态轨道理论的初步研究:对生态学物理本质的探讨[J]. 生态学报,1998(6):8.

[52] 李晟璐. 数字经济时代文化产业技术轨道跃迁的量子隐喻研究[J]. 经济问题,2021(7):120-128.

[53] Haken H. Synergetics:Introduction and advanced topics[M]. New York:Springer,2004

[54] Laszlo E. The chaos point:The world at the crossroads[J]. Hampton:Hampton Roads Pub Company,2006.

[55] Laszlo E. Quantum shift in the global brain:How the new scientific reality can change us and our world [J]. New York:Inner Traditions/Bear&Company,2008.

[56] 熊惠平. 制造产业提"能"升"级"研究[J]. 未来与发展,2011,35(9):69-72.

[57] 张铁男,赵健宇,袭希. 组织知识创造的能级跃迁模型研究[J]. 管理工程学报,2013,27(4):41-52.

[58] 张立超,刘怡君. 技术轨道的跃迁与技术创新的演化发展[J]. 科学学研究,2015,33(1):137-145.

[59] 可星,吴倩. 新兴产业突破性技术由路径向轨道演化的机制[J]. 科技管

理研究,2019,39(13):123-130.

[60] 裴雪. 基于能值分析的哈尔滨农业生态系统评价[D]. 哈尔滨:东北农业大学,2013.

[61] 王玲,何青. 基于能值理论的生态系统价值研究综述[J]. 生态经济,2015,31(4):133—136+155.

[62] 伏润民,缪小林. 中国生态功能区财政转移支付制度体系重构:基于拓展的能值模型衡量的生态外溢价值[J]. 经济研究,2015,50(3):47-61.

[63] 那丹丹,李英. 我国制造业数字化转型的政策工具研究[J]. 行政论坛,2021,27(1):92-97.

[64] Lall S. Competitiveness, technology and skills[M]. Massachusetts: Edward Elgar Publishing. Inc,2001.

[65] 王威,王丹丹. 国外主要国家制造业智能化政策动向及启示[J]. 智能制造,2022(2):44-49.

[66] 汪琦,钟昌标. 美国中小制造业创新政策体系构建、运作机制及其启示[J]. 经济社会体制比较,2018(1):160-169.

[67] 李舒沁. 欧盟支持中小企业数字化转型发展政策主张及启示[J]. 管理现代化,2020,40(5):65-68.

[68] 李健旋. 美德中制造业创新发展战略重点及政策分析[J]. 中国软科学,2016(9):37-44.

[69] 胡志明,马辉民,张金隆,等. 中国制造业转型升级政策的纵向协同性分析[J]. 科学学研究,2022,40(2):237-246.

[70] 毕克新,黄平,王楠. 信息化条件下我国制造业绿色创新政策体系构建[J]. 中国行政管理,2012(7):65-69.

[71] 吴宾,杨一民,娄成武. 基于文献计量与内容分析的政策文献综合量化研究:以中国海洋工程装备制造业政策为例[J]. 情报杂志,2017,36(8):131-137.

[72] 綦良群,翟羽. 装备制造业集群技术创新政策机理分析[J]. 商业研究,2010(4):95-98.

[73] 石卫星. 基于制造业技术创新的战略性贸易政策与我国产业结构优化研究[J]. 工业技术经济,2017,36(4):153-160.

[74] 朱森第. 中国制造转型升级:智能制造到底该如何发力?[J]. 机器人产

业，2017(1)：36-41.

[75] 诸葛凯，袁勇志，张勇，等. 基于创新驱动的企业数字创新生态及其逻辑路径研究[J]. 工业技术经济，2022，41(5)：22-28.

[76] 孙志燕，刘晨辰. 我国制造业盈利能力提升路径与政策优化：基于29个行业微观数据的观察[J]. 经济纵横，2020(3)：57-66.

[77] 冷宣荣. 高质量发展视阈下京津冀产业政策转型与优化路径研究[J]. 经济与管理，2020，34(4)：1-7.

[78] 席卫群. 我国制造业税收负担及相关政策的优化[J]. 税务研究，2020(2)：11-15.

[79] 杨志波. 我国智能制造发展趋势及政策支持体系研究[J]. 中州学刊，2017(5)：31-36.

[80] 何涛，查志刚. 促进我国制造业高端化发展的财税政策选择[J]. 经济纵横，2015(12)：45-48.

[81] 梁益琳，张新，李玲玲. "两化"深度融合对产业结构调整的影响：基于系统建模和政策仿真的分析[J]. 技术经济与管理研究，2022(1)：9-15.

[82] 余川江，李晴，龚勤林. 政策工具视角下中外智能制造产业集群政策比较研究[J]. 东南学术，2021(5)：170-179.

[83] 王层层. 辽宁装备制造业转型升级与智能化建设的系统动力学研究[J]. 科技管理研究，2020，40(7)：190-199.

[84] 林志帆，黄新飞，李灏桢. 何种产业政策更有助于企业创新：选择性还是功能性？：基于中国制造业上市公司专利数据的经验研究[J]. 财政研究，2022(1)：110-129.

[85] 周叔莲. 中国产业政策研究[M]. 北京：经济管理出版社，1990.

[86] 许明强，唐浩. 产业政策研究若干基本问题的反思[J]. 社会科学家，2009(2)：61—64+72.

[87] 张晓晓. 业务单元竞合对其利用式与探索式创新的影响研究[D]. 合肥：中国科学技术大学，2018.

[88] 丁宁宁，孙锐. 人力资源实践构型和创新绩效的关系研究：基于业务单元层的双重中介作用[J]. 山东大学学报(哲学社会科学版)，2015(1)：81-90.

[89] 肖智明，陆晔. 统计学原理[M]. 上海：同济大学出版社，2006.

[90] Kahneman D, Tversky A. Prospect theory: An analysis of decision un-

der risk[J]. Econometrica,1979,47(2):263.

[91] Krohling R A, De Souza T T M. Combining prospect theory and fuzzy numbers to multi-criteria decision making[J]. Expert Systems with Applications,2012,39(13):11487-11493.

[92] 洪伟,吴承祯. Shannon-Wiener 指数的改进[J]. 热带亚热带植物学报,1999(2):5.

[93] 王兵,郑秋红,郭浩. 基于 Shannon-Wiener 指数的中国森林物种多样性保育价值评估方法[J]. 林业科学研究,2008(2):268-274.

[94] Julong D. Introduction to grey system theory[J]. The Journal of grey system,1989,1(1):1-24.

[95] 许其彬,王耀德. 电子商务价值生态系统的协同发展研究[J]. 情报科学,2018,36(4):117-122.

[96] 代建生,陈瑞佳. 资金约束下损失规避零售商的订购和广告协同策略[J]. 中国管理科学,2021(8):81-93.

[97] 代建生. 两种订货模式下订购和促销联合优化策略[J]. 管理工程学报,2021(1):104-116.

[98] 胡歆韵,杨继瑞,郭鹏飞. 数字经济与全要素生产率测算及其空间关联检验[J]. 统计与决策,2022(4):10-14.

[99] 王娟. 数字经济驱动经济高质量发展:要素配置和战略选择[J]. 宁夏社会科学,2019(5):88-94.

[100] 李斌,韩菁. 市场导向、多主体协同与创新扩散:基于复杂网络的动态仿真[J]. 运筹与管理,2019,28(2):67-73+117.

[101] 卢丽煌. 可比投入产出序列表编制方法研究:以中国 1987-2015 年投入产出表为例[D]. 昆明:云南财经大学,2019.

[102] 张红霞,夏明,苏汝劼,等. 中国时间序列投入产出表的编制:1981—2018[J]. 统计研究,2021,38(11):3-23.

[103] 刘亚清,李林鹏,吴振信. 投入产出表更新调整方法及应用研究[J]. 中国管理科学,2015,23(S1):706-710.

[104] 闫梦瑶. 基于"水碳双达峰"的中国产业结构优化研究[D]. 北京:中国石油大学(北京),2020.

[105] 刘顺忠,官建成. 区域创新系统创新绩效的评价[J]. 中国管理科学,

2002(1).

[106] 刘小虎，张恒巍，张玉臣，等. 基于博弈模型与 NetLogo 仿真的网络攻防态势研究[J]. 系统仿真学报，2020，32(10)：1918-1926.

[107] 程国建，颜宇甲，强新建，等. 基于多 Agent 的生态复杂适应系统建模和仿真[J]. 西安石油大学学报(自然科学版)，2011，26(2)：99-103+123.

[108] 王琳. 迁移集群生态经济活动网络建模与仿真研究[D]. 南京：东南大学，2015.

[109] 盛朝迅. 从产业政策到产业链政策："链时代"产业发展的战略选择[J]. 改革，2022(2)：22-35.

[110] 钟永光，贾晓菁，李旭，等. 系统动力学[M]. 北京：科学出版社，2009：20-120.

[111] 王其藩. 系统动力学[M]. 2版. 北京：清华大学出版社，1994.

[112] 王玉梅，张晓炜. 智能经济下我国制造业智能制造能力成熟度指标体系研究[J]. 科学决策，2021(11)：118-132.

[113] 任转转，邓峰. 数字技术、要素结构转型与经济高质量发展[J]. 软科学，2023，37(1)：9-14+22.

[114] 聂娜. 数字要素驱动经济高质量发展的理论逻辑、现实价值与关键举措[J]. 甘肃理论学刊，2021(2)：89-97.

[115] 林毅夫，张鹏飞. 后发优势、技术引进和落后国家的经济增长[J]. 经济学(季刊)，2005，5(4)：53-74.

[116] 刘凤朝，冯婷婷. 国家创新能力形成的系统动力学模型：以发明专利为能力表征要素[J]. 管理评论，2011，23(5)：30-38.

[117] 郭金花，郭檬楠，郭淑芬. 数字基础设施建设如何影响企业全要素生产率？：基于"宽带中国"战略的准自然实验[J]. 证券市场导报，2021(6)：13-23.

[118] 刘腾飞，王艳红，王菁菁. 以"新基建"助推我国制造业数字化转型升级[J]. 时代经贸，2022，19(2)：116-119.

[119] 傅晓霞，吴利学. 技术效率、资本深化与地区差异：基于随机前沿模型的中国地区收敛分析[J]. 经济研究，2006，41(10)：52-61.

[120] 杨伟，刘健，武健. "种群-流量"组态对核心企业绩效的影响：人工智能数字创新生态系统的实证研究[J]. 科学学研究，2020，38(11)：2077-2086.

[121] 马歆，王文彬. 系统动力学建模与应用研究[M]. 北京：中国水利水电

出版社,2019.

[122]波特. 国家竞争优势[M]. 李明轩,邱如美,译. 北京:华夏出版社,2002.

[123]李君,邱君降,成雨. 工业企业数字化转型过程中的业务综合集成现状及发展对策[J]. 中国科技论坛,2019(7):113-118.

[124]戴亦舒,晏梦灵,董小英. 数字化创新中企业对政策关注与绩效关系研究[J]. 科学学研究,2020,38(11):2068-2076.

[125]谷斌,李润宜. 基于系统动力学的数字创新生态系统价值创造路径[J]. 系统工程,2022,40(3):56-65.

[126]孔令浩. 离散制造业信息化战略下内部集成性评价方法研究[J]. 组合机床与自动化加工技术,2013(3):118-121+126.

[127]殷天赐,曹泽. 信息技术产业集聚、产业结构升级与经济高质量发展[J]. 统计与决策,2022,38(4):129-134.

[128]王静田,张宝懿,付晓东. 产业协同集聚对城市全要素生产率的影响研究[J]. 科学学研究,2021,39(5):842-853+866.

[129]张爱琴,张海超. 数字化转型背景下制造业高质量发展水平测度分析[J]. 科技管理研究,2021,41(19):68-7.

附 录

附录 A 2011—2020 年全国投入产出补全表

表 A – 1 2011 年全国投入产出补全表

单位：亿元

产出\投入	I1	I2	I3	I4	I5	I6	I7	I8	I9	I10	I11	I12	I13	I14	I15	I16
I1	433 021 772	4 274 735.9	20 733 753	1 285 929	1 274 348	11 630 413	25 015 828.06	1 919 082	5 925 198	1 162 609	2 908 832	2 253 585	2 013 917	2 701 982	222 995.6	1 460 966
I2	813 059 889.4	174 913 263	103 706 210	1 826 983	4 685 613	95 570.53	8 695 655.559	928 754.5	156 534.3	437 622.7	936 650.9	971 126.5	790 023.6	154 105.4	78 920.6	6 882 706
I3	3 076 179.055	10 598 812	72 046 557	4 807 341	2 593 616	1 159 642	4 093 121.638	1 527 415	4 479 210	1 210 708	2 131 245	8 177 728	1 298 277	1 509 499	236 397.9	1 703 240
I4	2 331 638.073	505 758.69	758 082.8	75 675 191	7 199 808	794 059.6	2 546 004.298	3 774 938	1 346 923	6 004 331	2 966 484	7 203 913	1 415 815	1 190 455	205 209.3	3 224 215
I5	41 679 019.65	5 741 810.5	6 152 677	3 998 310	97 539 672	1 441 991	22 924 123.67	12 789 500	1 988 222	3 696 843	4 132 602	2 410 904	6 248 838	5 797 239	746 140.7	1 947 641
I6	6 023 727.518	1 511 422.2	2 606 377	1 824 456	1 627 810	154 823 146	96 935 539.89	23 347 659	79 665 003	3 849 711	9 277 611	3 278 808	2 407 648	2 066 001	340 530.9	892 682.1
I7	54 670 933.66	63 665 006	22 526 230	21 340 023	41 160 833	44 133 298	600 481 960.6	38 915 187	23 927 078	13 063 475	30 265 883	37 134 253	41 931 589	45 230 768	5 795 949	8 511 993
I8	26 547 805.84	2 633 279.6	1 019 143	3 977 522	1 699 090	15 494 316	22 882 738.15	190 333 289	71 110 907	7 718 224	11 685 657	9 885 154	21 163 951	24 978 395	4 634 084	4 180 230
I9	2 108 207.765	393 399.62	485 070.3	4 941 991	3 359 644	1 422 340	13 889 136.33	13 255 942	456 865 369	111 464 879	166 225 275	68 379 385	126 121 220	20 214 841	2 492 975	9 169 958
I10	10 169 531.04	1 134 802.4	1 868 549	6 431 230	5 128 803	8 408 096	14 440 679.88	16 050 776	18 012 077	51 398 501	39 007 033	12 382 356	25 466 746	17 403 113	2 960 474	4 546 235
I11	6 052 056.421	6 242 694.9	2 308 842	3 122 393	3 820 959	27 054 124	20 744 242.67	13 453 079	51 073 144	15 383 180	168 541 946	52 356 628	23 884 483	6 814 119	1 699 806	375 485
I12	2 646 586.862	1 201 634.3	645 822.7	1 175 575	2 684 851	5 592 683	4 982 487.248	3 089 611	10 139 395	3 376 731	13 309 943	239 686 550	1 527 874	2 675 588	448 805.8	1 043 815
I13	4 102 909.868	1 842 988.4	1 049 618	1 113 916	2 947 380	3 791 022	5 763 144.886	3 009 331	8 216 896	4 159 983	65 188 352	36 584 118	109 160 512	29 427 818	4 864 981	985 677.2
I14	717 989 564.9	417 817.13	425 116.7	96 084.43	2 598 098	315 818.4	902 966 961.6	321 219.8	437 382.8	402 900.9	17 184 040	7 250 276	29 977 683	326 548 735	15 187 874	239 203.3
I15	1 409 024.4	408 508.32	184 962	169 670	1 404 066	3 376 153	5 899 765.07	828 223.3	3 572 550	543 562.1	4 423 727	6 273 095	2 823 022	18 517 759	8 510 764	214 481.1
I16	3 257 528.68	1 671 979	1 193 905	1 091 626	12 656 882	1 070 650	7 472 698.953	6 813 642	43 438 577	3 008 195	11 205 196	1 774 192	4 874 306	2 255 000	476 272.4	7 889 256

表 A-2 2013年全国投入产出补全表

单位：亿元

产出\投入	I1	I2	I3	I4	I5	I6	I7	I8	I9	I10	I11	I12	I13	I14	I15	I16
I1	579 591 730.3	2 268 538	14 529 629	914 713.3	1 604 921	10 983 007	36 336 231.24	2 141 718	5 653 825	1 514 370	3 046 392	1 190 856	1 727 590	2 158 489	217 054.4	1 009 363
I2	1 753 145.146	211 032 928	127 569 581	2 038 490	9 611 145	323 432	15 037 916.31	1 600 459	662 948.1	642 631.8	847 256.6	1 724 566	591 775.1	149 768.2	33 802.97	3 068 190
I3	3 221 232.158	17 888 134	95 403 287	4 144 378	4 428 391	1 302 748	7 116 114.554	2 835 940	1 875 837	1 135 011	2 889 430	6 663 956	1 437 166	477 231	143 394.7	1 086 017
I4	1 843 264.316	1 681 701	947 924.9	116 762 103	9 415 303	829 266.3	3 123 461.373	3 220 456	1 738 426	4 410 335	4 629 420	5 642 696	1 217 126	490 838.2	107 680.5	2 036 294
I5	55 081 915.59	3 913 857	6 167 364	3 203 886	142 447 013	1 237 581	18 084 292.97	12 297 545	1 783 440	3 045 778	6 373 843	2 015 079	8 007 878	6 880 062	730 103.6	1 374 865
I6	4 679 582.354	902 431.5	859 567.7	1 153 661	1 244 006	157 509 880	114 147 843.6	20 931 045	79 161 060	2 743 306	3 806 760	2 063 789	1 644 839	1 352 555	172 056.5	1 017 172
I7	61 427 285.45	78 460 521	39 619 282	18 942 902	47 441 589	57 166 008	832 352 197.7	44 778 634	26 318 068	22 127 308	33 337 269	31 452 204	46 559 130	37 170 159	2 178 265	11 608 735
I8	32 904 207.02	1 691 159	771 162.6	3 746 183	2 550 964	39 243 785	27 962 651.79	267 538 441	67 427 960	10 204 530	12 780 425	15 875 300	31 996 962	17 284 196	3 703 986	2 546 632
I9	586 888.331 7	323 742.2	340 968.1	2 653 859	24 901 834	423 616.8	14 008 799.79	13 537 757	622 269 155	139 370 411	140 244 064	74 798 348	129 373 115	20 923 089	3 365 043	7 938 574
I10	14 258 721.91	704 817.4	1 470 886	12 888 684	4 304 989	1 972 731	18 730 328.44	23 962 720	16 388 575	84 148 264	52 985 620	19 763 669	30 825 829	14 711 449	2 862 812	4 303 168
I11	10 247 933.22	5 781 797	3 729 610	3 434 082	3 936 175	23 757 640	20 560 972.98	19 763 027	44 241 197	19 193 568	206 441 716	41 214 082	25 356 079	7 150 777	2 915 071	3 393 046
I12	577 330, 800 5	51 125, 08	81 940, 21	34 548, 57	135 936, 5	1 113 097	504 643, 798 2	4 015 201	895 168, 9	870 740	23 423 350	318 215 007	226 506, 8	506 382, 5	163 162, 5	3 071 441
I13	2 605 686.033	757 677.3	621 208.4	489 760.3	1 532 695	5 484 351	5 640 369.574	2 354 748	3 706 361	3 130 850	77 252 182	36 093 917	147 296 134	55 649 382	5 453 680	7 479 159
I14	435 137.772 4	126 266.1	207 756.9	150 914.1	2 155 350	3 747 646	2 515 504.435	395 638	704 553.1	597 815.3	47 968 188	13 824 273	35 166 492	432 679 276	13 090 212	1 646 951
I15	714 610.518 9	73 186.7	22 743.66	129 000.1	168 578.4	7 475 749	1 589 540.554	825 151.2	1 525 491	1 204 310	9 890 166	10 598 752	5 454 608	4 560 791	14 488 483	758 682.8
I16	1 269 774.527	434 904.8	1 486 046	161 235.1	7 991 941	1 401 250	3 327 334.168	3 141 946	63 014 577	4 626 523	1 700 452	793 367.9	387 873	949 740.9	58 563.32	404 5023

附 录

表 A-3 2014 年全国投入产出补全表

单位：亿元

产出\投入	I1	I2	I3	I4	I5	I6	I7	I8	I9	I10	I11	I12	I13	I14	I15	I16
I1	685 754 027.3	2 987 167	17 495 777	1 173 084	2 192 421	12 614 975	49 104 082.67	2 934 208	7 175 941	2 060 463	3 732 523	1 471 909	2 215 278	2 615 934	280 998.8	1 519 465
I2	1 696 636.578	227 294 211	125 646 562	2 138 343	10 739 155	303 859.5	16 352 247.47	1 793 486	688 241.4	715 187	849 095.1	1 743 517	620 681.7	148 464	35 794.43	3 778 269
I3	3 172 001.972	19 603 954	95 610 874	4 423 526	5 034 790	1 245 348	7 873 597.114	3 223 635	1 981 513	1 285 281	2 946 416	6 855 181	1 533 768	481 360.7	154 502	1 360 647
I4	2 049 547.142	2 081 068	1 072 696	140 724 606	12 087 281	895 124.1	3 902 341.489	4 146 390	2 073 561	5 639 341	5 330 492	6 554 391	1 466 720	559 035.3	131 007.8	2 880 766
I5	56 570 222.3	4 473 537	6 446 307	3 566 594	168 910 330	1 233 876	20 868 883.73	14 624 456	1 964 842	3 597 191	6 778 766	2 161 954	8 913 281	7 237 721	820 451.6	1 796 537
I6	4 322 625.672	927 730.8	808 077.8	1 155 092	1 326 744	141 243 106	118 475 099.1	22 387 927	78 440 876	2 914 078	3 641 384	1 991 504	1 646 665	1 279 753	173 901	1 195 452
I7	62 858 730.95	89 355 785	41 261 348	21 011 093	56 051 536	58 588 589	957 040 355.3	53 058 817	23 890 069	26 038 701	35 326 835	33 622 559	51 635 744	38 960 932	2 438 960	15 114 245
I8	34 777 457.59	1 989 290	829 516.3	4 291 738	3 112 969	40 265 788	33 208 066.54	327 127 411	76 449 865	12 402 975	13 988 209	17 528 459	36 651 896	18 712 259	4 283 565	3 424 600
I9	552 480 420.3	339 178.2	326 668.9	2 707 928	27 065 544	387 127.1	14 817 713.04	14 756 745	628 391 052	150 875 403	136 715 052	73 557 816	131 991 739	20 175 200	3 466 105	9 508 263
I10	15 326 267.29	843 139.9	1 609 042	15 016 274	5 342 586	2 058 461	22 621 428.42	29 824 581	18 896 757	104 012 947	58 977 213	22 192 119	35 909 707	16 197 272	3 366 962	5 884 931
I11	11 158 052	7 006 194	4 132 835	4 052 851	4 948 237	25 111 596	25 154 436.46	24 916 555	51 673 665	24 032 240	232 766 235	46 878 438	29 920 957	7 975 097	3 472 889	4 700 447
I12	642 324.626 3	63 303.98	92 781.09	41 663.69	174 618.4	1 202 214	630 860.914 2	5 172 727	1 068 378	1 114 050	26 986 669	369 850 240	273 119.3	577 084.2	198 627.7	4 347 798
I13	2 796 976.894	905 145.2	678 635.6	569 833.8	1 899 531	5 714 931	6 802 885.95	2 926 804	4 267 807	3 864 697	85 871 288	40 474 008	171 356 050	61 186 805	6 405 398	10 214 493
I14	485 203 684.5	156 693.6	235 768.3	182 400.1	2 774 848	4 056 718	3 151 673.562	510 831.6	842 755	766 568.2	55 388 684	16 103 305	42 497 918	494 190 094	15 971 055	2 336 551
I15	764 942.200 4	87 188.38	24 777.19	149 674.2	208 346	7 768 423	1 911 831.725	1 022 763	1 751 698	1 482 464	10 963 096	11 851 937	6 327 965	5 000 691	16 969 606	1 033 277
I16	1 218 130.337	464 331.9	1 450 882	167 658.1	8 852 041	1 304 973	3 586 595.539	3 490 183	64 848 282	5 103 972	1 689 281	795 091.6	403 271.9	933 260.6	61 472.73	4 937 253

表 A-4 2016 年全国投入产出补全表

单位：亿元

产出\投入	I1	I2	I3	I4	I5	I6	I7	I8	I9	I10	I11	I12	I13	I14	I15	I16
I1	709 994 180.7	2 890 183	18 917 537	1 297 741	2 291 105	12 515 952	50 729 193.27	3 178 533	6 580 497	2 221 586	3 740 027	1 467 823	2 093 520	2 710 204	306 412.2	1 573 634
I2	1 617 743.672	218 174 349	119 692 337	2 290 273	10 303 831	314 335.3	15 838 326.75	1 781 154	724 882.9	768 527.8	813 424.7	2 068 351	627 127.2	160 506.6	40 073.33	2 782 909
I3	4 440 803.697	5 175 092	104 592 636	6 019 868	3 359 935	1 759 662	7 717 385.641	5 021 327	2 777 575	1 794 291	3 844 683	8 055 592	1 372 041	706 589	193 075.6	708 824.3
I4	1 910 370.829	1 752 608	804 179.7	134 526 481	10 339 175	855 962	3 238 697.52	3 818 901	1 855 685	5 322 004	4 770 899	7 405 596	1 271 979	579 300.6	120 633.7	1 657 813
I5	63 677 378.16	4 674 544	7 021 060	4 094 216	168 496 033	1 305 571	20 208 072.73	14 611 816	2 205 473	4 291 674	7 353 922	2 526 973	8 888 072	8 737 138	922 785.1	1 644 082
I6	2 681 633.101	759 410.5	410 419.7	866 868	821 831	145 076 282	117 326 454.7	17 482 447	76 709 199	2 250 475	2 800 840	1 155 342	966 754.3	992 299.7	107 412.6	1 259 910
I7	65 812 174.99	89 643 640	39 103 147	23 774 817	56 877 639	58 381 022	892 434 342.5	57 820 174	29 240 758	28 743 769	35 474 574	39 401 793	51 633 538	46 966 100	2 688 019	14 427 414
I8	40 446 973.01	2 037 442	762 616	4 928 267	3 158 728	25 679 720	33 012 349.68	304 143 620	79 635 105	14 282 986	14 218 769	22 419 299	41 413 730	24 775 368	4 984 169	3 187 182
I9	486 832 386.1	293 431	229 087.7	2 217 407	26 755 441	265 036.5	13 974 022.63	14 150 682	563 087 057	138 260 743	122 442 298	69 302 334	138 469 881	24 278 838	3 255 731	8 518 539
I10	14 487 303.01	834 483.6	1 824 348	15 779 918	5 297 694	1 875 351	22 103 094.95	30 063 500	16 931 503	98 956 431	59 429 761	23 475 613	33 944 610	17 980 634	3 567 362	4 186 360
I11	11 181 672.56	6 738 885	4 795 989	4 377 842	5 101 225	21 035 150	23 276 093.08	23 194 840	43 718 852	25 535 604	217 799 046	46 816 178	26 904 333	8 665 695	3 638 362	3 566 557
I12	629 664.142 4	58 648.51	106 645.6	44 285.66	167 693.3	1 298 956	623 169.032 9	6 214 876	945 307	1 169 886	25 485 352	366 850 730	264 422.5	609 347.5	202 864.8	2 944 204
I13	2 765 696.203	838 624.1	763 022.3	630 353.1	1 817 840	5 726 970	6 513 004.305	2 955 612	3 883 225	4 136 769	84 144 667	40 524 600	153 305 760	67 963 199	6 538 860	11 590 257
I14	478 706.218	161 078.8	263 911.8	225 757.1	2 599 822	4 757 867	3 286 383.598	580 283.1	831 281.7	918 961.4	50 752 082	18 231 834	38 408 023	523 142 793	15 012 291	1 557 185
I15	811 850 636.5	92 534.66	15 479.08	189 394.4	237 737.3	8 851 267	2 074 168.603	1 110 218	1 806 918	1 824 832	12 351 614	13 483 156	6 523 156	5 636 665	19 118 359	723 911.6
I16	1 703 937.202	768 452.1	3 164 879	308 628.9	9 075 702	2 302 389	4 194 206.167	4 093 768	62 470 632	5 633 955	2 456 295	1 282 493	672 954.4	1 804 309	88 888.41	7 948 231

单位:亿元

表 A-5 2019 年全国投入产出补全表

产出\投入	I1	I2	I3	I4	I5	I6	I7	I8	I9	I10	I11	I12	I13	I14	I15	I16
I1	215 390 094.7	907 331.480 5	12 979 180.54	1 291 593	1 813 486	2 231 501	32 591 844	1 911 776	7 951 814	2 798 362	6 148 846	2 899 279	3 799 294	6 357 275	719 981.1	672 232.8
I2	571 144.428 7	147 575 865.8	135 286 725.9	3 668 599	10 207 349	61 925.2	7 088 981	298 419.8	198 889.2	1 073 340	742 427.3	1 116 183	824 847.1	493 866.5	235 808.9	4 211 547
I3	3 213 700.152	2 163 886.876	55 814 641.78	4 872 419	2 585 875	672 891.9	4 879 821	4 386 031	974 348.7	1 076 213	2 708 276	6 035 786	1 893 368	1 640 115	444 386.2	884 124.2
I4	822 170.039 6	425 016.502 4	462 854.444 8	87 805 425	8 022 107	137 152.2	2 125 143	2 303 763	246 867.5	5 010 706	1 402 305	7 327 375	1 017 101	790 878.9	191 776	1 515 457
I5	14 626 830.97	1 425 800.323	2 497 713.248	2 950 162	108 125 248	259 887.4	11 441 549	10 676 295	496 724	2 110 929	3 531 432	1 807 621	5 397 588	5 039 796	486 378.7	956 609.4
I6	1 381 048.619	687 924.664 4	804 982.139	1 410 693	1 239 265	28 538 074	81 505 182	27 031 792	58 890 600	4 060 282	3 515 839	1 862 158	1 231 024	947 121.2	392 419.8	1 043 803
I7	19 152 642.65	45 814 538.99	27 374 532.28	22 522 108	52 094 283	13 630 884	635 110 947	47 785 766	17 407 760	18 787 229	25 175 679	41 271 155	53 715 773	36 750 382	3 622 359	10 403 833
I8	5 020 488.34	399 633.551 1	183 701.447 2	2 014 544	1 150 254	3 569 491	9 064 363	162 139 576	15 834 671	7 248 066	6 574 401	11 490 818	18 763 157	16 975 688	3 077 660	568 310
I9	442 047.196 2	300 995.897 7	234 793.972 7	3 339 562	20 563 793	163 411.5	14 964 954	24 848 414	364 010 005	165 350 207	117 164 566	79 459 594	146 285 942	32 908 473	5 134 714	8 050 313
I10	3 684 606.44	1 019 681.292	1 339 145.824	6 465 708	3 493 750	278 645.5	9 721 340	19 480 495	2 503 093	72 976 301	43 139 423	21 637 815	25 402 632	14 357 808	3 457 694	3 158 084
I11	2 015 140.473	2 010 082.202	1 211 047.182	2 243 772	3 524 800	2 833 674	11 488 992	16 337 016	18 427 384	17 823 696	193 526 821	44 414 022	25 824 417	25 433 072	4 009 579	2 679 626
I12	280 840.733 9	143 740.150 1	210 346.653 7	206 086.5	234 796.9	40 150.38	780 472.8	2 974 092	320 955.7	710 442	19 388 233	300 597 527	1 698 274	432 327.9	455 524.9	3 195 050
I13	649 974.273	311 425.901 3	194 609.819 4	295 622.6	1 852 401	147 257.9	2 239 975	1 774 282	976 255	1 330 239	46 108 838	33 844 910	111 587 258	54 847 754	6 187 452	2 555 962
I14	618 209.434 8	106 150.982 4	116 681.583 6	107 560.3	2 511 436	84 273.74	2 132 716	682 149.3	739 535.2	788 614.8	42 827 500	18 271 559	44 229 648	583 468 803	19 705 534	1 940 505
I15	270 949.809	25 228.364 51	182 180.456 3	15 784.24	141 938	737 319.9	738 875.8	788 374.5	407 972.8	181 584.2	7 214 773	6 440 594	4 940 904	6 330 564	16 846 769	623 609
I16	650 972.549 3	260 275.067 2	1250 322.389	255 131.5	14 195 624	423 659.9	4 950 787	3 966 952	70 652 646	8 739 992	1 536 048	1 308 617	885 333.9	1 251 455	155 164.8	13 241 136

表 A-6 2020 年全国投入产出补全表

单位：亿元

产出\投入	I1	I2	I3	I4	I5	I6	I7	I8	I9	I10	I11	I12	I13	I14	I15	I16
I1	197 809 399.7	928 884.037	13 152 042.06	1 345 043	1 898 515	2 667 171	34 033 457	2 178 582	8 839 117	3 143 448	6 432 070	3 007 829	4 039 074	6 882 787	813 436.2	834 321.9
I2	524 526.147 7	151 081 351.2	137 088 524.5	3 820 416	10 685 943	74 015.26	7 402 543	340 067.1	221 082.3	1 205 701	776 624.4	1 157 973	876 904.6	534 691	266 417.4	5 228 290
I3	2951 389.659	2215 287.378	56 558 001.78	5 074 053	2 707 119	804 264.9	5 095 667	4 998 143	1 083 071	1 208 929	2 833 022	6 261 768	2 012 862	1 775 692	502 068.5	1 097 568
I4	755 062.401	435 112.252 9	469 018.911 1	91 439 063	8 398 240	163 929.3	2 219 143	2 625 274	274 414.1	5 628 613	1 466 897	7 601 715	1 081 292	856 255.4	216 669	1 881 316
I5	13 432 951.31	1 459 668.477	2 530 978.715	3 072 248	113 194 930	310 627	11 947 635	12 166 271	552 150.9	2 371 243	3 694 094	1 875 299	5 738 239	5 456 401	549 511.7	1 187 552
I6	12 683 23.87	704 265.478 6	815 703.188 3	1 469 071	1 297 371	34 109 748	85 110 345	30 804 329	65 461 905	4 560 985	3 677 783	1 931 878	1 308 716	1 025 413	443 356.8	1 295 796
I7	17 589 354.58	46 902 807.68	27 739 116.4	23 454 137	54 536 835	16 292 130	663 203 377	54 454 713	19 350 205	21 104 019	26 335 302	42 816 362	57 105 868	39 788 282	4 092 549	12 915 505
I8	4 610 703.136	409 126.360 4	186 148.050 9	2 097 911	1 204 186	4 266 386	9 465 300	184 767 657	17 601 582	8 141 877	6 877 226	11 921 039	19 947 332	18 378 951	3 477 147	705 510.2
I9	405 966.164 2	308 145.689 4	237 921.045 5	3 477 762	21 527 971	195 315.4	15 626 889	28 316 240	404 628 043	185 740 747	122 561 311	82 434 591	155 518 298	35 628 789	5 801 211	9 993 803
I10	3 383 859.362	1 043 902.582	1 356 981.062	6 733 277	3 657 562	333 047.3	10 151 338	22 199 178	2 782 400	81 975 541	45 126 479	22 447 943	27 005 836	15 544 669	3 906 510	3 920 503
I11	1 850 659.512	2 057 829.262	1 227 176.356	2 336 625	3 690 068	3 386 910	11 997 176	18 616 998	20 483 603	20 021 666	202 440 907	46 076 900	27 454 240	27 535 448	4 530 031	3 326 535
I12	257 917.789	147 154.522 7	213 148.128 1	214 615	245 805.8	47 989.21	814 994.9	3 389 155	356 769.5	798 051.8	20 281 279	311 852 009	1 805 455	468 065.5	514 653.1	3 966 392
I13	596 921.696 9	318 823.445	197 201.704 8	307 856.2	1 939 255	176 008	2 339 055	2 021 900	1 085 190	1 494 281	48 332 668	35 112 076	118 629 722	59 381 638	6 990 597	3 173 017
I14	567 749.586 7	108 672.47	118 235.592	112 011.4	2 629 190	100 727	2 227 051	777 349.6	822 056.2	885 864.6	44 800 188	18 955 652	47 021 057	631 700 131	22 263 355	2 408 978
I15	248 834.187	25 827 633.65	184 606 802.9	16 437.44	148 593.1	881 271.7	771 558	898 399.4	453 496.4	203 976.7	7 547 095	6 681 732	5 252 733	6 853 868	19 033 517	774 159.4
I16	597 838.491 3	266 457.585 1	1 266 974.644	265 689.6	14 861 216	506 373.8	5 169 772	4 520 577	78 536 418	9 817 784	1 606 800	1 357 612	941 208.9	1 354 904	175 305.5	16 437 784

附录 B 2011—2020 年江苏省投入产出补全表

表 B-1 2011 年江苏省投入产出补全表

单位:亿元

产出 投入	I1	I2	I3	I4	I5	I6	I7	I8	I9	I10	I11	I12	I13	I14	I15	I16
I1	7 331 099	374 990.3	778 759.7	87 337.79	83 274.79	263 365.8	2 214 403	105 422.3	459 163.5	113 350.6	324 734.4	274 580.2	325 606.5	610 179.4	714 47.51	42 879.63
I2	29 402.9	27 721 167	15 281 616	120 003.1	685 537	1 714.33	1 404 267	96 994	14 488.74	73 895.82	177 604.1	175 209.9	235 046	53 850.37	40 015.6	354 153
I3	42 031.18	757 281.7	2 981 396	146 483.4	196 054.9	14 744.73	311 786.8	75 564.3	277 629	95 244.85	192 981.2	652 520.9	171 702.9	246 039.5	58 296.07	39 614.79
I4	34 512.18	39 106.9	53 886.93	4 195 990	504 965.9	13 450.88	211 941.6	182 118.1	98 733.9	514 470.2	302 884	664 103.2	214 211.5	212 038.2	54 243.47	79 776.42
I5	771 341.9	545 706.4	533 664.7	295 547.3	6 583 870	32 578.13	2 161 505	822 561	169 740.3	400 618.2	530 195.5	340 710	1 015 510	1 828 453	300 788.8	72 750.95
I6	57 458.45	95 499.78	93 478.85	49 548.79	58 169.08	1 329 834	6 301 790	506 155	3 139 761	187 854.7	530 068.9	240 394.5	224 518.6	255 814.3	37 529.12	16 427.21
I7	1 272 263	7 330 265	1 735 014	1 800 014	3 855 509	965 294.9	81 868 509	4 191 054	1 556 048	2 712 905	4 612 768	5 388 264	9 124 380	14 344 999	2 725 839	484 388.8
I8	323 705.1	134 110.7	41 046.62	91 540.75	84 269.38	125 228.7	1 166 986	5 840 842	1 845 680	427 309.9	613 719.2	646 806.7	1 744 956	3 870 092	820 948.7	78 130.16
I9	54 119.69	49 947.97	34 298.67	238 764.4	413 140.5	41 298.45	1 592 802	998 615.5	61 158 584	15 572 230	23 799 031	12 794 181	34 520 648	5 897 423	918 243.4	379 661.4
I10	196 536	108 455.2	130 817.3	420 498.4	482 423.1	197 334.8	1 515 532	1 043 739	1 082 938	5 562 484	3 646 145	1 921 463	5 108 641	5 762 213	1 062 033	181 207.5
I11	105 232.5	601 575	801 489.9	192 122.1	235 594.9	532 358.4	2 009 071	725 326	6 100 382	1 432 670	22 561 508	7 595 744	3 474 407	1 023 310	508 802.2	12 349.19
I12	29 389.62	63 369.14	30 079.69	47 675.74	113 340.1	75 585.17	318 208.7	100 094	517 645.9	200 626.9	942 369.3	16 157 447	145 521	399 850.6	79 698.66	24 137.57
I13	58 702.26	128 825.7	58 873.61	54 914.53	182 490.9	60 008.63	431 077.1	120 422.8	496 432.2	311 950.4	5 711 569	5 433 614	12 721 463	4 416 253	1 307 969	28 899.97
I14	11 937.92	34 144.57	35 182.61	54 13.979	194 311.8	4 413.655	76 463.63	13 894.8	25 936.17	30 890.38	1 628 096	925 139	3 213 099	66 155 213	3 673 974	5 476.938
I15	18 821.52	25 770.3	10 636.87	7 158.383	35 605.13	48 827.67	457 445.4	42 857.48	229 944.1	36 558.63	343 273	752 625.1	292 796	598 778.4	1 486 060	4 424.355
I16	5 502.144	28 173.62	130 388.4	17 179.57	383 464.4	1 791.234	163 446.7	95 206.91	1 905 544	152 665.6	312 684.3	88 281.66	91 079.66	125 350.4	64 806.66	695 114.9

— 229 —

表 B-2 2013年江苏省投入产出补全表

单位：亿元

产出 投入	I1	I2	I3	I4	I5	I6	I7	I8	I9	I10	I11	I12	I13	I14	I15	I16
I1	7 872.562	35 664.6	415.688 8	119 037.4	15 207.78	99 176.05	9 171 008	7 914.063	14 678.72	134 785	31 334.19	9 707.053	12 473.83	11 406.92	5 576.907	1 768.665
I2	49 736.29	26 792 643	14 899 455	137 342.5	3 135 102	18 938.71	2 474 446	1 406 093	129 104.9	313 214.7	92 511.17	329 978.8	219 154.5	104 775.5	18 514.73	40 875.78
I3	57 505.72	180 665.4	6 149 825	531 863.1	277 756.5	53 981.4	402 795.4	111 865.9	298 762.1	173 159.8	281 887.5	81 341.77	408 520.6	175 568.6	59 558.55	16 135.77
I4	27 837.33	19 860.54	10 803.25	7 328 082	101 647.2	34 447.97	122 578.8	151 459.4	116 587.5	381 036	838 556.7	205 352.6	488 695.5	42 002.74	75 122.21	6 124.496
I5	743 920.4	276 076.9	392 224.2	250 465.9	7 395 949	16 045.91	2 119 838	1 037 951	122 088.2	383 734.8	939 858.4	325 377.1	763 605	1 197 621	291 110	200 007
I6	74 271.46	84 082.97	206 809.9	131 836.9	84 812.31	7 965 631	1 464 281	508 718.5	4 277 428	372 289.4	989 184.6	518 451.1	604 472.2	175 199.4	72 243.12	61 885.99
I7	1 430 999	11 011 643	3 083 088	2 177 195	4 158 079	423 279.9	126 342 268	3 031 577	1 629 645	2 062 232	5 578 601	5 137 891	10 692 497	21 050 937	1 492 189	936 244.5
I8	244 942.4	18 851.56	137 747.8	148 508.3	65 892.9	21 166.76	455 562.6	12 658 277	817 897.3	1 664 226	1 310 128	96 038.39	2 863 423	5 997 173	39 591.91	6 329.609
I9	11 987.96	185 792.8	19 020.07	555 087.6	1 050 532	15 485.14	1 320 622	1 076 046	68 123 137	18 103 118	30 193 794	16 209 702	32 281 790	6 364 203	3 409 540	690 908.5
I10	369 157.6	78 440.33	263 466.5	204 775.9	197 868.7	49 178.06	1 870 704	739 612.9	20 837 249	5 463 597	3 202 620	2 946 976	3 597 028	2 236 551	4 519 382	298 508.8
I11	208 810.9	747 324.3	316 884.7	94 236.27	358 156.4	189 945.3	1 977 639	1 379 168	2 905 942	1 457 887	13 344 710	11 073 002	9 519 127	1 454 866	3 049 571	129 027.1
I12	10 461.68	7 238.106	40 765.02	3 524.283	8 272.016	6 751.849	41 607.26	29 372.07	212 457.1	25 970.93	822 511.3	22 751 504	284 005.8	515 415.2	7 883.799	39 436.81
I13	32 973.22	68 242.94	89 086.14	235 934.5	140 342.1	66 927.22	549 060.7	284 958.3	542 442.9	873 822	11 456 441	2 387 208	28 568 959	11 564 755	2 342 732	73 974.03
I14	6 080.001	14 496.82	4 575.419	5 385.668	392 823.6	2 799.598	27 663.24	84 022.24	57 878.56	71 353.59	2 509 617	3 435 410	4 551 820	65 000 483	968 027.7	8 130.617
I15	9 605.96	7 950.826	69 380.67	58 615.04	10 454.51	39 108.25	191 642	31 970.89	211 069.1	334 774.1	822 167.3	195 911.1	489 025.2	6 645 164	1 634 330	521.651
I16	1 309.348	50 531.12	116 934.3	2 932.387	583 132.9	3 948.47	334 259.8	230 300.6	1 435 658	389 803.6	483 241	29 635.29	136 670.5	8 445.637	18 005.67	26 936.17

附 录

表 B－3　2014 年江苏省投入产出补全表

单位：亿元

产出＼投入	I1	I2	I3	I4	I5	I6	I7	I8	I9	I10	I11	I12	I13	I14	I15	I16
I1	8 968.523	40 392.84	420.272 2	130 358.6	18 463.59	110 396	10 544 918	9 491.613	17 810.46	172 488.5	38 807.52	10 646.7	14 129.14	12 549.13	6 124.253	2 334.934
I2	51 706.37	27 691 624	13 746 702	137 254.7	3 473 505	19 238.13	2 596 390	1 538 936	142 953.8	365 785.6	104 558	330 278.1	226 533.4	105 189.1	18 554.23	50 183.09
I3	77 103.54	240 824.4	7 317 851	685 511.2	396 892.8	70 721.13	545 091.1	157 905.3	426 649.1	260 809.9	410 895.8	105 002.6	544 613.4	227 326.7	76 977.23	24 917.81
I4	34 533.39	24 494.29	11 893.87	8 738 832	134 385.5	41 755.82	153 478.7	197 807.8	154 044.3	530 996.2	1 130 932	245 264.6	602 783.1	50 318.7	89 832.77	8 927.171
I5	885 893.3	326 849.1	414 521.3	286 718.1	9 386 301	18 670.72	2 547 879	1 301 270	154 849.9	513 333.9	1 216 774	373 048.2	904 138.3	1 377 255	334 169.6	281 066.6
I6	74 223.11	83 538.65	183 419.7	126 650.1	90 327.85	7 778 201	1 476 940	535 217.6	4 552 836	417 937.8	1 074 700	498 824.7	600 626.7	169 079.1	69 593.47	72 801.93
I7	1 487 418	11 379 099	2 844 048	2 175 415	4 606 084	429 895.6	132 545 054	3 317 400	1 804 133	2 407 936	6 303 930	5 141 637	11 050 547	21 130 276	1 495 107	1 149 538
I8	252 645.9	19 331.16	126 092.9	147 248.4	72 432.36	21 332.64	47 4261.5	13 745 441	898 523.1	1 928 300	1 469 111	95 370.98	2 936 602	5 973 587	39 364.95	7 701.441
I9	9 698.859	149 439.8	13 656.67	431 706.1	905 795.6	12 241.63	1 078 388	916 519.8	58 701 866	16 452 898	26 557 392	12 626 216	25 968 324	4 972 324	2 659 046	641 608
I10	368 869.2	77 922.39	233 638	196 693.9	210 709.1	48 014.65	1 886 631	778 038	22 175 993	6 132 719	3 479 033	2 835 046	3 573 679	2 158 141	4 353 059	350 605.4
I11	253 239.2	901 050.5	341 064.6	109 862	462 909.5	225 085.8	2 420 729	1 760 884	3 753 591	1 986 166	17 594 606	12 929 039	11 478 525	1 703 889	3 565 098	184 666.4
I12	12 142.83	8 352.292	41 991.72	3 932.247	10 232.35	7 657.43	48 742.63	35 891.26	262 646.6	33 862.56	1 037 894	25 424 451	327 760.6	577 718.1	8 820.818	47 252.59
I13	37 144.44	76 427.99	89 063.58	255 490.9	168 486.9	73 667.69	624 272.5	337 947.8	650 831.6	1 105 781	14 030 552	2 589 081	31 999 119	12 580 826	2 543 958	77 180.3
I14	5 786.717	13 712.14	3 864.711	4 927.42	398 448.1	2 603.551	26 573.76	84 189.62	58 671.66	76 288.35	2 596 741	3 147 967	4 307 496	59 742 777	888 119.2	7 903.579
I15	12 206.52	10 044.44	78 243.3	71 599.78	14 157.95	48 558.06	245 789.3	42 770.23	285 665.5	477 877.7	1 135 805	239 680.7	617 864.8	8 154 495	2 001 915	783.207 3
I16	1 429.081	49 345.74	118 739.4	2 699.051	730 447.4	3 678.675	395 948.9	284 697.1	1 711 773	514 695.1	616 664.4	33 247.37	159 623.6	9 326.884	20 366.55	37 361.43

表 B-4　2016年江苏省投入产出补全表

单位：亿元

产出\投入	I1	I2	I3	I4	I5	I6	I7	I8	I9	I10	I11	I12	I13	I14	I15	I16
I1	11 480.589	43 573.61	450.114 3	190 902.2	29 017.32	148 661.8	13 861 261	15 070.26	20 394.44	282 007.8	64 663.73	14 213.24	23 356.78	16 797.72	10 094.6	3 770.82
I2	66 170.29	29 863 678	14 718 596	200 943.6	5 457 388	25 899.08	3 411 970	2 442 738	163 646.9	597 865.3	167 538.3	440 791.5	374 373.6	140 761.2	30 574.17	61 300.16
I3	80 909.78	212 962.4	6 424 793	822 942.1	511 326	78 068.97	587 370.4	205 523.1	400 489.2	349 549.3	564 944.1	114 910.9	738 021.5	249 442.6	104 011.6	25 966.98
I4	33 080.12	19 772.83	9 532.354	9 576 555	158 044.1	42 077.26	150 970.6	235 022.1	131 997.9	649 646.4	1 420 070	245 017.6	745 663.7	50 402.35	110 804	11 375.96
I5	862 152.8	268 056.3	337 519.3	319 216.9	11 214 896	19 114.66	2 546 232	1 570 752	134 805.3	638 058.5	1 554 817	378 618.9	1 136 297	1 401 557	418 757.4	396 895.9
I6	62 658.33	59 429.62	129 549.1	122 313.2	93 617.99	6 907 508	1 280 321	560 412	3 438 072	450 618.5	1 187 484	439 159.3	654 784.4	149 253	75 648.6	53 681.06
I7	1 414 017	9 116 025	2 262 078	2 365 876	5 375 905	429 919.6	129 390 254	3 911 623	1 534 206	2 923 644	7 742 735	5 097 505	13 566 242	21 004 888	1 830 150	1 596 631
I8	215 989.8	13 926.91	90 190.45	144 012.3	76 024.16	19 185.28	416 346.7	14 575 286	687 137.4	2 105 491	1 646 297	85 029.92	3 242 053	5 340 103	43 333.46	5 929.387
I9	7 079.854	91 927.59	8 340.6	360 512.2	811 767.9	9 400.227	808 341.7	829 818.1	38 330 892	15 339 239	25 737 709	9 611 947	24 479 449	3 795 391	2 499 322	375 899.9
I10	326 751.8	58 167.95	173 156.2	199 326.3	229 153.7	44 742.68	1 716 125	854 838.1	17 572 035	6 938 354	4 029 584	2 619 029	4 088 041	1 999 028	4 965 156	448 182.2
I11	259 559.5	776 954	290 888.9	126 814.8	579 173.4	238 136.9	2 513 035	2 186 845	3 385 948	2 587 347	2 483 6721	13 478 748	14 793 030	1 825 499	4 609 226	203 489.3
I12	15 704.59	9 103.077	45 438	5 818.023	16 247.26	10 418.19	64 733.92	57 574.85	303 858.8	55 935.07	1 670 231	34 291 996	547 416	781 296.8	14 689.54	47 793
I13	31 498.52	54 616.6	63 189.57	247 856.2	175 412.4	65 716.73	543 609.2	355 453.9	493 694.5	1 197 632	16 005 160	2 289 689	35 041 960	11 155 754	2 777 787	51 004.79
I14	6 734.712	13 453.22	3 763.16	6 560.462	569 320.1	3 187.538	31 758.21	121 529.8	61 081.33	113 397.3	4 075 095	3 820 774	6 473 895	72 705 223	1 330 916	7 732.189
I15	11 985.74	8 311.408	64 279	80 429.02	17 067.56	50 157.63	247 829.2	52 089.72	250 913.6	599 304.6	1 522 688	245 437.4	783 466.8	8 372 662	2 531 113	1 139.388
I16	18 710.74	1 228 025	622 152.2	104 416.9	617 647	133 598.1	327 009.9	255 189.2	11 963 924	402 537.8	659 293.9	74 013.89	536 310.1	61 882.8	22 019.71	143 076.3

附　录

表 B-5　2018 年江苏省投入产出补全表

单位：亿元

产出\投入	I1	I2	I3	I4	I5	I6	I7	I8	I9	I10	I11	I12	I13	I14	I15	I16
I1	16 259 447	348 654.9	1 782 686	121 005.2	452 905.4	55 711.7	1 930 603	136 884	483 055.7	75 623.79	589 801.4	255 069.9	244 027	513 936	73 907.33	18 848.95
I2	189 363	22 949 029	15 618 487	129 328.6	2 143 403	113 354.4	2 563 910	686 982.4	94 294.61	299 684.7	135 775.5	1 445 533	999 648.7	300 278	40 370.98	191 030.6
I3	124 621.7	477 784.9	4 750 239	111 324.8	209 764.3	3 839.015	512 210.5	55 558.25	51 905.19	50 905.37	181 329.8	180 490.2	163 758	153 326.4	27 312.84	35 840.73
I4	267 755.6	98 328.76	35 610.6	8 383 386	1 425 196	759.953 8	505 324.7	171 053.9	20 176.1	173 379.2	399 924.8	86 858.22	702 146.4	400 320.8	243 951.7	64 256.86
I5	1 228 204	749 412.8	241 840.8	1 000 543	10 247 058	2 275.338	4 509 411	1 063 660	373 921.9	577 370.3	903 532.9	513 450.6	919 286	1 552 787	183 724.6	177 835.9
I6	131 611.8	112 793.8	156 162.3	388 423.7	189 607.2	1 660 445	9 422 633	1 306 969	8 269 960	644 425.8	1 842 930	265 407.6	571 641.3	276 516.4	66 163.9	7 143.957
I7	2 371 948	9 188 367	1 293 398	1 878 149	6 611 403	320 865.9	100 133 168	3 606 051	1 327 806	1 761 471	6 604 545	3 382 178	12 998 087	11 702 950	1 239 202	340 795.4
I8	225 444.8	67 727.7	80 615.3	153 157	258 351.4	302 896.2	1 092 103	11 909 956	843 857.4	336 611.9	466 442.5	524 433	6 982 855	2 699 421	185 849.2	51 794.46
I9	46 633.19	81 525.59	9 460.124	306 419.9	3 820 159	5 844.892	2 701 784	3 766 529	40 171 557	25 692 268	24 080 146	11 532 715	51 036 260	10 321 535	2 487 957	437 634
I10	459 999	317 759.7	392 494.6	257 450.5	492 919	3 416.45	1 741 295	509 077.1	328 728.9	11 441 773	14 062 146	4 692 776	5 669 097	5 127 906	1 402 053	27 299.47
I11	266 823	622 843.9	67 182.31	219 893.5	648 674.7	44 533.09	1 231 615	815 780.9	455 806	771 048.4	24 819 190	7 155 576	10 705 492	6 642 142	2 615 910	82 408.89
I12	26 906.2	3 419.084	1 927.904	4 521.586	3 087.925	218.995 9	19 062.28	10 660.14	26 648.28	3 262.526	2 852 249	39 688 334	8 554.734	329 415.2	153 914.4	16 090.03
I13	24 331.29	163 995.2	6 924.816	104 119.6	19 016.29	3 469.179	529 379.2	44 327.44	51 729.72	452 969	8 966 507	4 709 480	35 131 107	6 408 458	1 727 344	7 684.006
I14	17 489.61	4 385.539	4 788.796	12 581.69	97 276.21	612.039	899 682.6	11 854.35	63 076.5	154 696.9	7 189 612	3 629 955	8 281 321	99 827 502	11 009 570	1 764.937
I15	4 379.015	1 933.869	467.313 7	1 292.416	4 623.83	8 968.01	70 883.52	6 065.553	15 520.37	4 520.721	1 517 242	1 145 037	797 128.4	96 169.54	7 923 087	798.751 7
I16	916 452.5	1 060 918	1 815 583	879 728.1	2 078 581	284 858.4	4 095 142	2 213 044	8 869 526	3 042 213	3 802 824	1 720 039	3 094 933	1 395 899	1 375 210	1 471 540

表 B-6　2019年江苏省投入产出补全表

单位：亿元

产出\投入	I1	I2	I3	I4	I5	I6	I7	I8	I9	I10	I11	I12	I13	I14	I15	I16
I1	17 367 486	334 550.8	1 653 126	121 528.7	481 441.9	55 842.09	1 852 117	143 743.4	486 579.7	76 736.11	646 193.5	279 694.3	272 832.4	576 446.1	87 044.03	17 475.76
I2	202 267.6	22 020 669	14 483 391	129 888.2	2 278 454	113 619 7	2 459 678	721 407.5	94 982.51	304 092.4	148 757.3	1 585 085	1 117 649	336 800.8	47 546.74	177 581.6
I3	133 114.3	458 457	4 405 009	111 806.5	222 981	3 848	491 387.2	58 342.31	52 283.85	51 654.12	198 667.1	197 914.7	183 088.4	171 975.5	32 167.57	33 292.47
I4	286 002.4	94 351.06	33 022.55	8 419 656	1 514 994	761 732.5	484 781.4	179 625.5	20 323.29	175 929.4	438 162.3	95 243.49	785 029.2	449 011.9	287 313	59 657.76
I5	1 311 903	719 096.7	224 264.7	1 004 872	10 892 699	2 280.663	4 326 086	1 116 960	376 649.8	585 862.6	989 921.4	563 018.9	1 027 800	1 741 652	216 380.9	165 294.1
I6	140 580.8	108 230.9	144 813	390 104.1	201 553.9	1 664 331	9 039 568	1 372 462	8 330 292	653 904.4	2 019 136	291 029.9	639 119.1	310 149.1	77 924.24	6 587.108
I7	2 533 591	8 816 669	1 199 398	1 886 275	7 027 971	321 616.8	96 062 382	3 786 752	1 337 493	1 787 380	7 236 018	3 708 692	14 532 409	13 126 380	1 459 465	316 341.9
I8	240 808.2	64 987.9	74 756.46	153 819.7	274 629.4	303 605.1	1 047 705	12 506 770	850 013.5	341 563	511 040	575 061.5	7 807 126	3 027 751	218 883.1	48 114.36
I9	49 811.12	78 227.62	8 772.595	307 745.6	4 060 858	5 858.572	2 591 947	3 955 272	40 464 617	26 070 166	26 382 495	12 646 079	57 060 688	11 577 011	2 930 180	401 672.3
I10	491 346.7	304 905.3	363 969.5	258 564.3	523 976.6	3 424.446	1 670 505	534 587.2	331 127.1	11 610 066	15 406 655	5 145 815	6 338 290	5 751 613	1 651 261	22 977.1
I11	285 006.3	597 647.9	62 299.74	220 844.9	689 546.1	44 637.32	1 181 546	856 660.1	459 131.2	782 389.5	27 192 200	7 846 373	11 969 191	7 450 026	3 080 877	75 728.82
I12	28 739.79	3 280.771	1 787.791	4 541.148	3 281.8	219.508 5	18 287.33	11 194.32	26 842.69	3 310.513	3 124 958	43 519 832	9 564.552	369 482	181 272.1	11 441.9
I13	25 989.4	15 7361.1	6 421.545	104 570	20 214.46	3 477.299	507 858	46 548.71	52 107.1	459 631.6	9 823 812	5 164 132	39 278 058	7 187 919	2 034 371	5 534.66
I14	18 681.49	4 208.13	4 440.763	12 636.12	103 405.3	613.471 5	863 107.2	12 448.38	63 536.66	156 972.3	7 877 025	3 980 390	9 258 866	111 969 527	12 966 472	1 618.859
I15	4 677.434	1 855.638	433.351	1 298.007	4 915.166	8 988.99	68 001.84	6 369.501	15 633.6	4 587.214	1 662 308	1 255 578	891 223.1	107 866.6	9 331 380	573.808 4
I16	978 906.4	1 018 000	1 683 633	883 534.2	2 209 547	285 525.1	3 928 659	2 323 941	8 934 231	3 086 960	4 166 419	1 886 091	3 460 266	1 565 682	1 619 647	1 367 587

附　录

表 B-7　2020 年江苏省投入产出补全表

单位：亿元

产出\投入	I1	I2	I3	I4	I5	I6	I7	I8	I9	I10	I11	I12	I13	I14	I15	I16
I1	18 551 036	321 017.1	1 532 983	122 054.5	511 776.7	55 972.6	1 776 821	150 946.4	490 129.4	77 864.79	707 977.3	306 695.9	305 038.1	646 559.3	102 515.7	16 213.1
I2	216 051.7	21 129 863	13 430 790	130 450.1	2 422 014	113 885.6	2 359 683	757 557.6	95 675.43	308 565.2	162 980.3	1 738 108	1 249 579	377 765.9	55 997.96	165 082.8
I3	142 185.7	439 911	4 084 868	112 290.2	237 030.5	3 857.006	471 410.5	61 265.87	52 665.27	52 413.88	217 662	217 021.3	204 700.5	192 892.9	37 885.21	30 931.55
I4	305 492.7	90 534.26	30 622.59	8 456 083	1 610 450	763 515.3	465 073.2	188 626.7	20 471.55	178 517.1	480 055.9	104 438.3	877 695.7	503 625.2	338 381.6	55 405.6
I5	1 401 306	690 006.9	207 965.9	1 009 220	11 579 022	2 286.001	4 150 215	1 172 932	379 397.5	594 479.9	1 084 570	617 372.5	1 149 124	1 953 490	338 381.6	153 644.7
I6	150 161.1	103 852.6	134 288.5	391 791.9	214 253.3	1 668 227	8 672 076	1 441 236	8 391 063	663 522.5	2 212 190	319 125.9	714 562	347 872.5	91 774.93	6 085.375
I7	2 706 248	8 460 007	1 112 230	1 894 435	7 470 786	322 369.6	92 157 087	3 976 508	1 347 250	1 813 670	7 927 867	4 066 728	16 247 845	14 722 943	1 718 878	293 750.9
I8	257 218.7	62 358.94	69 323.43	154 485.1	291 933.2	304 315.7	1 005 112	13 133 492	856 214.6	346 587	559 901.5	630 577.8	8 728 695	3 396 017	257 788.6	44 704.09
I9	53 205.62	75 063.07	8 135.034	309 077	4 316 723	5 872.283	2 486 574	4 153 473	40 759 816	26 453 623	28 904 975	13 866 927	63 796 252	12 985 124	3 451 006	369 758.9
I10	524 830.7	292 570.9	337 517.5	259 683	556 991.1	3 432.461	1 602 592	561 375.7	333 542.7	11 780 834	16 879 714	5 642 590	7 086 475	6 451 183	1 944 766	19 662.73
I11	304 428.8	573 471.1	57 772.02	221 800.4	732 992.7	44 741.78	1 133 511	899 587.9	462 480.6	793 897.4	29 792 098	8 603 859	13 382 059	8 356 173	3 628 489	69 777.75
I12	30 698.33	3 148.054	1 657.86	4 560.795	3 188.578	220.022 2	17 543.88	11 755.28	27 038.51	3 359 741	3 423 741	47 721 221	10 693.57	414 422.2	213 492.4	8 151.123
I13	27 760.52	150 995.4	5 954.85	105 022.4	21 488.13	3 485.437	487 211.6	48 881.29	52 487.23	466 392.1	10 763 085	5 662 675	43 914 523	8 062 186	2 395 972	4 007.949
I14	19 954.58	4 037.898	4 118.024	12 690.7	109 920.7	614.907 3	828 018.6	13 072.17	64 000.17	159 281.1	8 630 162	4 364 655	10 351 802	125 588 389	15 271 204	1 489.489
I15	4 996.189	1 780.572	401 856.6	1 303.623	5 224.859	9 010.028	65 237.31	6 688.681	15 747.65	4 654.686	1 821 244	1 376 792	996 424.9	120 986.5	10 989 992	414.139 8
I16	1 045 616	976 819	1 561 273	887 356.7	2 348 765	286 193.4	3 768 945	2 440 394	8 999 408	3 132 365	4 564 779	2 068 174	3 868 723	1 756 116	1 907 532	1 271 081

附录 C 江苏传统制造业数字化转型价值生态能级跃迁影响因素指标体系

表 C-1 江苏传统制造业数字化转型价值生态能级跃迁影响因素指标体系

一级指标	二级指标	具体指标	指标序号	指标内涵
江苏传统制造业数字化转型价值生态动能分指数 Index KE	产业部门内数字化转型主体数量规模分指数 Index IQ	Index IQ(I1)	1	食品和烟草传统制造业数字化转型主体数量规模分指数
		Index IQ(I2)	2	纺织业数字化转型主体数量规模分指数
		Index IQ(I3)	3	纺织服装鞋帽皮革羽绒及其制品传统制造业数字化转型主体数量规模分指数
		Index IQ(I4)	4	木材加工和家具传统制造业数字化转型主体数量规模分指数
		Index IQ(I5)	5	造纸印刷和文教体育传统制造业数字化转型主体数量规模分指数
		Index IQ(I6)	6	石油、煤炭及其他燃料加工业数字化转型主体数量规模分指数
		Index IQ(I7)	7	化学产品传统制造业数字化转型主体数量规模分指数
		Index IQ(I8)	8	非金属矿物制品业数字化转型主体数量规模分指数
		Index IQ(I9)	9	金属冶炼和压延加工业数字化转型主体数量规模分指数
		Index IQ(I10)	10	金属制品业数字化转型主体数量规模分指数
		Index IQ(I11)	11	通用、专用设备传统制造业数字化转型主体数量规模分指数
		Index IQ(I12)	12	交通运输设备传统制造业数字化转型主体数量规模分指数
		Index IQ(I13)	13	电气机械和器材传统制造业数字化转型主体数量规模分指数
		Index IQ(I14)	14	计算机、通信和其他电子设备传统制造业数字化转型主体数量规模分指数
		Index IQ(I15)	15	仪器仪表传统制造业数字化转型主体数量规模分指数
		Index IQ(I16)	16	废弃资源综合利用业数字化转型主体数量规模分指数

续表

一级指标	二级指标	具体指标	指标序号	指标内涵
江苏传统制造业数字化转型价值生态动能分指数 Index KE	产业部门数字化转型要素投入产出质量分指数 Index IM	Index IM(I1)	17	食品和烟草传统制造业数字化转型要素投入产出质量分指数
		Index IM(I2)	18	纺织业数字化转型要素投入产出质量分指数
		Index IM(I3)	19	纺织服装鞋帽皮革羽绒及其制品传统制造业数字化转型要素投入产出质量分指数
		Index IM(I4)	20	木材加工和家具传统制造业数字化转型要素投入产出质量分指数
		Index IM(I5)	21	造纸印刷和文教体育传统制造业数字化转型要素投入产出质量分指数
		Index IM(I6)	22	石油、煤炭及其他燃料加工业数字化转型要素投入产出质量分指数
		Index IM(I7)	23	化学产品传统制造业数字化转型要素投入产出质量分指数
		Index IM(I8)	24	非金属矿物制品业数字化转型要素投入产出质量分指数
		Index IM(I9)	25	金属冶炼和压延加工业数字化转型要素投入产出质量分指数
		Index IM(I10)	26	金属制品业数字化转型要素投入产出质量分指数
		Index IM(I11)	27	通用、专用设备传统制造业数字化转型要素投入产出质量分指数
		Index IM(I12)	28	交通运输设备传统制造业数字化转型要素投入产出质量分指数
		Index IM(I13)	29	电气机械和器材传统制造业数字化转型要素投入产出质量分指数
		Index IM(I14)	30	计算机、通信和其他电子设备传统制造业数字化转型要素投入产出质量分指数
		Index IM(I15)	31	仪器仪表传统制造业数字化转型要素投入产出质量分指数
		Index IM(I16)	32	废弃资源综合利用业数字化转型要素投入产出质量分指数

续表

一级指标	二级指标	具体指标	指标序号	指标内涵
江苏传统制造业数字化转型价值生态动能分指数 Index KE	产业部门数字化转型要素投入产出增长率分指数 Index IS	Index IS(I1)	33	食品和烟草传统制造业数字化转型要素投入产出增长率分指数
		Index IS(I2)	34	纺织业数字化转型要素投入产出增长率分指数
		Index IS(I3)	35	纺织服装鞋帽皮革羽绒及其制品传统制造业数字化转型要素投入产出增长率分指数
		Index IS(I4)	36	木材加工和家具传统制造业数字化转型要素投入产出增长率分指数
		Index IS(I5)	37	造纸印刷和文教体育传统制造业数字化转型要素投入产出增长率分指数
		Index IS(I6)	38	石油、煤炭及其他燃料加工业数字化转型要素投入产出增长率分指数
		Index IS(I7)	39	化学产品传统制造业数字化转型要素投入产出增长率分指数
		Index IS(I8)	40	非金属矿物制品业数字化转型要素投入产出增长率分指数
		Index IS(I9)	41	金属冶炼和压延加工业数字化转型要素投入产出增长率分指数
		Index IS(I10)	42	金属制品业数字化转型要素投入产出增长率分指数
		Index IS(I11)	43	通用、专用设备传统制造业数字化转型要素投入产出增长率分指数
		Index IS(I12)	44	交通运输设备传统制造业数字化转型要素投入产出增长率分指数
		Index IS(I13)	45	电气机械和器材传统制造业数字化转型要素投入产出增长率分指数
		Index IS(I14)	46	计算机、通信和其他电子设备传统制造业数字化转型要素投入产出增长率分指数
		Index IS(I15)	47	仪器仪表传统制造业数字化转型要素投入产出增长率分指数
		Index IS(I16)	48	废弃资源综合利用业数字化转型要素投入产出增长率分指数

附　录

续表

一级指标	二级指标	具体指标	指标序号	指标内涵
江苏传统制造业数字化转型价值生态势能分指数 Index PE	产业部门内数字化转型协同关系分指数 Index EF	Index EF(I1)	49	食品和烟草传统制造业产业部门内数字化转型协同关系分指数
		Index EF(I2)	50	纺织业产业部门内数字化转型协同关系分指数
		Index EF(I3)	51	纺织服装鞋帽皮革羽绒及其制品传统制造业产业部门内数字化转型协同关系分指数
		Index EF(I4)	52	木材加工和家具传统制造业产业部门内数字化转型协同关系分指数
		Index EF(I5)	53	造纸印刷和文教体育传统制造业产业部门内数字化转型协同关系分指数
		Index EF(I6)	54	石油、煤炭及其他燃料加工业产业部门内数字化转型协同关系分指数
		Index EF(I7)	55	化学产品传统制造业产业部门内数字化转型协同关系分指数
		Index EF(I8)	56	非金属矿物制品业产业部门内数字化转型协同关系分指数
		Index EF(I9)	57	金属冶炼和压延加工业产业部门内数字化转型协同关系分指数
		Index EF(I10)	58	金属制品业产业部门内数字化转型协同关系分指数
		Index EF(I11)	59	通用、专用设备传统制造业产业部门内数字化转型协同关系分指数
		Index EF(I12)	60	交通运输设备传统制造业产业部门内数字化转型协同关系分指数
		Index EF(I13)	61	电气机械和器材传统制造业产业部门内数字化转型协同关系分指数
		Index EF(I14)	62	计算机、通信和其他电子设备传统制造业产业部门内数字化转型协同关系分指数
		Index EF(I15)	63	仪器仪表传统制造业产业部门内数字化转型协同关系分指数
		Index EF(I16)	64	废弃资源综合利用业产业部门内数字化转型协同关系分指数

续表

一级指标	二级指标	具体指标	指标序号	指标内涵
江苏传统制造业数字化转型价值生态势能分指数 Index PE	产业部门间数字化转型协同关系分指数 Index IF	Index IF(I1,I2)	65	食品和烟草传统制造业与纺织业产业部门间数字化转型协同关系分指数
		Index IF(I1,I3)	66	食品和烟草传统制造业与纺织服装鞋帽皮革羽绒及其制品传统制造业产业部门间数字化转型协同关系分指数
		Index IF(I1,I4)	67	食品和烟草传统制造业与木材加工和家具传统制造业产业部门间数字化转型协同关系分指数
		Index IF(I1,I5)	68	食品和烟草传统制造业与造纸印刷和文教体育传统制造业产业部门间数字化转型协同关系分指数
		Index IF(I1,I6)	69	食品和烟草传统制造业与石油、煤炭及其他燃料加工业产业部门间数字化转型协同关系分指数
		Index IF(I1,I7)	70	食品和烟草传统制造业与化学产品传统制造业产业部门间数字化转型协同关系分指数
		Index IF(I1,I8)	71	食品和烟草传统制造业与非金属矿物制品业产业部门间数字化转型协同关系分指数
		Index IF(I1,I9)	72	食品和烟草传统制造业与金属冶炼和压延加工业产业部门间数字化转型协同关系分指数
		Index IF(I1,I10)	73	食品和烟草传统制造业与金属制品业产业部门间数字化转型协同关系分指数
		Index IF(I1,I11)	74	食品和烟草传统制造业与通用、专用设备传统制造业产业部门间数字化转型协同关系分指数
		Index IF(I1,I12)	75	食品和烟草传统制造业与交通运输设备传统制造业产业部门间数字化转型协同关系分指数
		Index IF(I1,I13)	76	食品和烟草传统制造业与电气机械和器材传统制造业产业部门间数字化转型协同关系分指数
		Index IF(I1,I14)	77	食品和烟草传统制造业与计算机、通信和其他电子设备传统制造业产业部门间数字化转型协同关系分指数
		Index IF(I1,I15)	78	食品和烟草传统制造业与仪器仪表传统制造业产业部门间数字化转型协同关系分指数
		Index IF(I1,I16)	79	食品和烟草传统制造业与废弃资源综合利用业产业部门间数字化转型协同关系分指数

续表

一级指标	二级指标	具体指标	指标序号	指标内涵
江苏传统制造业数字化转型价值生态势能分指数 Index PE	产业部门间数字化转型协同关系分指数 Index IF	Index IF(I2,I3)	80	纺织业与纺织服装鞋帽皮革羽绒及其制品传统制造业产业部门间数字化转型协同关系分指数
		Index IF(I2,I4)	81	纺织业与木材加工和家具传统制造业产业部门间数字化转型协同关系分指数
		Index IF(I2,I5)	82	纺织业与造纸印刷和文教体育传统制造业产业部门间数字化转型协同关系分指数
		Index IF(I2,I6)	83	纺织业与石油、煤炭及其他燃料加工业产业部门间数字化转型协同关系分指数
		Index IF(I2,I7)	84	纺织业与化学产品传统制造业产业部门间数字化转型协同关系分指数
		Index IF(I2,I8)	85	纺织业与非金属矿物制品业产业部门间数字化转型协同关系分指数
		Index IF(I2,I9)	86	纺织业与金属冶炼和压延加工业产业部门间数字化转型协同关系分指数
		Index IF(I2,I10)	87	纺织业与金属制品业产业部门间数字化转型协同关系分指数
		Index IF(I2,I11)	88	纺织业与通用、专用设备传统制造业产业部门间数字化转型协同关系分指数
		Index IF(I2,I12)	89	纺织业与交通运输设备传统制造业产业部门间数字化转型协同关系分指数
		Index IF(I2,I13)	90	纺织业与电气机械和器材传统制造业产业部门间数字化转型协同关系分指数
		Index IF(I2,I14)	91	纺织业与计算机、通信和其他电子设备传统制造业产业部门间数字化转型协同关系分指数
		Index IF(I2,I15)	92	纺织业与仪器仪表传统制造业产业部门间数字化转型协同关系分指数
		Index IF(I2,I16)	93	纺织业与废弃资源综合利用业产业部门间数字化转型协同关系分指数
		Index IF(I3,I4)	94	纺织服装鞋帽皮革羽绒及其制品传统制造业与木材加工和家具传统制造业产业部门间数字化转型协同关系分指数

续表

一级指标	二级指标	具体指标	指标序号	指标内涵
江苏传统制造业数字化转型价值生态势能分指数 Index PE	产业部门间数字化转型协同关系分指数 Index IF	Index IF(I3,I5)	95	纺织服装鞋帽皮革羽绒及其制品传统制造业与造纸印刷和文教体育传统制造业产业部门间数字化转型协同关系分指数
		Index IF(I3,I6)	96	纺织服装鞋帽皮革羽绒及其制品传统制造业与石油、煤炭及其他燃料加工业产业部门间数字化转型协同关系分指数
		Index IF(I3,I7)	97	纺织服装鞋帽皮革羽绒及其制品传统制造业与化学产品传统制造业产业部门间数字化转型协同关系分指数
		Index IF(I3,I8)	98	纺织服装鞋帽皮革羽绒及其制品传统制造业与非金属矿物制品业产业部门间数字化转型协同关系分指数
		Index IF(I3,I9)	99	纺织服装鞋帽皮革羽绒及其制品传统制造业与金属冶炼和压延加工业产业部门间数字化转型协同关系分指数
		Index IF(I3,I10)	100	纺织服装鞋帽皮革羽绒及其制品传统制造业与金属制品业产业部门间数字化转型协同关系分指数
		Index IF(I3,I11)	101	纺织服装鞋帽皮革羽绒及其制品传统制造业与通用、专用设备传统制造业产业部门间数字化转型协同关系分指数
		Index IF(I3,I12)	102	纺织服装鞋帽皮革羽绒及其制品传统制造业与交通运输设备传统制造业产业部门间数字化转型协同关系分指数
		Index IF(I3,I13)	103	纺织服装鞋帽皮革羽绒及其制品传统制造业与电气机械和器材传统制造业产业部门间数字化转型协同关系分指数
		Index IF(I3,I14)	104	纺织服装鞋帽皮革羽绒及其制品传统制造业与计算机、通信和其他电子设备传统制造业产业部门间数字化转型协同关系分指数
		Index IF(I3,I15)	105	纺织服装鞋帽皮革羽绒及其制品传统制造业与仪器仪表传统制造业产业部门间数字化转型协同关系分指数
		Index IF(I3,I16)	106	纺织服装鞋帽皮革羽绒及其制品传统制造业与废弃资源综合利用业产业部门间数字化转型协同关系分指数
		Index IF(I4,I5)	107	木材加工和家具传统制造业与造纸印刷和文教体育传统制造业产业部门间数字化转型协同关系分指数
		Index IF(I4,I6)	108	木材加工和家具传统制造业与石油、煤炭及其他燃料加工业产业部门间数字化转型协同关系分指数

续表

一级指标	二级指标	具体指标	指标序号	指标内涵
江苏传统制造业数字化转型价值生态势能分指数 Index PE	产业部门间数字化转型协同关系分指数 Index IF	Index IF(I4,I7)	109	木材加工和家具传统制造业与化学产品传统制造业产业部门间数字化转型协同关系分指数
		Index IF(I4,I8)	110	木材加工和家具传统制造业与非金属矿物制品业产业部门间数字化转型协同关系分指数
		Index IF(I4,I9)	111	木材加工和家具传统制造业与金属冶炼和压延加工业产业部门间数字化转型协同关系分指数
		Index IF(I4,I10)	112	木材加工和家具传统制造业与金属制品业产业部门间数字化转型协同关系分指数
		Index IF(I4,I11)	113	木材加工和家具传统制造业与通用、专用设备传统制造业产业部门间数字化转型协同关系分指数
		Index IF(I4,I12)	114	木材加工和家具传统制造业与交通运输设备传统制造业产业部门间数字化转型协同关系分指数
		Index IF(I4,I13)	115	木材加工和家具传统制造业与电气机械和器材传统制造业产业部门间数字化转型协同关系分指数
		Index IF(I4,I14)	116	木材加工和家具传统制造业与计算机、通信和其他电子设备传统制造业产业部门间数字化转型协同关系分指数
		Index IF(I4,I15)	117	木材加工和家具传统制造业与仪器仪表传统制造业产业部门间数字化转型协同关系分指数
		Index IF(I4,I16)	118	木材加工和家具传统制造业与废弃资源综合利用业产业部门间数字化转型协同关系分指数
		Index IF(I5,I6)	119	造纸印刷和文教体育传统制造业与石油、煤炭及其他燃料加工业产业部门间数字化转型协同关系分指数
		Index IF(I5,I7)	120	造纸印刷和文教体育传统制造业与化学产品传统制造业产业部门间数字化转型协同关系分指数
		Index IF(I5,I8)	121	造纸印刷和文教体育传统制造业与非金属矿物制品业产业部门间数字化转型协同关系分指数
		Index IF(I5,I9)	122	造纸印刷和文教体育传统制造业与金属冶炼和压延加工业产业部门间数字化转型协同关系分指数
		Index IF(I5,I10)	123	造纸印刷和文教体育传统制造业与金属制品业产业部门间数字化转型协同关系分指数

续表

一级指标	二级指标	具体指标	指标序号	指标内涵
江苏传统制造业数字化转型价值生态势能分指数 Index PE	产业部门间数字化转型协同关系分指数 Index IF	Index IF(I5,I11)	124	造纸印刷和文教体育传统制造业与通用、专用设备传统制造业产业部门间数字化转型协同关系分指数
		Index IF(I5,I12)	125	造纸印刷和文教体育传统制造业与交通运输设备传统制造业产业部门间数字化转型协同关系分指数
		Index IF(I5,I13)	126	造纸印刷和文教体育传统制造业与电气机械和器材传统制造业产业部门间数字化转型协同关系分指数
		Index IF(I5,I14)	127	造纸印刷和文教体育传统制造业与计算机、通信和其他电子设备传统制造业产业部门间数字化转型协同关系分指数
		Index IF(I5,I15)	128	造纸印刷和文教体育传统制造业与仪器仪表传统制造业产业部门间数字化转型协同关系分指数
		Index IF(I5,I16)	129	造纸印刷和文教体育传统制造业与废弃资源综合利用业产业部门间数字化转型协同关系分指数
		Index IF(I6,I7)	130	石油、煤炭及其他燃料加工业与化学产品传统制造业产业部门间数字化转型协同关系分指数
		Index IF(I6,I8)	131	石油、煤炭及其他燃料加工业与非金属矿物制品业产业部门间数字化转型协同关系分指数
		Index IF(I6,I9)	132	石油、煤炭及其他燃料加工业与金属冶炼和压延加工业产业部门间数字化转型协同关系分指数
		Index IF(I6,I10)	133	石油、煤炭及其他燃料加工业与金属制品业产业部门间数字化转型协同关系分指数
		Index IF(I6,I11)	134	石油、煤炭及其他燃料加工业与通用、专用设备传统制造业产业部门间数字化转型协同关系分指数
		Index IF(I6,I12)	135	石油、煤炭及其他燃料加工业与交通运输设备传统制造业产业部门间数字化转型协同关系分指数
		Index IF(I6,I13)	136	石油、煤炭及其他燃料加工业与电气机械和器材传统制造业产业部门间数字化转型协同关系分指数
		Index IF(I6,I14)	137	石油、煤炭及其他燃料加工业与计算机、通信和其他电子设备传统制造业产业部门间数字化转型协同关系分指数
		Index IF(I6,I15)	138	石油、煤炭及其他燃料加工业与仪器仪表传统制造业产业部门间数字化转型协同关系分指数

续表

一级指标	二级指标	具体指标	指标序号	指标内涵
江苏传统制造业数字化转型价值生态势能分指数 Index PE	产业部门间数字化转型协同关系分指数 Index IF	Index IF(I6,I16)	139	石油、煤炭及其他燃料加工业与废弃资源综合利用业产业部门间数字化转型协同关系分指数
		Index IF(I7,I8)	140	化学产品传统制造业与非金属矿物制品业产业部门间数字化转型协同关系分指数
		Index IF(I7,I9)	141	化学产品传统制造业与金属冶炼和压延加工业产业部门间数字化转型协同关系分指数
		Index IF(I7,I10)	142	化学产品传统制造业与金属制品业产业部门间数字化转型协同关系分指数
		Index IF(I7,I11)	143	化学产品传统制造业与通用、专用设备传统制造业产业部门间数字化转型协同关系分指数
		Index IF(I7,I12)	144	化学产品传统制造业与交通运输设备传统制造业产业部门间数字化转型协同关系分指数
		Index IF(I7,I13)	145	化学产品传统制造业与电气机械和器材传统制造业产业部门间数字化转型协同关系分指数
		Index IF(I7,I14)	146	化学产品传统制造业与计算机、通信和其他电子设备传统制造业产业部门间数字化转型协同关系分指数
		Index IF(I7,I15)	147	化学产品传统制造业与仪器仪表传统制造业产业部门间数字化转型协同关系分指数
		Index IF(I7,I16)	148	化学产品传统制造业与废弃资源综合利用业产业部门间数字化转型协同关系分指数
		Index IF(I8,I9)	149	非金属矿物制品业与金属冶炼和压延加工业产业部门间数字化转型协同关系分指数
		Index IF(I8,I10)	150	非金属矿物制品业与金属制品业产业部门间数字化转型协同关系分指数
		Index IF(I8,I11)	151	非金属矿物制品业与通用、专用设备传统制造业产业部门间数字化转型协同关系分指数
		Index IF(I8,I12)	152	非金属矿物制品业与交通运输设备传统制造业产业部门间数字化转型协同关系分指数
		Index IF(I8,I13)	153	非金属矿物制品业与电气机械和器材传统制造业产业部门间数字化转型协同关系分指数

续表

一级指标	二级指标	具体指标	指标序号	指标内涵
江苏传统制造业数字化转型价值生态势能分指数 Index PE	产业部门间数字化转型协同关系分指数 Index IF	Index IF(I8,I14)	154	非金属矿物制品业与计算机、通信和其他电子设备传统制造业产业部门间数字化转型协同关系分指数
		Index IF(I8,I15)	155	非金属矿物制品业与仪器仪表传统制造业产业部门间数字化转型协同关系分指数
		Index IF(I8,I16)	156	非金属矿物制品业与废弃资源综合利用业产业部门间数字化转型协同关系分指数
		Index IF(I9,I10)	157	金属冶炼和压延加工业与金属制品业产业部门间数字化转型协同关系分指数
		Index IF(I9,I11)	158	金属冶炼和压延加工业与通用、专用设备传统制造业产业部门间数字化转型协同关系分指数
		Index IF(I9,I12)	159	金属冶炼和压延加工业与交通运输设备传统制造业产业部门间数字化转型协同关系分指数
		Index IF(I9,I13)	160	金属冶炼和压延加工业与电气机械和器材传统制造业产业部门间数字化转型协同关系分指数
		Index IF(I9,I14)	161	金属冶炼和压延加工业与计算机、通信和其他电子设备传统制造业产业部门间数字化转型协同关系分指数
		Index IF(I9,I15)	162	金属冶炼和压延加工业与仪器仪表传统制造业产业部门间数字化转型协同关系分指数
		Index IF(I9,I16)	163	金属冶炼和压延加工业与废弃资源综合利用业产业部门间数字化转型协同关系分指数
		Index IF(I10,I11)	164	金属制品业与通用、专用设备传统制造业产业部门间数字化转型协同关系分指数
		Index IF(I10,I12)	165	金属制品业与交通运输设备传统制造业产业部门间数字化转型协同关系分指数
		Index IF(I10,I13)	166	金属制品业与电气机械和器材传统制造业产业部门间数字化转型协同关系分指数
		Index IF(I10,I14)	167	金属制品业与计算机、通信和其他电子设备传统制造业产业部门间数字化转型协同关系分指数
		Index IF(I10,I15)	168	金属制品业与仪器仪表传统制造业产业部门间数字化转型协同关系分指数

续表

一级指标	二级指标	具体指标	指标序号	指标内涵
江苏传统制造业数字化转型价值生态势能分指数 Index PE	产业部门间数字化转型协同关系分指数 Index IF	Index IF(I10,I16)	169	金属制品业与废弃资源综合利用业产业部门间数字化转型协同关系分指数
		Index IF(I11,I12)	170	通用、专用设备传统制造业与交通运输设备传统制造业产业部门间数字化转型协同关系分指数
		Index IF(I11,I13)	171	通用、专用设备传统制造业与电气机械和器材传统制造业产业部门间数字化转型协同关系分指数
		Index IF(I11,I14)	172	通用、专用设备传统制造业与计算机、通信和其他电子设备传统制造业产业部门间数字化转型协同关系分指数
		Index IF(I11,I15)	173	通用、专用设备传统制造业与仪器仪表传统制造业产业部门间数字化转型协同关系分指数
		Index IF(I11,I16)	174	通用、专用设备传统制造业与废弃资源综合利用业产业部门间数字化转型协同关系分指数
		Index IF(I12,I13)	175	交通运输设备传统制造业与电气机械和器材传统制造业产业部门间数字化转型协同关系分指数
		Index IF(I12,I14)	176	交通运输设备传统制造业与计算机、通信和其他电子设备传统制造业产业部门间数字化转型协同关系分指数
		Index IF(I12,I15)	177	交通运输设备传统制造业与仪器仪表传统制造业产业部门间数字化转型协同关系分指数
		Index IF(I12,I16)	178	交通运输设备传统制造业与废弃资源综合利用业产业部门间数字化转型协同关系分指数
		Index IF(I13,I14)	179	电气机械和器材传统制造业与计算机、通信和其他电子设备传统制造业产业部门间数字化转型协同关系分指数
		Index IF(I13,I15)	180	电气机械和器材传统制造业与仪器仪表传统制造业产业部门间数字化转型协同关系分指数
		Index IF(I13,I16)	181	电气机械和器材传统制造业与废弃资源综合利用业产业部门间数字化转型协同关系分指数
		Index IF(I14,I15)	182	计算机、通信和其他电子设备传统制造业与仪器仪表传统制造业产业部门间数字化转型协同关系分指数
		Index IF(I14,I16)	183	计算机、通信和其他电子设备传统制造业与废弃资源综合利用业产业部门间数字化转型协同关系分指数
		Index IF(I15,I16)	184	仪器仪表传统制造业与废弃资源综合利用业产业部门间数字化转型协同关系分指数

附录 D 2011—2020 年江苏传统制造业数字化转型价值生态能级跃迁影响因素灰色关联分析结果

表 D-1 2011—2020 年江苏传统制造业数字化转型价值生态能级跃迁影响因素灰色关联系数和灰色关联度测算结果

指标序号	2011年	2012年	2013年	2014年	2015年	2016年	2017年	2018年	2019年	2020年	灰色关联度	排序
1	0.515	0.978	0.585	0.715	0.573	0.615	0.615	0.647	0.566	0.674	0.648	72
2	0.364	0.681	0.477	0.748	0.454	0.902	0.489	0.501	0.685	0.647	0.595	107
3	0.335	0.555	0.408	0.526	0.615	0.660	0.647	0.666	0.608	0.528	0.555	127
4	0.398	0.691	0.462	0.615	0.608	0.618	0.539	0.567	0.565	0.638	0.570	117
5	0.695	1.000	0.617	0.582	0.580	0.611	0.770	0.797	0.782	0.584	0.702	32
6	0.589	0.653	0.919	0.676	0.503	0.659	0.633	0.823	0.613	0.751	0.682	44
7	0.430	0.762	0.510	0.648	0.518	0.807	0.589	0.607	0.681	0.800	0.635	85
8	0.680	0.689	0.830	0.882	0.447	0.965	0.526	0.547	0.913	0.593	0.707	26
9	0.340	0.574	0.419	0.570	0.511	0.893	0.591	0.401	0.626	0.729	0.565	120
10	0.694	0.665	0.952	0.824	0.389	0.662	0.456	0.635	0.902	0.627	0.651	70
11	0.715	0.676	0.923	0.927	0.428	0.796	0.548	0.560	0.888	0.613	0.680	47
12	0.736	0.645	0.971	0.879	0.437	0.922	0.664	0.701	0.750	0.602	0.704	29
13	0.609	0.799	0.764	0.872	0.489	0.863	0.693	0.725	0.931	0.699	0.717	21
14	0.633	0.824	0.737	0.936	0.409	0.857	0.505	0.525	0.848	0.675	0.666	54
15	0.602	0.827	0.745	0.899	0.398	0.780	0.569	0.544	0.900	0.707	0.668	53
16	0.389	0.893	0.565	0.639	0.578	0.801	0.475	0.473	0.721	0.937	0.617	94
17	0.611	0.572	0.963	0.576	0.367	0.911	0.865	0.739	0.750	1.000	0.711	24
18	-0.334	-0.811	-0.606	-0.818	-0.457	-0.978	-0.464	-0.422	-0.480	-0.491	-0.730	181
19	-0.345	-0.770	-0.882	-0.886	-0.421	-0.767	-0.473	-0.450	-0.509	-0.506	-0.722	179
20	0.585	0.977	0.629	0.732	0.622	0.570	0.837	0.516	0.530	0.531	0.609	100
21	-0.804	-0.860	-0.629	-0.684	-0.600	-0.546	-0.457	-0.431	-0.494	-0.522	-0.634	163
22	-0.399	-0.523	-0.529	-0.778	-0.436	-0.543	-0.681	-0.619	-0.589	-0.512	-0.616	162
23	-0.864	-0.511	-0.709	-0.567	-0.344	-0.584	-0.793	-0.960	-0.763	-0.750	-0.495	144
24	0.910	0.946	0.543	0.646	0.562	0.545	0.417	0.397	0.514	0.581	0.563	124

续表

指标序号	2011年	2012年	2013年	2014年	2015年	2016年	2017年	2018年	2019年	2020年	灰色关联度	排序
25	0.456	0.964	0.546	0.565	0.469	0.745	0.869	0.897	0.662	0.547	0.629	87
26	0.946	0.756	0.667	0.679	0.631	0.567	0.836	0.933	0.591	0.550	0.671	51
27	1.000	0.566	0.935	0.783	0.410	0.964	0.859	0.886	0.696	0.536	0.722	18
28	0.849	0.766	0.576	0.610	0.688	0.585	0.932	0.970	0.666	0.722	0.683	42
29	0.909	0.766	0.863	0.968	0.506	0.564	0.912	0.774	1.000	0.696	0.753	4
30	0.719	0.675	0.735	0.924	0.415	0.876	0.807	0.799	0.926	0.557	0.693	36
31	−0.661	−0.521	−0.749	−0.593	−0.348	−0.585	−0.943	−0.853	−0.774	−0.543	−0.471	142
32	0.499	0.591	0.518	0.571	0.719	0.549	0.503	0.403	0.568	0.567	0.481	140
33	−0.343	−0.897	−0.792	−0.555	−0.414	−0.676	−0.516	−0.636	−0.714	−0.769	−0.664	167
34	−0.335	−0.710	−0.615	−0.611	−0.634	−0.623	−0.777	−0.550	−0.521	−0.538	−0.607	160
35	−0.338	−0.927	−0.811	−0.517	−0.478	−0.855	−0.554	−0.513	−0.513	−0.860	−0.701	171
36	−0.335	−0.529	−0.894	−0.833	−0.613	−0.749	−0.566	−0.553	−0.519	−0.895	−0.662	166
37	0.636	0.656	0.779	0.497	0.626	0.678	0.717	0.414	0.606	0.582	0.601	103
38	0.909	0.975	0.420	1.000	0.760	0.510	0.884	0.538	0.754	0.697	0.729	9
39	0.611	0.536	0.746	0.766	0.695	0.684	0.785	0.733	0.860	0.506	0.675	49
40	−0.379	−0.542	−0.537	−0.734	−0.558	−0.800	−0.711	−0.791	−0.853	−0.668	−0.657	165
41	0.427	0.632	0.621	0.580	0.539	0.640	0.713	0.993	0.518	0.958	0.645	75
42	−0.336	−0.749	−0.667	−0.687	−0.814	−0.759	−0.481	−0.417	−0.587	−0.911	−0.732	182
43	0.389	0.542	0.913	0.589	0.770	0.746	0.815	0.768	0.787	0.501	0.665	56
44	−0.494	−0.536	−0.923	−0.480	−0.393	−0.848	−0.645	−0.503	−0.559	−0.535	−0.613	161
45	0.513	0.909	0.840	0.477	0.948	0.601	0.411	0.557	0.622	0.715	0.642	79
46	0.913	0.706	0.717	0.486	0.378	0.918	0.485	0.410	0.501	0.797	0.588	108
47	−0.416	−0.525	−0.774	−0.919	−0.426	−0.821	−0.664	−0.639	−0.546	−0.512	−0.607	159
48	0.768	0.892	1.000	0.735	0.922	0.938	0.658	0.617	0.533	0.526	0.715	22
49	0.759	0.596	0.862	0.668	0.587	0.573	0.445	0.506	0.760	0.893	0.620	93
50	0.576	0.562	0.646	0.883	0.699	0.876	0.442	0.441	0.541	0.542	0.576	113
51	0.397	0.960	0.891	0.759	0.491	0.580	0.914	0.891	0.634	0.604	0.669	52
52	0.626	0.838	0.984	0.671	0.370	0.561	0.819	0.884	0.632	0.693	0.664	57

续表

指标序号	2011年	2012年	2013年	2014年	2015年	2016年	2017年	2018年	2019年	2020年	灰色关联度	排序
53	0.689	0.639	0.495	0.651	0.776	0.593	0.420	0.425	0.535	0.550	0.532	133
54	−0.354	−0.543	−0.812	−0.612	−0.345	−0.522	−0.638	−0.689	−0.767	−0.825	−0.601	158
55	−0.575	−0.557	−0.722	−0.551	−0.336	−0.509	−0.806	−0.822	−0.634	−0.609	−0.472	143
56	0.643	0.590	0.422	0.527	0.690	0.558	0.413	0.424	0.521	0.522	0.486	138
57	0.753	0.730	0.577	0.692	0.683	0.988	0.652	0.625	0.791	0.698	0.682	43
58	0.780	0.741	0.532	0.629	0.565	0.778	0.936	0.963	0.836	0.843	0.729	11
59	0.397	0.608	0.900	0.830	0.455	0.905	1.000	0.965	0.734	0.722	0.723	17
60	0.766	0.611	0.455	0.565	0.633	0.642	0.580	0.563	0.767	0.796	0.596	106
61	0.708	0.988	0.631	0.913	0.518	0.641	0.678	0.775	0.910	0.820	0.727	15
62	0.634	0.781	0.761	0.957	0.455	0.976	0.573	0.649	0.874	0.691	0.702	31
63	−0.443	−0.543	−0.761	−0.573	−0.355	−0.600	−0.983	−0.865	−0.584	−0.572	−0.501	145
64	−0.336	−0.820	−0.783	−0.769	−0.428	−0.786	−0.407	−0.418	−0.502	−0.505	−0.724	180
65	0.585	0.575	0.708	1.000	0.611	0.755	0.419	0.429	0.546	0.561	0.565	121
66	0.418	0.631	0.819	0.802	0.564	0.612	0.733	0.776	0.683	0.627	0.612	98
67	0.531	0.718	0.795	0.765	0.438	0.611	0.641	0.854	0.676	0.626	0.611	99
68	0.638	0.583	0.688	0.958	0.675	0.933	0.416	0.430	0.564	0.592	0.596	105
69	−0.365	−0.750	−0.939	−0.677	−0.389	−0.543	−0.736	−0.839	−0.597	−0.617	−0.562	151
70	−0.488	−0.777	−0.811	−0.596	−0.379	−0.539	−0.908	−0.955	−0.616	−0.563	−0.503	146
71	0.621	0.571	0.611	0.827	0.624	0.980	0.417	0.436	0.553	0.556	0.566	119
72	0.680	0.653	0.913	0.813	0.629	0.646	0.479	0.536	0.813	0.782	0.642	80
73	0.682	0.613	0.613	0.791	0.576	0.999	0.666	0.784	0.894	0.845	0.714	23
74	0.413	0.921	0.900	0.824	0.529	0.963	0.773	0.867	0.762	0.707	0.735	7
75	0.704	0.599	0.845	0.841	0.545	0.687	0.444	0.490	0.738	0.846	0.641	81
76	0.624	0.658	0.670	1.000	0.565	0.833	0.591	0.683	0.942	0.814	0.706	27
77	0.578	0.706	0.772	0.987	0.528	0.877	0.529	0.608	0.930	0.738	0.693	35
78	0.428	0.770	0.844	0.606	0.391	0.618	0.814	0.817	0.608	0.577	0.614	96
79	−0.340	−0.617	−0.762	−0.795	−0.482	−0.792	−0.399	−0.423	−0.530	−0.543	−0.707	174
80	0.370	0.636	0.688	0.939	0.567	0.648	0.521	0.510	0.661	0.635	0.584	111

续表

指标序号	2011年	2012年	2013年	2014年	2015年	2016年	2017年	2018年	2019年	2020年	灰色关联度	排序
81	0.523	0.595	0.598	0.859	0.497	0.825	0.453	0.485	0.621	0.586	0.571	116
82	0.522	0.539	0.532	0.733	0.667	0.877	0.410	0.411	0.519	0.523	0.544	129
83	−0.336	−0.710	−0.897	−0.745	−0.371	−0.541	−0.530	−0.536	−0.810	−0.753	−0.706	173
84	0.360	0.981	0.982	0.668	0.400	0.575	0.983	0.918	0.810	0.841	0.731	8
85	0.540	0.528	0.469	0.621	0.657	0.748	0.401	0.403	0.507	0.511	0.509	134
86	0.527	0.550	0.564	0.762	0.646	0.924	0.439	0.435	0.547	0.536	0.564	122
87	0.507	0.562	0.532	0.708	0.635	0.995	0.454	0.446	0.555	0.550	0.566	118
88	0.392	0.754	0.543	0.704	0.613	0.706	0.489	0.484	0.610	0.592	0.559	126
89	0.553	0.550	0.541	0.738	0.610	1.000	0.423	0.420	0.533	0.536	0.562	125
90	0.450	0.591	0.480	0.634	0.637	0.806	0.451	0.453	0.572	0.568	0.534	132
91	0.441	0.611	0.491	0.613	0.638	0.814	0.460	0.460	0.589	0.589	0.586	110
92	0.368	0.865	0.954	0.708	0.440	0.803	0.550	0.520	0.748	0.705	0.684	41
93	0.348	0.550	0.587	0.955	0.535	0.952	0.430	0.444	0.540	0.534	0.604	102
94	−0.420	−1.000	−0.844	−0.738	−0.413	−0.573	−0.808	−0.926	−0.627	−0.626	−0.597	157
95	0.466	0.786	0.727	0.821	0.546	0.713	0.538	0.534	0.796	0.806	0.692	37
96	0.341	0.591	0.973	0.722	0.346	0.546	0.771	0.790	0.649	0.640	0.654	69
97	−0.421	−0.669	−0.872	−0.604	−0.345	−0.548	−0.956	−0.986	−0.608	−0.579	−0.573	153
98	0.539	0.639	0.488	0.697	0.577	0.887	0.447	0.449	0.672	0.651	0.621	92
99	0.414	0.789	0.703	0.968	0.534	0.638	0.846	0.810	0.691	0.689	0.728	14
100	0.428	0.905	0.756	0.857	0.464	0.623	0.875	0.835	0.675	0.645	0.680	46
101	0.382	1.000	0.813	0.775	0.452	0.613	0.829	0.822	0.665	0.630	0.672	50
102	0.457	0.726	0.633	0.979	0.513	0.702	0.731	0.698	0.750	0.711	0.662	59
103	0.407	0.968	0.805	0.770	0.454	0.627	0.781	0.788	0.680	0.638	0.665	55
104	0.397	0.967	0.794	0.799	0.454	0.614	0.772	0.776	0.676	0.627	0.661	60
105	0.397	0.633	0.992	0.671	0.382	0.588	0.818	0.783	0.641	0.611	0.624	90
106	−0.343	−0.720	−0.615	−0.992	−0.487	−0.864	−0.438	−0.451	−0.553	−0.546	−0.718	177
107	0.562	0.645	0.553	0.903	0.489	0.941	0.453	0.499	0.672	0.647	0.608	101
108	−0.376	−0.583	−0.935	−0.647	−0.336	−0.522	−0.766	−0.912	−0.576	−0.620	−0.535	149

续表

指标序号	2011年	2012年	2013年	2014年	2015年	2016年	2017年	2018年	2019年	2020年	灰色关联度	排序
109	−0.515	−0.601	−0.791	−0.571	−0.334	−0.518	−1.000	−0.826	−0.594	−0.604	−0.507	147
110	0.550	0.608	0.470	0.673	0.517	0.815	0.465	0.515	0.656	0.601	0.577	112
111	0.570	0.939	0.744	0.811	0.406	0.614	0.886	0.966	0.733	0.845	0.758	2
112	−0.684	−0.851	−0.668	−0.914	−0.409	−0.694	−0.934	−0.996	−0.743	−0.773	−0.586	154
113	0.455	0.633	0.934	0.735	0.394	0.773	0.802	0.952	0.732	0.753	0.719	20
114	0.638	0.922	0.709	0.823	0.386	0.639	0.791	0.920	0.710	0.722	0.729	10
115	0.629	0.955	0.679	0.938	0.426	0.753	0.708	0.902	0.742	0.735	0.752	5
116	0.579	0.809	0.775	0.890	0.406	0.681	0.636	0.798	0.731	0.684	0.699	33
117	−0.450	−0.586	−0.840	−0.594	−0.348	−0.600	−0.880	−0.896	−0.599	−0.599	−0.542	150
118	−0.341	−0.813	−0.796	−0.723	−0.401	−0.728	−0.424	−0.467	−0.578	−0.550	−0.687	168
119	−0.354	−0.597	−0.984	−0.694	−0.364	−0.585	−0.550	−0.570	−0.944	−0.913	−0.636	164
120	0.404	0.803	1.000	0.661	0.396	0.665	0.969	0.958	0.739	0.724	0.678	48
121	0.627	0.596	0.432	0.566	0.688	0.555	0.394	0.401	0.514	0.529	0.464	141
122	0.624	0.648	0.492	0.623	0.675	0.724	0.424	0.427	0.551	0.555	0.507	136
123	0.687	0.643	0.470	0.585	0.628	0.636	0.457	0.457	0.593	0.604	0.508	135
124	0.449	0.907	0.629	0.882	0.546	0.667	0.476	0.484	0.647	0.658	0.571	115
125	0.651	0.612	0.456	0.604	0.676	0.586	0.413	0.415	0.539	0.555	0.484	139
126	0.640	0.810	0.548	0.785	0.554	0.626	0.439	0.449	0.593	0.610	0.539	130
127	0.549	0.766	0.531	0.686	0.586	0.654	0.453	0.463	0.620	0.643	0.586	109
128	0.382	0.735	0.858	0.731	0.452	0.972	0.626	0.615	0.967	0.960	0.724	16
129	0.342	0.554	0.521	0.777	0.597	0.704	0.431	0.444	0.539	0.535	0.536	131
130	−0.411	−0.544	−0.839	−0.600	−0.334	−0.522	−0.887	−0.962	−0.575	−0.599	−0.528	148
131	−0.366	−0.658	−0.738	−0.873	−0.371	−0.668	−0.470	−0.498	−0.684	−0.614	−0.785	184
132	0.361	0.605	1.000	0.710	0.365	0.544	0.770	0.840	0.597	0.653	0.637	83
133	0.412	0.581	0.990	0.701	0.348	0.545	0.880	0.974	0.598	0.606	0.656	66
134	0.346	0.559	0.945	0.670	0.344	0.541	0.875	0.925	0.670	0.668	0.647	73
135	0.356	0.601	0.952	0.717	0.350	0.561	0.712	0.775	0.614	0.663	0.622	91
136	0.371	0.564	0.982	0.678	0.343	0.549	0.906	0.970	0.603	0.587	0.655	68

续表

指标序号	2011年	2012年	2013年	2014年	2015年	2016年	2017年	2018年	2019年	2020年	灰色关联度	排序
137	0.352	0.572	1.000	0.697	0.345	0.544	0.830	0.926	0.602	0.566	0.643	77
138	0.365	0.553	0.916	0.649	0.334	0.523	0.783	0.847	0.576	0.594	0.613	97
139	−0.335	−0.595	−0.998	−0.694	−0.346	−0.552	−0.401	−0.416	−0.540	−0.525	−0.721	178
140	0.519	0.878	0.734	0.811	0.387	0.738	0.763	0.801	0.979	0.821	0.742	6
141	0.510	0.620	0.823	0.599	0.348	0.527	0.887	0.917	0.664	0.685	0.657	64
142	0.545	0.601	0.804	0.586	0.334	0.527	0.886	0.936	0.692	0.674	0.658	63
143	0.424	0.613	0.810	0.582	0.339	0.540	0.903	0.896	0.653	0.629	0.638	82
144	0.547	0.614	0.843	0.598	0.335	0.538	0.912	0.946	0.651	0.625	0.660	61
145	−0.482	−0.629	−0.830	−0.589	−0.344	−0.556	−0.941	−0.884	−0.636	−0.599	−0.591	155
146	−0.448	−0.628	−0.826	−0.593	−0.343	−0.542	−0.985	−0.929	−0.618	−0.565	−0.592	156
147	−0.453	−0.592	−0.796	−0.575	−0.334	−0.525	−0.912	−1.000	−0.578	−0.560	−0.572	152
148	0.351	0.710	0.893	0.623	0.356	0.560	0.518	0.524	0.618	0.609	0.632	86
149	0.575	0.599	0.442	0.547	0.687	0.641	0.440	0.451	0.564	0.546	0.600	104
150	0.712	0.627	0.438	0.540	0.601	0.611	0.461	0.473	0.588	0.568	0.615	95
151	0.508	0.861	0.499	0.653	0.550	0.613	0.477	0.499	0.627	0.595	0.645	74
152	0.587	0.584	0.420	0.529	0.631	0.581	0.422	0.432	0.543	0.540	0.575	114
153	0.671	0.719	0.475	0.636	0.555	0.594	0.449	0.470	0.592	0.574	0.628	88
154	0.581	0.677	0.439	0.562	0.559	0.592	0.439	0.461	0.593	0.573	0.548	128
155	0.415	1.000	0.537	0.801	0.470	0.682	0.530	0.548	0.782	0.679	0.644	76
156	0.338	0.520	0.436	0.610	0.590	0.613	0.400	0.412	0.505	0.502	0.493	137
157	0.660	0.668	0.482	0.582	0.578	0.750	0.954	0.866	0.853	0.885	0.728	13
158	0.436	0.693	0.774	0.960	0.464	0.976	0.807	0.807	0.893	0.934	0.774	1
159	0.660	0.665	0.493	0.618	0.605	0.823	0.598	0.578	0.792	0.734	0.657	65
160	0.605	0.780	0.533	0.725	0.557	0.656	0.683	0.739	0.921	0.888	0.709	25
161	0.554	0.871	0.571	0.708	0.529	0.844	0.623	0.668	0.885	0.788	0.704	28
162	0.431	0.582	0.876	0.619	0.357	0.613	0.917	0.808	0.610	0.612	0.643	78
163	−0.341	−0.683	−0.635	−1.000	−0.499	−0.981	−0.452	−0.460	−0.558	−0.541	−0.705	172
164	0.571	0.671	0.809	0.927	0.434	0.979	0.878	0.875	0.850	0.832	0.757	3

续表

指标序号	2011年	2012年	2013年	2014年	2015年	2016年	2017年	2018年	2019年	2020年	灰色关联度	排序
165	0.691	0.651	0.468	0.570	0.584	0.684	0.879	0.813	0.910	0.896	0.689	38
166	0.630	0.879	0.570	0.784	0.512	0.673	0.750	0.810	0.875	0.807	0.703	30
167	0.606	0.930	0.585	0.730	0.498	0.808	0.727	0.778	0.790	0.685	0.688	39
168	0.520	0.580	0.879	0.628	0.355	0.648	0.994	0.915	0.648	0.640	0.656	67
169	0.352	0.574	0.570	0.889	0.524	0.869	0.479	0.486	0.575	0.561	0.564	123
170	0.485	0.781	0.669	0.908	0.478	0.770	0.763	0.759	0.971	0.951	0.728	12
171	0.512	0.674	0.795	0.910	0.444	0.866	0.803	0.905	0.793	0.761	0.720	19
172	0.433	0.679	0.756	0.965	0.449	0.842	0.762	0.855	0.716	0.680	0.695	34
173	0.371	0.580	0.894	0.625	0.362	0.692	0.996	1.000	0.638	0.620	0.660	62
174	−0.336	−0.854	−0.687	−0.865	−0.444	−0.915	−0.429	−0.442	−0.536	−0.533	−0.715	176
175	0.648	0.777	0.520	0.711	0.524	0.641	0.613	0.651	0.960	0.959	0.681	45
176	0.587	0.772	0.512	0.641	0.528	0.700	0.593	0.628	0.951	0.800	0.651	71
177	0.470	0.603	0.953	0.649	0.356	0.670	0.847	0.750	0.642	0.626	0.637	84
178	−0.339	−0.622	−0.565	−0.868	−0.495	−0.882	−0.434	−0.441	−0.541	−0.540	−0.696	169
179	0.573	0.994	0.603	0.784	0.481	0.767	0.644	0.726	0.790	0.704	0.687	40
180	0.448	0.592	0.918	0.630	0.364	0.718	0.923	0.995	0.630	0.592	0.662	58
181	−0.341	−0.594	−0.587	−0.975	−0.501	−0.859	−0.439	−0.458	−0.553	−0.548	−0.696	170
182	0.424	0.579	0.890	0.624	0.357	0.674	0.795	0.840	0.653	0.587	0.627	89
183	−0.339	−0.653	−0.630	−0.967	−0.470	−1.000	−0.424	−0.440	−0.540	−0.543	−0.714	175
184	−0.338	−0.751	−0.827	−0.772	−0.403	−0.795	−0.420	−0.424	−0.546	−0.541	−0.760	183

附录 E 2021—2027 年江苏传统制造业数字化转型价值生态能级跃迁影响因素预测结果

表 E-1 2021—2027 年江苏传统制造业数字化转型价值生态能级跃迁影响因素预测值

指标序号	2021 年	2022 年	2023 年	2024 年	2025 年	2026 年	2027 年
1	0.367	0.338	0.309	0.280	0.252	0.224	0.197
2	0.384	0.347	0.310	0.274	0.239	0.204	0.170
3	0.351	0.300	0.252	0.205	0.161	0.119	0.080
4	0.388	0.344	0.302	0.260	0.220	0.181	0.143
5	0.655	0.676	0.697	0.719	0.740	0.762	0.784
6	0.496	0.501	0.506	0.511	0.516	0.521	0.526
7	0.439	0.409	0.379	0.350	0.321	0.292	0.264
8	0.555	0.591	0.628	0.665	0.703	0.741	0.780
9	0.349	0.301	0.256	0.212	0.170	0.130	0.091
10	0.491	0.537	0.585	0.634	0.684	0.736	0.788
11	0.520	0.563	0.608	0.653	0.700	0.748	0.797
12	0.505	0.555	0.605	0.658	0.713	0.769	0.827
13	0.548	0.576	0.604	0.632	0.661	0.690	0.719
14	0.520	0.542	0.565	0.588	0.610	0.633	0.657
15	0.531	0.553	0.575	0.598	0.620	0.643	0.666
16	0.382	0.353	0.324	0.295	0.267	0.239	0.211
17	0.504	0.556	0.610	0.667	0.726	0.788	0.853
18	0.103	0.079	0.058	0.042	0.027	0.015	0.005
19	0.099	0.082	0.068	0.055	0.044	0.034	0.026
20	0.277	0.240	0.206	0.173	0.141	0.112	0.084
21	0.168	0.136	0.107	0.081	0.058	0.037	0.018
22	0.322	0.306	0.290	0.276	0.261	0.248	0.234
23	0.245	0.307	0.383	0.476	0.591	0.733	0.907
24	0.162	0.130	0.101	0.075	0.053	0.032	0.014
25	0.403	0.375	0.348	0.322	0.297	0.272	0.248

续表

指标序号	2021年	2022年	2023年	2024年	2025年	2026年	2027年
26	0.582	0.627	0.674	0.724	0.776	0.832	0.890
27	0.324	0.386	0.460	0.546	0.647	0.766	0.906
28	0.764	0.776	0.788	0.801	0.813	0.826	0.839
29	0.611	0.651	0.693	0.736	0.781	0.828	0.876
30	0.453	0.512	0.575	0.644	0.719	0.800	0.888
31	0.243	0.306	0.383	0.477	0.593	0.733	0.905
32	0.192	0.151	0.116	0.085	0.058	0.035	0.014
33	0.319	0.320	0.320	0.320	0.320	0.320	0.321
34	0.473	0.438	0.399	0.353	0.300	0.240	0.170
35	0.734	0.684	0.619	0.534	0.421	0.274	0.081
36	0.714	0.661	0.593	0.507	0.398	0.259	0.083
37	0.554	0.555	0.555	0.556	0.556	0.557	0.557
38	0.588	0.588	0.588	0.588	0.588	0.588	0.588
39	0.248	0.300	0.368	0.456	0.571	0.721	0.916
40	0.632	0.634	0.636	0.638	0.639	0.640	0.640
41	0.573	0.573	0.574	0.575	0.575	0.576	0.577
42	0.454	0.450	0.447	0.443	0.440	0.436	0.432
43	0.632	0.632	0.632	0.632	0.632	0.632	0.632
44	0.564	0.521	0.466	0.398	0.312	0.203	0.067
45	0.467	0.423	0.373	0.313	0.243	0.161	0.065
46	0.312	0.312	0.312	0.312	0.312	0.312	0.312
47	0.005	0.011	0.027	0.066	0.158	0.379	0.909
48	0.423	0.419	0.416	0.413	0.410	0.408	0.406
49	0.238	0.217	0.197	0.177	0.157	0.138	0.118
50	0.220	0.178	0.141	0.107	0.077	0.049	0.024
51	0.526	0.574	0.624	0.676	0.730	0.786	0.845
52	0.461	0.519	0.581	0.646	0.715	0.788	0.866
53	0.259	0.212	0.169	0.130	0.094	0.061	0.031

续表

指标序号	2021年	2022年	2023年	2024年	2025年	2026年	2027年
54	0.324	0.390	0.466	0.553	0.652	0.766	0.897
55	0.286	0.352	0.429	0.520	0.627	0.753	0.902
56	0.224	0.179	0.139	0.103	0.071	0.043	0.019
57	0.352	0.315	0.280	0.245	0.210	0.177	0.144
58	0.646	0.643	0.640	0.638	0.635	0.632	0.629
59	0.510	0.559	0.609	0.661	0.715	0.771	0.828
60	0.375	0.328	0.282	0.237	0.194	0.153	0.113
61	0.632	0.646	0.660	0.674	0.688	0.703	0.717
62	0.538	0.569	0.599	0.631	0.662	0.694	0.727
63	0.353	0.419	0.493	0.577	0.670	0.774	0.890
64	0.157	0.128	0.101	0.077	0.056	0.036	0.018
65	0.284	0.242	0.202	0.164	0.128	0.094	0.061
66	0.596	0.624	0.652	0.680	0.709	0.738	0.768
67	0.559	0.595	0.631	0.667	0.704	0.742	0.781
68	0.302	0.260	0.219	0.180	0.143	0.107	0.073
69	0.461	0.519	0.580	0.644	0.713	0.785	0.862
70	0.432	0.493	0.559	0.629	0.704	0.785	0.872
71	0.291	0.246	0.204	0.164	0.127	0.091	0.057
72	0.324	0.302	0.281	0.259	0.238	0.218	0.197
73	0.544	0.536	0.528	0.520	0.512	0.504	0.496
74	0.544	0.576	0.607	0.639	0.672	0.704	0.738
75	0.312	0.286	0.260	0.234	0.209	0.185	0.160
76	0.542	0.539	0.537	0.535	0.533	0.531	0.529
77	0.534	0.541	0.547	0.554	0.561	0.567	0.574
78	0.466	0.522	0.581	0.643	0.709	0.777	0.849
79	0.265	0.228	0.192	0.157	0.124	0.093	0.063
80	0.352	0.319	0.286	0.254	0.223	0.192	0.162
81	0.330	0.290	0.250	0.212	0.175	0.140	0.105

续表

指标序号	2021年	2022年	2023年	2024年	2025年	2026年	2027年
82	0.291	0.244	0.201	0.160	0.121	0.085	0.052
83	0.398	0.413	0.429	0.444	0.460	0.476	0.492
84	0.540	0.579	0.619	0.661	0.703	0.746	0.790
85	0.277	0.230	0.185	0.144	0.107	0.072	0.039
86	0.306	0.261	0.218	0.177	0.138	0.101	0.066
87	0.326	0.280	0.236	0.194	0.154	0.116	0.079
88	0.362	0.323	0.284	0.246	0.209	0.173	0.138
89	0.305	0.259	0.215	0.174	0.135	0.098	0.063
90	0.350	0.303	0.258	0.214	0.173	0.132	0.094
91	0.359	0.312	0.266	0.223	0.181	0.140	0.101
92	0.364	0.365	0.367	0.368	0.370	0.371	0.373
93	0.285	0.241	0.200	0.161	0.124	0.090	0.057
94	0.524	0.570	0.616	0.665	0.714	0.765	0.818
95	0.381	0.366	0.350	0.335	0.320	0.305	0.290
96	0.463	0.520	0.579	0.642	0.707	0.776	0.848
97	0.445	0.504	0.567	0.633	0.704	0.778	0.857
98	0.383	0.340	0.299	0.258	0.218	0.179	0.142
99	0.583	0.609	0.635	0.661	0.688	0.714	0.741
100	0.551	0.586	0.622	0.659	0.696	0.734	0.773
101	0.533	0.573	0.614	0.656	0.699	0.743	0.788
102	0.587	0.601	0.615	0.630	0.644	0.658	0.673
103	0.535	0.573	0.612	0.651	0.692	0.733	0.775
104	0.540	0.578	0.617	0.657	0.698	0.739	0.781
105	0.470	0.524	0.580	0.638	0.698	0.761	0.826
106	0.280	0.241	0.205	0.169	0.136	0.103	0.072
107	0.369	0.332	0.296	0.260	0.225	0.191	0.158
108	0.419	0.482	0.549	0.621	0.699	0.783	0.874
109	0.389	0.453	0.524	0.602	0.687	0.781	0.883

续表

指标序号	2021年	2022年	2023年	2024年	2025年	2026年	2027年
110	0.362	0.317	0.273	0.231	0.190	0.150	0.112
111	0.558	0.591	0.625	0.660	0.695	0.730	0.766
112	0.587	0.617	0.647	0.678	0.709	0.741	0.773
113	0.493	0.541	0.589	0.639	0.690	0.743	0.797
114	0.542	0.577	0.612	0.648	0.684	0.721	0.758
115	0.553	0.584	0.615	0.647	0.679	0.712	0.745
116	0.511	0.548	0.586	0.625	0.664	0.704	0.744
117	0.427	0.489	0.554	0.624	0.699	0.779	0.864
118	0.254	0.225	0.198	0.171	0.144	0.118	0.093
119	0.505	0.545	0.586	0.628	0.670	0.713	0.757
120	0.505	0.552	0.599	0.648	0.699	0.751	0.804
121	0.296	0.246	0.200	0.157	0.117	0.080	0.045
122	0.324	0.277	0.232	0.189	0.148	0.109	0.072
123	0.372	0.325	0.279	0.235	0.192	0.151	0.111
124	0.364	0.337	0.311	0.285	0.260	0.235	0.210
125	0.329	0.280	0.233	0.188	0.146	0.106	0.068
126	0.355	0.316	0.278	0.241	0.204	0.169	0.134
127	0.381	0.341	0.302	0.263	0.226	0.189	0.153
128	0.532	0.561	0.591	0.620	0.651	0.681	0.712
129	0.290	0.244	0.200	0.159	0.121	0.085	0.051
130	0.394	0.459	0.529	0.606	0.689	0.780	0.879
131	0.260	0.252	0.245	0.238	0.230	0.223	0.216
132	0.459	0.516	0.577	0.641	0.709	0.780	0.855
133	0.444	0.504	0.567	0.634	0.705	0.780	0.860
134	0.444	0.504	0.567	0.633	0.704	0.779	0.859
135	0.465	0.521	0.579	0.640	0.704	0.771	0.841
136	0.443	0.503	0.566	0.632	0.703	0.777	0.856
137	0.443	0.503	0.566	0.633	0.704	0.779	0.858

续表

指标序号	2021年	2022年	2023年	2024年	2025年	2026年	2027年
138	0.416	0.479	0.547	0.619	0.698	0.782	0.873
139	0.156	0.144	0.132	0.121	0.109	0.098	0.087
140	0.528	0.548	0.568	0.588	0.608	0.629	0.649
141	0.440	0.500	0.564	0.633	0.706	0.783	0.866
142	0.431	0.492	0.557	0.627	0.702	0.782	0.868
143	0.432	0.493	0.558	0.627	0.702	0.781	0.865
144	0.436	0.497	0.561	0.630	0.702	0.780	0.862
145	0.434	0.495	0.559	0.628	0.702	0.780	0.864
146	0.428	0.490	0.555	0.625	0.700	0.780	0.864
147	0.402	0.466	0.535	0.610	0.692	0.781	0.877
148	0.278	0.284	0.291	0.297	0.303	0.309	0.315
149	0.326	0.275	0.228	0.183	0.141	0.101	0.063
150	0.351	0.302	0.254	0.209	0.165	0.124	0.084
151	0.358	0.317	0.278	0.240	0.202	0.166	0.131
152	0.315	0.264	0.216	0.171	0.130	0.090	0.054
153	0.345	0.300	0.256	0.214	0.174	0.135	0.097
154	0.364	0.317	0.272	0.228	0.186	0.146	0.107
155	0.397	0.373	0.350	0.327	0.304	0.281	0.258
156	0.274	0.226	0.182	0.141	0.103	0.069	0.037
157	0.593	0.580	0.567	0.555	0.543	0.530	0.518
158	0.536	0.565	0.595	0.625	0.655	0.685	0.716
159	0.392	0.355	0.319	0.283	0.248	0.213	0.180
160	0.570	0.564	0.558	0.552	0.547	0.541	0.535
161	0.576	0.578	0.580	0.582	0.585	0.587	0.589
162	0.458	0.515	0.574	0.636	0.701	0.769	0.840
163	0.275	0.236	0.198	0.163	0.129	0.096	0.065
164	0.527	0.564	0.602	0.640	0.678	0.718	0.758
165	0.557	0.535	0.515	0.494	0.473	0.453	0.433

续表

指标序号	2021年	2022年	2023年	2024年	2025年	2026年	2027年
166	0.635	0.643	0.651	0.659	0.667	0.675	0.683
167	0.606	0.622	0.638	0.655	0.671	0.687	0.703
168	0.451	0.509	0.570	0.634	0.701	0.772	0.846
169	0.315	0.271	0.230	0.190	0.152	0.115	0.080
170	0.547	0.566	0.585	0.604	0.623	0.642	0.661
171	0.525	0.563	0.602	0.641	0.681	0.722	0.764
172	0.523	0.561	0.600	0.639	0.680	0.720	0.762
173	0.456	0.514	0.573	0.636	0.702	0.771	0.843
174	0.254	0.220	0.188	0.157	0.127	0.098	0.071
175	0.490	0.474	0.457	0.441	0.425	0.409	0.393
176	0.521	0.508	0.495	0.482	0.470	0.457	0.444
177	0.465	0.519	0.576	0.635	0.696	0.759	0.825
178	0.290	0.248	0.208	0.169	0.133	0.098	0.065
179	0.581	0.598	0.615	0.633	0.650	0.668	0.685
180	0.458	0.515	0.574	0.636	0.702	0.770	0.841
181	0.301	0.259	0.219	0.180	0.144	0.108	0.075
182	0.452	0.510	0.570	0.633	0.699	0.769	0.842
183	0.283	0.243	0.206	0.170	0.135	0.102	0.071
184	0.225	0.202	0.180	0.159	0.138	0.117	0.097

附录 F 江苏传统制造业数字化转型价值生态能级跃迁影响因素边际效应分析结果

表 F-1 干预强度 ε=0.01 和 ε=0.02 下江苏传统制造业数字化转型价值生态能级跃迁影响因素边际效应测算结果

单位：‰

指标序号	干预强度 ε=0.01							干预强度 ε=0.02						
	$t=1$	$t=2$	$t=3$	$t=4$	$t=5$	$t=6$	$t=7$	$t=1$	$t=2$	$t=3$	$t=4$	$t=5$	$t=6$	$t=7$
1	0.340	0.293	0.267	0.362	0.305	0.560	0.349	0.714	0.598	0.542	0.792	0.625	0.848	0.723
2	0.378	0.327	0.297	0.275	0.258	0.245	0.234	0.776	0.665	0.601	0.556	0.521	0.493	0.471
3	0.200	0.162	0.267	0.181	0.162	0.151	0.144	0.425	0.328	0.529	0.368	0.328	0.305	0.289
4	0.428	0.348	0.268	0.238	0.220	0.207	0.196	0.664	0.849	0.546	0.483	0.444	0.416	0.394
5	0.393	0.204	0.204	0.204	0.204	0.204	0.204	0.596	0.407	0.406	0.406	0.406	0.405	0.405
6	0.641	0.658	0.680	0.712	0.771	0.926	0.793	1.313	1.362	1.441	1.636	1.566	1.479	1.354
7	0.551	0.712	0.525	0.468	0.431	0.403	0.382	1.189	1.420	1.082	0.952	0.873	0.815	0.770
8	0.222	0.256	0.159	0.159	0.158	0.158	0.158	0.449	0.537	0.317	0.316	0.315	0.315	0.315
9	0.196	0.236	0.201	0.183	0.171	0.162	0.155	0.398	0.489	0.407	0.370	0.345	0.327	0.312
10	0.170	0.252	0.120	0.120	0.120	0.120	0.120	0.344	0.512	0.239	0.239	0.238	0.238	0.238
11	0.187	0.253	0.131	0.131	0.131	0.131	0.131	0.379	0.606	0.261	0.261	0.260	0.260	0.260
12	0.112	0.111	0.111	0.111	0.111	0.111	0.110	0.222	0.221	0.221	0.220	0.220	0.220	0.220
13	0.235	0.235	0.235	0.235	0.235	0.235	0.234	0.468	0.467	0.467	0.466	0.466	0.466	0.466
14	0.331	0.335	0.34	0.347	0.356	0.371	0.401	0.659	0.668	0.678	0.693	0.714	0.748	0.823
15	0.378	0.385	0.395	0.411	0.441	0.548	0.310	0.754	0.770	0.792	0.828	0.903	1.220	0.614

续表

指标序号	干预强度 ε=0.01							干预强度 ε=0.02						
	$t=1$	$t=2$	$t=3$	$t=4$	$t=5$	$t=6$	$t=7$	$t=1$	$t=2$	$t=3$	$t=4$	$t=5$	$t=6$	$t=7$
16	0.368	0.289	0.530	0.485	0.372	0.331	0.306	0.874	0.593	0.799	1.090	0.768	0.674	0.619
17	0.145	0.154	0.200	0.114	0.114	0.114	0.114	0.289	0.310	0.483	0.227	0.227	0.226	0.226
18	0.103	0.093	0.089	0.087	0.158	0.211	0.170	0.215	0.190	0.179	0.174	0.297	0.357	0.381
19	0.121	0.115	0.110	0.107	0.182	0.172	0.147	0.247	0.233	0.223	0.217	0.289	0.352	0.328
20	0.201	0.149	0.133	0.123	0.116	0.111	0.159	0.466	0.305	0.269	0.249	0.234	0.224	0.268
21	0.193	0.293	0.261	0.227	0.215	0.294	0.293	0.404	0.489	0.604	0.473	0.445	0.566	0.674
22	0.157	0.148	0.141	0.136	0.131	0.127	0.124	0.322	0.301	0.286	0.275	0.265	0.257	0.250
23	0.067	0.066	0.066	0.065	0.065	0.064	0.064	0.134	0.132	0.130	0.129	0.128	0.128	0.127
24	0.155	0.203	0.232	0.354	0.262	0.295	0.261	0.383	0.530	0.608	0.764	0.614	0.717	0.609
25	0.271	0.234	0.214	0.199	0.189	0.180	0.323	0.565	0.479	0.434	0.404	0.381	0.364	0.638
26	0.109	0.108	0.108	0.108	0.108	0.108	0.108	0.217	0.216	0.215	0.215	0.215	0.215	0.214
27	0.074	0.073	0.073	0.072	0.072	0.072	0.072	0.147	0.146	0.145	0.144	0.143	0.143	0.142
28	0.584	0.304	0.352	0.518	0.175	0.174	0.174	1.017	0.641	0.926	0.692	0.348	0.347	0.347
29	0.166	0.194	0.116	0.115	0.115	0.115	0.114	0.336	0.405	0.230	0.229	0.229	0.228	0.228
30	0.094	0.093	0.093	0.093	0.093	0.092	0.092	0.187	0.186	0.185	0.184	0.184	0.184	0.183
31	0.072	0.071	0.070	0.070	0.069	0.069	0.068	0.142	0.140	0.139	0.138	0.137	0.136	0.136
32	0.135	0.207	0.130	0.116	0.155	0.133	0.123	0.216	0.323	0.270	0.235	0.339	0.272	0.250

续表

指标序号	干预强度 ε=0.01							干预强度 ε=0.02						
	$t=1$	$t=2$	$t=3$	$t=4$	$t=5$	$t=6$	$t=7$	$t=1$	$t=2$	$t=3$	$t=4$	$t=5$	$t=6$	$t=7$
33	0.109	0.109	0.109	0.110	0.110	0.110	0.110	0.222	0.222	0.222	0.222	0.222	0.222	0.222
34	0.214	0.193	0.177	0.164	0.211	0.178	0.160	0.435	0.391	0.358	0.331	0.433	0.360	0.322
35	0.462	0.379	0.320	0.274	0.236	0.205	0.178	0.953	0.770	0.647	0.553	0.476	0.411	0.357
36	0.460	0.360	0.303	0.261	0.227	0.198	0.174	0.970	0.732	0.613	0.525	0.456	0.398	0.350
37	0.295	0.295	0.295	0.296	0.296	0.296	0.296	0.590	0.591	0.591	0.591	0.592	0.592	0.592
38	0.255	0.255	0.255	0.255	0.255	0.255	0.255	0.512	0.512	0.512	0.512	0.511	0.511	0.511
39	0.077	0.076	0.076	0.075	0.075	0.074	0.074	0.153	0.151	0.150	0.149	0.148	0.148	0.147
40	0.307	0.318	0.328	0.337	0.345	0.352	0.357	0.680	0.734	0.827	0.863	0.851	0.841	0.833
41	0.412	0.396	0.379	0.361	0.341	0.318	0.291	0.607	0.592	0.576	0.559	0.539	0.517	0.490
42	0.185	0.177	0.171	0.165	0.161	0.157	0.153	0.417	0.386	0.365	0.349	0.337	0.326	0.317
43	0.445	0.445	0.446	0.446	0.446	0.446	0.446	1.110	1.114	1.117	1.122	1.128	1.141	1.141
44	0.609	0.314	0.323	0.366	0.284	0.237	0.202	1.162	0.651	0.666	0.749	0.575	0.477	0.406
45	0.145	0.301	0.200	0.237	0.184	0.208	0.170	0.294	0.675	0.409	0.497	0.372	0.425	0.342
46	0.173	0.173	0.173	0.173	0.173	0.173	0.173	0.344	0.344	0.344	0.344	0.344	0.344	0.344
47	0.154	0.143	0.133	0.126	0.120	0.117	0.114	0.274	0.259	0.243	0.230	0.220	0.213	0.208
48	0.498	0.468	0.449	0.436	0.426	0.418	0.412	1.186	1.103	0.983	0.932	0.899	0.876	0.858
49	0.385	0.371	0.362	0.464	0.666	0.702	0.730	0.862	0.827	0.807	0.903	1.427	1.338	1.387

续表

指标序号	干预强度 ε=0.01							干预强度 ε=0.02						
	$t=1$	$t=2$	$t=3$	$t=4$	$t=5$	$t=6$	$t=7$	$t=1$	$t=2$	$t=3$	$t=4$	$t=5$	$t=6$	$t=7$
50	0.197	0.170	0.155	0.145	0.137	0.132	0.127	0.405	0.345	0.313	0.292	0.277	0.265	0.256
51	0.204	0.203	0.203	0.202	0.202	0.202	0.202	0.401	0.400	0.399	0.399	0.399	0.398	0.398
52	0.098	0.097	0.097	0.097	0.097	0.096	0.096	0.195	0.194	0.193	0.192	0.192	0.192	0.191
53	0.256	0.188	0.162	0.148	0.138	0.131	0.126	0.551	0.385	0.330	0.299	0.279	0.264	0.253
54	0.179	0.105	0.104	0.104	0.103	0.103	0.103	0.487	0.309	0.308	0.307	0.306	0.305	0.305
55	0.075	0.074	0.073	0.073	0.072	0.072	0.072	0.148	0.146	0.145	0.144	0.143	0.143	0.142
56	0.191	0.178	0.150	0.135	0.126	0.120	0.115	0.411	0.370	0.304	0.274	0.255	0.242	0.233
57	0.502	0.476	0.551	0.500	0.477	0.592	0.513	1.166	1.109	1.302	1.160	1.111	1.405	1.189
58	0.513	0.508	0.661	1.238	1.586	1.840	1.643	1.046	1.034	1.180	1.752	2.094	2.344	2.551
59	0.190	0.190	0.190	0.189	0.189	0.189	0.189	0.376	0.375	0.375	0.374	0.374	0.374	0.373
60	0.391	0.351	0.328	0.425	0.350	0.329	0.316	0.933	0.844	0.797	1.053	0.844	0.799	0.771
61	0.341	0.346	0.353	0.361	0.373	0.390	0.419	0.683	0.694	0.708	0.727	0.754	0.795	0.875
62	0.345	0.215	0.214	0.214	0.214	0.214	0.214	0.736	0.426	0.425	0.425	0.425	0.425	0.424
63	0.089	0.088	0.088	0.088	0.087	0.087	0.087	0.177	0.175	0.174	0.174	0.173	0.173	0.172
64	0.220	0.181	0.163	0.152	0.145	0.139	0.134	0.482	0.372	0.333	0.309	0.292	0.280	0.270
65	0.247	0.216	0.197	0.183	0.173	0.164	0.158	0.503	0.438	0.398	0.370	0.348	0.331	0.317
66	0.762	0.833	0.356	0.356	0.356	0.355	0.355	1.753	1.177	0.699	0.698	0.698	0.698	0.698

续表

指标序号	干预强度 ε=0.01							干预强度 ε=0.02						
	$t=1$	$t=2$	$t=3$	$t=4$	$t=5$	$t=6$	$t=7$	$t=1$	$t=2$	$t=3$	$t=4$	$t=5$	$t=6$	$t=7$
67	0.612	0.190	0.190	0.189	0.189	0.189	0.189	1.081	0.377	0.376	0.376	0.376	0.375	0.375
68	0.272	0.233	0.209	0.193	0.181	0.172	0.164	0.558	0.472	0.423	0.390	0.365	0.346	0.331
69	0.161	0.161	0.160	0.160	0.160	0.160	0.160	0.317	0.316	0.315	0.315	0.314	0.314	0.314
70	0.099	0.099	0.098	0.098	0.098	0.098	0.098	0.197	0.196	0.196	0.195	0.195	0.194	0.194
71	0.242	0.208	0.188	0.175	0.164	0.156	0.150	0.496	0.423	0.381	0.352	0.331	0.315	0.302
72	0.759	1.201	0.863	0.933	1.121	0.886	0.829	1.653	2.049	1.869	2.073	2.058	1.890	1.751
73	1.423	1.712	1.473	1.275	1.175	1.108	1.371	2.752	3.067	3.237	2.866	2.482	2.300	2.490
74	0.326	0.326	0.326	0.326	0.326	0.326	0.325	0.644	0.643	0.643	0.643	0.642	0.642	0.642
75	0.637	0.799	0.608	0.806	0.613	0.570	0.542	1.579	1.704	1.502	1.684	1.510	1.409	1.350
76	2.073	2.217	1.942	1.727	1.615	1.538	1.479	3.132	3.255	3.363	3.461	3.552	3.637	3.718
77	1.000	1.100	1.315	0.978	0.800	0.819	0.842	2.242	2.271	2.099	1.780	1.622	1.666	1.720
78	0.124	0.124	0.124	0.123	0.123	0.123	0.123	0.247	0.246	0.245	0.245	0.244	0.244	0.244
79	0.243	0.213	0.194	0.181	0.171	0.163	0.156	0.497	0.433	0.393	0.365	0.344	0.328	0.314
80	0.416	0.348	0.311	0.285	0.267	0.252	0.240	0.873	0.711	0.631	0.578	0.539	0.508	0.483
81	0.309	0.268	0.243	0.226	0.212	0.201	0.192	0.634	0.544	0.492	0.455	0.427	0.405	0.387
82	0.230	0.195	0.176	0.164	0.154	0.147	0.141	0.471	0.396	0.356	0.330	0.310	0.295	0.283
83	0.690	0.318	0.036	0.036	0.037	0.038	0.038	1.122	0.354	0.072	0.073	0.074	0.076	0.077

续表

指标序号	干预强度 ε=0.01							干预强度 ε=0.02						
	$t=1$	$t=2$	$t=3$	$t=4$	$t=5$	$t=6$	$t=7$	$t=1$	$t=2$	$t=3$	$t=4$	$t=5$	$t=6$	$t=7$
84	1.001	0.560	0.436	0.435	0.435	0.435	0.435	1.525	0.992	0.867	0.866	0.866	0.865	0.865
85	0.214	0.180	0.162	0.150	0.142	0.135	0.130	0.440	0.365	0.327	0.303	0.285	0.272	0.262
86	0.252	0.214	0.193	0.179	0.169	0.160	0.154	0.517	0.435	0.391	0.362	0.340	0.323	0.309
87	0.265	0.224	0.202	0.187	0.176	0.167	0.160	0.544	0.455	0.408	0.377	0.354	0.336	0.321
88	0.289	0.321	0.273	0.247	0.229	0.216	0.205	0.596	0.667	0.554	0.499	0.462	0.435	0.413
89	0.243	0.209	0.189	0.175	0.165	0.157	0.151	0.497	0.424	0.382	0.354	0.333	0.316	0.303
90	0.274	0.231	0.207	0.191	0.180	0.170	0.163	0.565	0.468	0.419	0.386	0.362	0.343	0.328
91	0.279	0.235	0.212	0.195	0.183	0.174	0.166	0.573	0.478	0.428	0.394	0.369	0.350	0.334
92	1.014	0.994	0.985	0.954	0.856	0.817	0.773	1.755	1.674	1.574	1.408	1.321	1.296	1.267

表 F-2 干预强度 ε=0.03 和 ε=0.04 下江苏传统制造业数字化转型价值生态能级跃迁影响因素边际效应测算结果 单位：‰

指标序号	干预强度 ε=0.03							干预强度 ε=0.04						
	$t=1$	$t=2$	$t=3$	$t=4$	$t=5$	$t=6$	$t=7$	$t=1$	$t=2$	$t=3$	$t=4$	$t=5$	$t=6$	$t=7$
1	1.190	0.919	0.827	1.237	0.964	1.145	1.150	1.859	1.549	1.408	1.793	1.621	1.741	1.953
2	1.206	1.016	0.913	0.842	0.789	0.746	0.711	1.691	1.380	1.234	1.135	1.061	1.002	0.954
3	0.744	0.499	0.682	0.564	0.497	0.461	0.436	0.884	0.676	0.838	0.772	0.670	0.620	0.586
4	0.873	1.126	0.838	0.733	0.672	0.629	0.596	1.086	1.415	1.147	0.991	0.906	0.846	0.800
5	0.797	0.607	0.606	0.606	0.606	0.605	0.605	0.996	0.806	0.805	0.804	0.804	0.804	0.803

续表

指标序号	干预强度 $\epsilon=0.03$							干预强度 $\epsilon=0.04$						
	$t=1$	$t=2$	$t=3$	$t=4$	$t=5$	$t=6$	$t=7$	$t=1$	$t=2$	$t=3$	$t=4$	$t=5$	$t=6$	$t=7$
6	2.067	2.284	2.237	2.184	2.121	2.043	1.927	2.862	2.826	2.786	2.741	2.688	2.620	2.517
7	1.889	1.930	1.687	1.455	1.328	1.237	1.167	2.332	2.482	2.409	1.982	1.797	1.669	1.572
8	0.681	0.904	0.472	0.471	0.471	0.470	0.470	0.924	1.194	0.626	0.625	0.624	0.624	0.624
9	0.606	0.773	0.620	0.561	0.522	0.493	0.471	0.822	1.144	0.840	0.755	0.702	0.662	0.631
10	0.524	0.630	0.357	0.356	0.356	0.355	0.355	0.714	0.747	0.474	0.473	0.472	0.471	0.471
11	0.577	0.736	0.390	0.389	0.389	0.388	0.388	0.787	0.863	0.517	0.516	0.516	0.515	0.515
12	0.332	0.330	0.330	0.329	0.329	0.328	0.328	0.440	0.439	0.438	0.437	0.436	0.436	0.436
13	0.697	0.696	0.696	0.695	0.695	0.695	0.695	0.923	0.923	0.922	0.922	0.921	0.921	0.921
14	0.986	0.999	1.016	1.039	1.074	1.135	1.296	1.310	1.329	1.353	1.387	1.440	1.539	1.949
15	1.129	1.154	1.190	1.254	1.413	1.520	0.913	1.503	1.539	1.595	1.698	2.155	1.815	1.208
16	1.109	0.920	1.078	1.500	1.199	1.033	0.943	1.351	1.292	1.368	2.004	1.704	1.409	1.277
17	0.434	0.469	0.642	0.339	0.338	0.337	0.337	0.579	0.632	0.753	0.449	0.448	0.447	0.447
18	0.342	0.291	0.272	0.264	0.384	0.517	0.527	0.517	0.399	0.369	0.355	0.473	0.604	0.688
19	0.380	0.356	0.340	0.329	0.399	0.460	0.493	0.522	0.484	0.461	0.445	0.511	0.569	0.600
20	0.599	0.471	0.410	0.377	0.355	0.339	0.379	0.738	0.653	0.556	0.509	0.478	0.456	0.491
21	0.599	0.653	0.833	0.698	0.646	0.758	0.957	0.907	0.887	1.158	1.013	0.920	1.018	1.243
22	0.497	0.461	0.437	0.418	0.403	0.390	0.379	0.686	0.630	0.593	0.566	0.544	0.526	0.511

续表

指标序号	干预强度 ε=0.03							干预强度 ε=0.04						
	t=1	t=2	t=3	t=4	t=5	t=6	t=7	t=1	t=2	t=3	t=4	t=5	t=6	t=7
23	0.199	0.196	0.194	0.193	0.191	0.190	0.189	0.263	0.260	0.257	0.255	0.254	0.252	0.251
24	0.575	0.747	0.839	1.023	0.974	1.015	0.950	0.802	0.974	1.116	1.339	1.438	1.366	1.357
25	0.898	0.737	0.663	0.614	0.578	0.551	0.817	1.395	1.013	0.900	0.830	0.780	0.741	0.999
26	0.324	0.323	0.322	0.322	0.321	0.321	0.320	0.430	0.429	0.428	0.427	0.427	0.426	0.426
27	0.219	0.217	0.216	0.215	0.214	0.213	0.213	0.291	0.288	0.287	0.285	0.284	0.283	0.282
28	1.343	1.099	1.098	0.864	0.520	0.519	0.519	1.748	1.432	1.269	1.035	0.690	0.689	0.689
29	0.510	0.664	0.344	0.342	0.342	0.341	0.341	0.691	0.954	0.456	0.455	0.454	0.453	0.453
30	0.279	0.277	0.276	0.275	0.275	0.274	0.274	0.370	0.368	0.366	0.365	0.365	0.364	0.363
31	0.212	0.209	0.207	0.206	0.204	0.203	0.202	0.280	0.277	0.274	0.272	0.271	0.269	0.268
32	0.297	0.451	0.425	0.358	0.534	0.422	0.383	0.380	0.615	0.638	0.488	0.650	0.592	0.522
33	0.338	0.338	0.338	0.339	0.339	0.339	0.339	0.459	0.460	0.460	0.460	0.460	0.461	0.461
34	0.667	0.595	0.542	0.500	0.673	0.546	0.486	0.913	0.805	0.731	0.672	0.953	0.736	0.652
35	1.484	1.176	0.982	0.836	0.718	0.620	0.537	2.090	1.597	1.326	1.124	0.963	0.830	0.718
36	1.635	1.119	0.930	0.794	0.688	0.600	0.526	2.045	1.521	1.254	1.068	0.923	0.804	0.704
37	0.886	0.887	0.887	0.888	0.888	0.889	0.889	1.184	1.184	1.185	1.186	1.186	1.187	1.187
38	0.772	0.772	0.772	0.771	0.771	0.771	0.771	1.035	1.035	1.035	1.035	1.034	1.034	1.034
39	0.227	0.225	0.224	0.222	0.221	0.220	0.219	0.301	0.298	0.296	0.294	0.293	0.291	0.290

续表

指标序号	干预强度ε=0.03							干预强度ε=0.04						
	t=1	t=2	t=3	t=4	t=5	t=6	t=7	t=1	t=2	t=3	t=4	t=5	t=6	t=7
40	1.119	1.095	1.075	1.060	1.048	1.039	1.032	1.319	1.297	1.280	1.266	1.256	1.247	1.241
41	0.811	0.797	0.781	0.764	0.745	0.724	0.697	1.024	1.011	0.996	0.980	0.962	0.941	0.915
42	0.684	0.710	0.642	0.578	0.543	0.518	0.499	0.781	0.806	0.829	0.852	0.874	0.781	0.721
43	1.603	1.603	1.603	1.602	1.602	1.602	1.601	1.816	1.815	1.815	1.815	1.814	1.814	1.814
44	1.693	1.017	1.040	1.154	0.873	0.720	0.613	1.865	1.430	1.483	1.587	1.177	0.967	0.821
45	0.449	0.911	0.629	0.831	0.565	0.653	0.517	0.610	1.250	0.863	1.093	0.763	0.899	0.696
46	0.516	0.516	0.516	0.516	0.516	0.516	0.516	0.687	0.687	0.687	0.687	0.687	0.687	0.687
47	0.377	0.360	0.341	0.323	0.309	0.299	0.292	0.471	0.452	0.430	0.409	0.391	0.378	0.369
48	1.477	1.533	1.578	1.615	1.589	1.456	1.391	1.773	1.826	1.868	1.903	1.933	1.959	1.980
49	1.311	1.243	1.209	1.296	1.918	2.055	2.114	1.926	1.756	1.703	1.780	2.395	2.832	2.793
50	0.628	0.526	0.475	0.442	0.419	0.401	0.387	0.872	0.714	0.641	0.596	0.563	0.539	0.520
51	0.593	0.591	0.591	0.590	0.590	0.589	0.589	0.780	0.778	0.777	0.776	0.776	0.775	0.775
52	0.290	0.289	0.288	0.287	0.286	0.286	0.285	0.385	0.383	0.381	0.381	0.380	0.379	0.379
53	0.970	0.592	0.502	0.454	0.422	0.399	0.382	1.348	0.813	0.681	0.613	0.568	0.537	0.513
54	0.658	0.478	0.476	0.475	0.474	0.473	0.472	0.803	0.622	0.619	0.617	0.616	0.615	0.614
55	0.220	0.218	0.216	0.214	0.213	0.212	0.212	0.291	0.288	0.286	0.284	0.283	0.281	0.280
56	0.714	0.581	0.466	0.417	0.387	0.367	0.352	0.969	0.841	0.634	0.564	0.522	0.494	0.473

续表

指标序号	干预强度 ε=0.03							干预强度 ε=0.04						
	$t=1$	$t=2$	$t=3$	$t=4$	$t=5$	$t=6$	$t=7$	$t=1$	$t=2$	$t=3$	$t=4$	$t=5$	$t=6$	$t=7$
57	1.791	1.697	2.046	1.780	1.699	1.975	1.830	2.374	2.235	2.560	2.360	2.237	2.492	2.447
58	1.608	1.585	1.723	2.286	2.620	2.864	3.065	2.217	2.177	2.300	2.851	3.175	3.408	3.601
59	0.557	0.556	0.555	0.555	0.554	0.554	0.554	0.734	0.733	0.732	0.731	0.731	0.730	0.730
60	1.459	1.312	1.237	1.477	1.317	1.240	1.197	1.963	1.741	1.635	1.856	1.756	1.639	1.579
61	1.026	1.045	1.068	1.100	1.148	1.228	1.441	1.372	1.399	1.435	1.485	1.563	1.722	1.984
62	1.270	0.635	0.634	0.633	0.633	0.633	0.633	1.477	0.841	0.840	0.840	0.839	0.839	0.839
63	0.263	0.261	0.259	0.258	0.258	0.257	0.256	0.347	0.345	0.343	0.342	0.341	0.340	0.339
64	0.752	0.575	0.509	0.470	0.444	0.425	0.409	0.956	0.797	0.693	0.637	0.600	0.572	0.551
65	0.772	0.667	0.604	0.559	0.526	0.500	0.479	1.055	0.903	0.814	0.753	0.708	0.672	0.643
66	2.667	1.509	1.031	1.030	1.029	1.029	1.028	3.240	1.830	1.352	1.350	1.350	1.349	1.349
67	1.266	0.562	0.561	0.560	0.560	0.559	0.559	1.449	0.744	0.742	0.742	0.741	0.741	0.740
68	0.861	0.721	0.643	0.591	0.553	0.523	0.499	1.186	0.978	0.869	0.796	0.744	0.703	0.670
69	0.469	0.467	0.466	0.465	0.465	0.464	0.464	0.616	0.614	0.612	0.612	0.611	0.610	0.610
70	0.294	0.292	0.291	0.291	0.290	0.290	0.289	0.389	0.387	0.386	0.385	0.384	0.384	0.383
71	0.764	0.644	0.578	0.534	0.501	0.476	0.456	1.049	0.873	0.780	0.718	0.674	0.639	0.611
72	2.566	2.812	3.053	2.942	2.994	3.032	2.646	3.439	3.770	4.050	4.015	4.229	4.046	3.726
73	3.909	4.341	4.455	4.523	4.204	3.648	3.702	4.537	5.433	5.663	5.752	5.655	5.349	5.104

续表

指标序号	干预强度 ε=0.03							干预强度 ε=0.04						
	$t=1$	$t=2$	$t=3$	$t=4$	$t=5$	$t=6$	$t=7$	$t=1$	$t=2$	$t=3$	$t=4$	$t=5$	$t=6$	$t=7$
74	0.953	0.952	0.952	0.951	0.951	0.951	0.950	1.254	1.253	1.253	1.252	1.252	1.252	1.251
75	2.447	2.392	2.269	2.351	2.281	2.083	1.985	3.493	3.273	3.300	3.200	3.287	2.938	2.791
76	4.356	4.427	4.495	4.560	4.623	4.684	4.744	6.102	6.323	6.016	5.920	5.891	5.888	5.900
77	3.171	3.055	2.902	2.606	2.476	2.555	2.655	3.957	3.862	3.734	3.468	3.379	3.513	3.698
78	0.367	0.366	0.365	0.364	0.364	0.363	0.363	0.486	0.484	0.483	0.482	0.481	0.481	0.480
79	0.766	0.660	0.597	0.554	0.521	0.495	0.474	1.051	0.895	0.807	0.746	0.701	0.666	0.637
80	1.418	1.093	0.962	0.878	0.817	0.769	0.730	1.977	1.499	1.306	1.187	1.101	1.035	0.982
81	0.980	0.829	0.746	0.689	0.646	0.612	0.584	1.361	1.125	1.008	0.928	0.869	0.822	0.784
82	0.728	0.604	0.541	0.499	0.469	0.446	0.428	1.006	0.819	0.729	0.672	0.630	0.599	0.574
83	0.261	0.390	0.109	0.110	0.112	0.114	0.117	1.297	0.426	0.145	0.147	0.150	0.153	0.157
84	1.997	1.347	1.221	1.220	1.220	1.219	1.219	2.528	1.669	1.543	1.542	1.541	1.541	1.540
85	0.683	0.557	0.497	0.458	0.431	0.411	0.395	0.949	0.755	0.670	0.617	0.580	0.552	0.530
86	0.803	0.662	0.593	0.547	0.514	0.488	0.467	1.123	0.898	0.800	0.737	0.691	0.655	0.626
87	0.846	0.693	0.619	0.570	0.535	0.507	0.484	1.186	0.940	0.835	0.768	0.718	0.680	0.650
88	0.932	1.061	0.847	0.758	0.700	0.657	0.624	1.344	1.530	1.153	1.025	0.943	0.884	0.837
89	0.765	0.645	0.579	0.535	0.503	0.478	0.458	1.053	0.874	0.781	0.721	0.676	0.642	0.614
90	0.879	0.714	0.635	0.584	0.547	0.518	0.494	1.235	0.968	0.857	0.786	0.734	0.695	0.663

续表

指标序号	干预强度 ε=0.03							干预强度 ε=0.04						
	$t=1$	$t=2$	$t=3$	$t=4$	$t=5$	$t=6$	$t=7$	$t=1$	$t=2$	$t=3$	$t=4$	$t=5$	$t=6$	$t=7$
91	0.887	0.728	0.649	0.596	0.558	0.528	0.504	1.234	0.987	0.875	0.802	0.750	0.709	0.676
92	2.260	2.199	2.124	1.990	1.947	2.002	2.063	3.034	2.936	2.818	2.634	2.528	2.483	2.435

表 F-3 干预强度 ε=0.05 和 ε=0.06 下江苏传统制造业数字化转型价值生态能级跃迁影响因素边际效应测算结果　　单位：‰

指标序号	干预强度 ε=0.05							干预强度 ε=0.06						
	$t=1$	$t=2$	$t=3$	$t=4$	$t=5$	$t=6$	$t=7$	$t=1$	$t=2$	$t=3$	$t=4$	$t=5$	$t=6$	$t=7$
1	2.270	2.059	1.849	2.203	2.216	2.198	2.376	2.660	2.658	2.272	2.589	2.708	2.643	2.777
2	2.276	1.763	1.565	1.435	1.339	1.263	1.201	2.652	2.169	1.907	1.742	1.622	1.529	1.452
3	1.024	0.862	0.996	1.004	0.849	0.782	0.737	1.167	1.060	1.159	1.347	1.033	0.947	0.891
4	1.304	1.758	1.485	1.258	1.144	1.066	1.007	1.529	2.119	1.894	1.535	1.388	1.290	1.217
5	1.193	1.003	1.002	1.001	1.001	1.000	1.000	1.389	1.198	1.197	1.196	1.196	1.195	1.195
6	3.406	3.378	3.348	3.313	3.272	3.218	3.131	3.962	3.945	3.926	3.905	3.880	3.846	3.784
7	2.792	3.122	3.101	2.542	2.283	2.113	1.986	3.275	3.819	3.613	3.152	2.788	2.570	2.409
8	1.183	1.347	0.779	0.777	0.777	0.776	0.776	1.479	1.498	0.930	0.928	0.928	0.927	0.927
9	1.048	1.337	1.070	0.955	0.885	0.834	0.794	1.286	1.534	1.312	1.159	1.071	1.008	0.959
10	0.925	0.863	0.589	0.588	0.587	0.586	0.586	1.250	0.978	0.703	0.702	0.701	0.700	0.699
11	1.020	0.990	0.643	0.642	0.641	0.641	0.640	1.356	1.115	0.768	0.767	0.766	0.765	0.765
12	0.547	0.546	0.545	0.544	0.543	0.542	0.542	0.654	0.652	0.651	0.650	0.649	0.648	0.648

续表

指标序号	干预强度 ε=0.05							干预强度 ε=0.06						
	$t=1$	$t=2$	$t=3$	$t=4$	$t=5$	$t=6$	$t=7$	$t=1$	$t=2$	$t=3$	$t=4$	$t=5$	$t=6$	$t=7$
13	1.147	1.146	1.146	1.145	1.145	1.144	1.144	1.369	1.367	1.367	1.366	1.366	1.365	1.365
14	1.633	1.658	1.691	1.738	1.814	1.981	2.210	1.955	1.987	2.030	2.094	2.204	2.583	2.467
15	1.877	1.927	2.008	2.180	2.446	2.105	1.498	2.252	2.320	2.437	2.808	2.732	2.391	1.784
16	1.598	1.787	1.674	2.274	2.277	1.811	1.623	1.852	2.023	2.005	2.554	2.705	2.253	1.986
17	0.725	0.802	0.862	0.558	0.557	0.556	0.555	0.872	0.985	0.971	0.666	0.664	0.663	0.662
18	0.596	0.518	0.470	0.449	0.563	0.692	0.774	0.675	0.675	0.578	0.547	0.656	0.782	0.862
19	0.679	0.620	0.587	0.565	0.626	0.681	0.710	0.913	0.766	0.719	0.689	0.745	0.796	0.823
20	0.886	0.873	0.709	0.645	0.604	0.575	0.605	1.052	1.101	0.871	0.786	0.733	0.696	0.721
21	1.096	1.113	1.370	1.363	1.190	1.269	1.485	1.257	1.324	1.557	1.620	1.451	1.498	1.702
22	0.905	0.810	0.757	0.719	0.690	0.666	0.646	1.195	1.008	0.930	0.879	0.841	0.810	0.785
23	0.327	0.323	0.320	0.317	0.315	0.313	0.312	0.390	0.385	0.381	0.378	0.376	0.374	0.372
24	1.032	1.203	1.461	1.691	1.732	1.761	1.696	1.281	1.450	1.710	1.980	2.059	2.249	2.073
25	1.736	1.314	1.149	1.054	0.987	0.936	1.185	1.999	1.662	1.412	1.285	1.200	1.136	1.374
26	0.535	0.534	0.533	0.532	0.531	0.531	0.530	0.640	0.638	0.637	0.636	0.635	0.635	0.634
27	0.362	0.359	0.356	0.355	0.353	0.352	0.351	0.432	0.428	0.426	0.424	0.422	0.420	0.419
28	2.173	1.602	1.439	1.204	0.860	0.859	0.858	2.342	1.771	1.607	1.373	1.028	1.027	1.026
29	0.881	1.066	0.568	0.566	0.565	0.565	0.564	1.090	1.178	0.679	0.677	0.676	0.675	0.675

续表

指标序号	干预强度 ε=0.05							干预强度 ε=0.06						
	$t=1$	$t=2$	$t=3$	$t=4$	$t=5$	$t=6$	$t=7$	$t=1$	$t=2$	$t=3$	$t=4$	$t=5$	$t=6$	$t=7$
30	0.460	0.457	0.456	0.455	0.454	0.453	0.452	0.550	0.546	0.544	0.543	0.542	0.541	0.540
31	0.348	0.344	0.341	0.338	0.336	0.334	0.333	0.415	0.410	0.406	0.403	0.401	0.399	0.397
32	0.465	0.757	0.782	0.627	0.770	0.817	0.671	0.552	0.838	0.903	0.780	0.896	0.933	0.839
33	0.587	0.587	0.588	0.588	0.589	0.589	0.590	0.722	0.723	0.724	0.724	0.725	0.726	0.726
34	1.179	1.023	0.924	0.847	1.286	0.932	0.822	1.487	1.250	1.122	1.025	1.450	1.134	0.994
35	2.767	2.038	1.678	1.417	1.211	1.042	0.901	3.264	2.501	2.040	1.715	1.462	1.256	1.085
36	2.479	1.945	1.586	1.346	1.160	1.009	0.883	2.942	2.394	1.928	1.629	1.401	1.216	1.063
37	1.482	1.483	1.484	1.485	1.486	1.487	1.487	1.784	1.785	1.786	1.787	1.788	1.789	1.790
38	1.303	1.303	1.303	1.302	1.302	1.302	1.301	1.577	1.576	1.576	1.575	1.575	1.575	1.574
39	0.373	0.370	0.368	0.365	0.363	0.361	0.360	0.445	0.441	0.438	0.435	0.433	0.431	0.429
40	1.530	1.512	1.497	1.485	1.476	1.469	1.464	1.756	1.742	1.731	1.722	1.715	1.710	1.706
41	1.250	1.237	1.223	1.208	1.191	1.171	1.146	1.491	1.480	1.467	1.453	1.438	1.419	1.396
42	0.879	0.903	0.926	0.949	0.970	0.990	1.010	0.978	1.002	1.025	1.046	1.067	1.087	1.107
43	2.036	2.035	2.035	2.035	2.034	2.034	2.034	2.265	2.264	2.264	2.264	2.263	2.263	2.263
44	2.046	1.938	1.947	2.062	1.491	1.218	1.032	2.239	2.540	2.253	2.613	1.813	1.473	1.245
45	0.779	1.394	1.119	1.281	0.969	1.185	0.877	0.959	1.542	1.415	1.474	1.182	1.512	1.062
46	0.859	0.859	0.859	0.859	0.859	0.859	0.859	1.031	1.031	1.031	1.031	1.031	1.031	1.031

续表

指标序号	干预强度 ε=0.05							干预强度 ε=0.06						
	t=1	t=2	t=3	t=4	t=5	t=6	t=7	t=1	t=2	t=3	t=4	t=5	t=6	t=7
47	0.557	0.537	0.514	0.489	0.468	0.452	0.441	0.638	0.617	0.592	0.565	0.541	0.522	0.509
48	2.077	2.125	2.164	2.197	2.224	2.248	2.268	2.393	2.435	2.469	2.498	2.523	2.544	2.562
49	2.375	2.229	2.144	2.206	2.814	3.338	3.573	2.880	2.863	2.694	2.738	3.335	3.853	4.350
50	1.175	0.910	0.812	0.752	0.711	0.679	0.655	1.449	1.116	0.989	0.913	0.861	0.822	0.792
51	0.963	0.961	0.959	0.958	0.958	0.957	0.957	1.142	1.139	1.137	1.136	1.135	1.135	1.134
52	0.479	0.476	0.474	0.473	0.472	0.471	0.471	0.571	0.568	0.566	0.565	0.564	0.563	0.562
53	1.721	1.052	0.867	0.776	0.718	0.677	0.647	1.814	1.318	1.061	0.944	0.871	0.820	0.782
54	0.935	0.753	0.750	0.748	0.746	0.745	0.744	1.060	0.877	0.873	0.871	0.869	0.867	0.866
55	0.362	0.358	0.355	0.353	0.351	0.350	0.348	0.431	0.426	0.423	0.421	0.419	0.417	0.415
56	1.204	1.086	0.813	0.715	0.660	0.623	0.597	1.297	1.287	1.004	0.873	0.802	0.756	0.723
57	3.064	2.863	3.161	3.052	2.864	3.095	3.272	3.854	3.547	3.813	3.939	3.547	3.749	3.910
58	2.938	2.850	2.941	3.468	3.773	3.990	4.170	3.708	3.711	3.873	4.224	4.464	4.644	4.796
59	0.908	0.906	0.905	0.904	0.904	0.903	0.903	1.078	1.076	1.075	1.074	1.073	1.072	1.072
60	2.484	2.158	2.017	2.217	2.201	2.023	1.942	3.183	2.654	2.471	2.649	2.831	2.676	2.377
61	1.722	1.759	1.810	1.886	2.019	2.424	2.237	2.076	2.127	2.200	2.317	2.614	2.482	2.488
62	1.682	1.045	1.044	1.043	1.043	1.042	1.042	1.884	1.247	1.245	1.245	1.244	1.244	1.243
63	0.431	0.428	0.426	0.424	0.423	0.422	0.421	0.513	0.510	0.507	0.506	0.504	0.503	0.502

续表

指标序号	干预强度 ε=0.05							干预强度 ε=0.06						
	t=1	t=2	t=3	t=4	t=5	t=6	t=7	t=1	t=2	t=3	t=4	t=5	t=6	t=7
64	1.204	1.068	0.887	0.810	0.760	0.724	0.697	1.443	1.325	1.096	0.991	0.926	0.880	0.845
65	1.356	1.148	1.031	0.951	0.892	0.846	0.809	1.682	1.403	1.253	1.153	1.080	1.023	0.978
66	3.553	2.142	1.663	1.662	1.661	1.660	1.660	3.857	2.445	1.966	1.965	1.964	1.963	1.963
67	1.629	0.924	0.922	0.921	0.920	0.920	0.919	1.807	1.101	1.099	1.098	1.097	1.096	1.096
68	1.543	1.247	1.101	1.006	0.938	0.886	0.844	1.953	1.529	1.340	1.221	1.136	1.072	1.020
69	0.760	0.757	0.755	0.754	0.753	0.753	0.752	0.900	0.897	0.895	0.894	0.893	0.892	0.891
70	0.484	0.481	0.480	0.478	0.477	0.477	0.476	0.577	0.574	0.572	0.571	0.569	0.568	0.568
71	1.359	1.111	0.987	0.907	0.849	0.805	0.769	1.708	1.359	1.200	1.100	1.028	0.973	0.929
72	4.228	4.698	4.793	5.180	5.078	4.961	4.826	5.380	5.664	5.840	6.314	6.243	6.307	5.974
73	5.183	6.059	6.678	6.864	7.008	6.741	6.798	5.857	6.706	7.304	7.783	8.037	8.043	8.114
74	1.549	1.548	1.547	1.547	1.546	1.546	1.545	1.837	1.836	1.835	1.834	1.834	1.833	1.833
75	4.548	4.144	4.054	4.015	4.028	3.759	3.540	5.359	5.151	4.791	4.878	4.742	4.714	4.262
76	6.723	6.942	7.142	7.326	7.500	7.664	7.709	7.349	7.566	7.763	7.945	8.116	8.279	8.433
77	4.769	4.702	4.608	4.390	4.367	4.617	5.138	5.619	5.592	5.554	5.422	5.585	5.983	6.302
78	0.603	0.601	0.599	0.598	0.597	0.597	0.596	0.718	0.715	0.714	0.713	0.712	0.711	0.710
79	1.361	1.141	1.022	0.943	0.884	0.839	0.802	1.707	1.398	1.245	1.144	1.071	1.015	0.970
80	2.487	1.941	1.665	1.505	1.393	1.307	1.238	2.940	2.445	2.042	1.834	1.692	1.585	1.499

续表

指标序号	干预强度 ε=0.05							干预强度 ε=0.06						
	$t=1$	$t=2$	$t=3$	$t=4$	$t=5$	$t=6$	$t=7$	$t=1$	$t=2$	$t=3$	$t=4$	$t=5$	$t=6$	$t=7$
81	1.891	1.433	1.276	1.173	1.096	1.036	0.987	2.204	1.757	1.553	1.423	1.327	1.253	1.193
82	1.323	1.042	0.923	0.848	0.794	0.754	0.722	1.725	1.276	1.122	1.028	0.961	0.911	0.872
83	1.333	0.463	0.183	0.185	0.189	0.193	0.198	1.369	0.500	0.220	0.224	0.229	0.234	0.240
84	2.934	1.970	1.843	1.842	1.841	1.841	1.840	3.219	2.254	2.127	2.126	2.125	2.124	2.124
85	1.270	0.962	0.848	0.779	0.731	0.694	0.666	1.595	1.178	1.031	0.944	0.884	0.839	0.805
86	1.535	1.144	1.013	0.930	0.870	0.824	0.788	1.786	1.402	1.231	1.127	1.053	0.997	0.952
87	1.613	1.197	1.057	0.969	0.905	0.857	0.817	1.882	1.468	1.285	1.174	1.095	1.035	0.987
88	1.722	1.819	1.476	1.299	1.192	1.115	1.055	1.993	2.127	1.826	1.583	1.446	1.350	1.276
89	1.368	1.111	0.989	0.909	0.852	0.808	0.772	1.754	1.359	1.201	1.102	1.031	0.976	0.933
90	1.677	1.234	1.084	0.992	0.925	0.874	0.833	1.961	1.512	1.318	1.202	1.119	1.056	1.006
91	1.674	1.257	1.107	1.013	0.945	0.892	0.850	2.038	1.540	1.346	1.227	1.143	1.078	1.027
92	3.416	3.335	3.239	3.084	3.022	3.070	3.075	4.030	3.905	3.760	3.546	3.409	3.332	3.248

表 F-4 干预强度 ε=0.07 和 ε=0.08 下江苏传统制造业数字化转型价值生态能级跃迁影响因素边际效应测算结果　单位:‰

指标序号	干预强度 ε=0.07							干预强度 ε=0.08						
	$t=1$	$t=2$	$t=3$	$t=4$	$t=5$	$t=6$	$t=7$	$t=1$	$t=2$	$t=3$	$t=4$	$t=5$	$t=6$	$t=7$
1	3.343	3.390	2.998	3.266	3.359	3.405	3.470	3.863	3.873	3.584	3.779	3.841	4.166	4.002
2	3.054	2.608	2.262	2.058	1.912	1.799	1.707	3.490	3.123	2.632	2.383	2.208	2.074	1.966

续表

指标序号	干预强度 ε=0.07							干预强度 ε=0.08						
	$t=1$	$t=2$	$t=3$	$t=4$	$t=5$	$t=6$	$t=7$	$t=1$	$t=2$	$t=3$	$t=4$	$t=5$	$t=6$	$t=7$
3	1.312	1.281	1.325	1.499	1.225	1.115	1.047	1.460	1.611	1.497	1.653	1.428	1.288	1.206
4	1.760	2.326	2.287	1.825	1.639	1.519	1.431	1.999	2.537	2.569	2.132	1.896	1.753	1.648
5	1.583	1.392	1.391	1.390	1.389	1.389	1.388	1.775	1.584	1.583	1.582	1.581	1.581	1.580
6	4.535	4.532	4.529	4.528	4.527	4.526	4.513	5.134	5.149	5.171	5.202	5.249	5.338	5.446
7	3.782	4.262	4.167	3.896	3.319	3.041	2.843	4.321	4.723	4.814	4.555	3.883	3.530	3.289
8	1.907	1.648	1.080	1.078	1.077	1.077	1.076	2.056	1.797	1.229	1.226	1.225	1.225	1.224
9	1.542	1.738	1.576	1.369	1.261	1.184	1.126	1.833	1.948	1.894	1.587	1.455	1.364	1.295
10	1.389	1.091	0.816	0.815	0.813	0.813	0.812	1.502	1.203	0.928	0.926	0.925	0.924	0.923
11	1.541	1.239	0.892	0.890	0.889	0.889	0.888	1.664	1.362	1.015	1.013	1.012	1.011	1.010
12	0.759	0.757	0.756	0.755	0.754	0.753	0.752	0.864	0.862	0.860	0.859	0.858	0.857	0.856
13	1.588	1.586	1.585	1.585	1.584	1.584	1.583	1.804	1.803	1.802	1.801	1.800	1.800	1.799
14	2.277	2.317	2.372	2.457	2.623	2.956	2.721	2.599	2.648	2.719	2.834	3.125	3.207	2.971
15	2.630	2.721	2.897	3.260	3.015	2.673	2.066	3.013	3.137	3.446	3.539	3.293	2.951	2.345
16	2.113	2.265	2.385	2.847	3.171	2.792	2.368	2.383	2.512	2.860	3.156	3.443	3.315	2.778
17	1.022	1.203	1.078	0.773	0.771	0.770	0.769	1.174	1.455	1.183	0.878	0.876	0.875	0.874
18	0.756	0.795	0.696	0.650	0.752	0.874	0.952	0.838	0.873	0.851	0.760	0.853	0.970	1.045
19	1.029	0.933	0.860	0.819	0.869	0.916	0.939	1.149	1.145	1.015	0.958	0.998	1.039	1.058

续表

指标序号	干预强度 ε=0.07							干预强度 ε=0.08						
	t=1	t=2	t=3	t=4	t=5	t=6	t=7	t=1	t=2	t=3	t=4	t=5	t=6	t=7
20	1.275	1.238	1.047	0.932	0.867	0.821	0.840	1.594	1.539	1.402	1.243	1.162	1.107	1.119
21	1.515	1.697	1.845	1.961	1.887	1.835	2.022	1.710	1.892	2.077	2.179	2.162	2.126	2.286
22	1.334	1.256	1.117	1.047	0.998	0.959	0.928	1.480	1.489	1.331	1.227	1.162	1.114	1.075
23	0.452	0.446	0.442	0.439	0.436	0.434	0.431	0.513	0.507	0.503	0.499	0.496	0.493	0.490
24	1.534	1.703	1.962	2.293	2.452	2.566	2.509	1.825	1.992	2.250	2.668	2.780	2.934	3.003
25	2.166	2.147	1.695	1.527	1.419	1.340	1.567	2.337	2.550	2.007	1.781	1.646	1.550	1.765
26	0.744	0.742	0.741	0.740	0.739	0.738	0.737	0.847	0.845	0.844	0.842	0.841	0.841	0.840
27	0.501	0.497	0.494	0.492	0.490	0.488	0.486	0.570	0.565	0.562	0.559	0.557	0.555	0.553
28	2.509	1.938	1.775	1.540	1.195	1.194	1.193	2.675	2.104	1.941	1.706	1.361	1.360	1.359
29	1.348	1.288	0.789	0.787	0.786	0.785	0.784	1.631	1.398	0.899	0.896	0.895	0.894	0.893
30	0.638	0.634	0.632	0.631	0.629	0.628	0.627	0.726	0.722	0.719	0.717	0.716	0.715	0.714
31	0.480	0.475	0.471	0.467	0.464	0.462	0.460	0.545	0.539	0.535	0.531	0.528	0.525	0.522
32	0.641	0.920	1.041	0.979	1.028	1.051	1.068	0.733	1.003	1.236	1.142	1.170	1.175	1.184
33	0.869	0.870	0.871	0.871	0.872	0.873	0.874	1.032	1.033	1.035	1.036	1.037	1.039	1.040
34	1.853	1.489	1.326	1.207	1.616	1.344	1.168	2.053	1.744	1.536	1.394	1.784	1.565	1.347
35	3.800	2.993	2.413	2.019	1.716	1.472	1.270	4.391	3.526	2.797	2.329	1.974	1.690	1.456
36	3.445	2.885	2.280	1.917	1.644	1.426	1.244	4.007	3.487	2.643	2.210	1.891	1.637	1.427

续表

指标序号	干预强度 ε=0.07							干预强度 ε=0.08						
	t=1	t=2	t=3	t=4	t=5	t=6	t=7	t=1	t=2	t=3	t=4	t=5	t=6	t=7
37	2.088	2.089	2.090	2.092	2.093	2.094	2.096	2.396	2.398	2.399	2.401	2.402	2.404	2.405
38	1.858	1.857	1.857	1.856	1.856	1.855	1.855	2.149	2.149	2.148	2.147	2.146	2.146	2.145
39	0.515	0.511	0.508	0.505	0.502	0.500	0.497	0.585	0.581	0.577	0.573	0.570	0.567	0.565
40	2.002	1.995	1.990	1.986	1.983	1.981	1.980	2.284	2.291	2.299	2.308	2.317	2.326	2.334
41	1.756	1.747	1.737	1.725	1.712	1.696	1.675	2.068	2.064	2.059	2.054	2.048	2.040	2.028
42	1.080	1.103	1.125	1.146	1.166	1.186	1.205	1.184	1.206	1.228	1.248	1.267	1.286	1.304
43	2.504	2.504	2.503	2.503	2.503	2.502	2.502	2.756	2.755	2.755	2.755	2.755	2.754	2.754
44	2.448	3.068	2.579	3.456	2.145	1.733	1.460	2.680	3.391	2.930	3.782	2.489	1.997	1.678
45	1.154	1.696	1.799	1.676	1.406	1.688	1.252	1.376	1.855	2.032	1.886	1.644	1.868	1.446
46	1.206	1.206	1.206	1.205	1.205	1.205	1.205	1.383	1.383	1.383	1.383	1.383	1.383	1.383
47	0.715	0.693	0.666	0.637	0.610	0.589	0.573	0.788	0.765	0.737	0.706	0.677	0.653	0.635
48	2.733	2.763	2.789	2.812	2.832	2.850	2.865	3.154	3.134	3.140	3.150	3.161	3.172	3.183
49	3.312	3.357	3.186	3.199	3.782	4.292	4.857	3.703	3.736	3.687	3.624	4.188	4.688	5.246
50	1.679	1.337	1.172	1.078	1.014	0.967	0.931	2.010	1.578	1.362	1.247	1.171	1.115	1.072
51	1.316	1.314	1.312	1.311	1.310	1.309	1.308	1.488	1.485	1.483	1.481	1.480	1.479	1.478
52	0.663	0.659	0.657	0.656	0.654	0.653	0.653	0.754	0.750	0.747	0.746	0.744	0.743	0.742
53	1.908	1.633	1.266	1.117	1.027	0.966	0.920	2.003	2.043	1.483	1.297	1.188	1.115	1.061

续表

指标序号	干预强度 ε=0.07							干预强度 ε=0.08						
	$t=1$	$t=2$	$t=3$	$t=4$	$t=5$	$t=6$	$t=7$	$t=1$	$t=2$	$t=3$	$t=4$	$t=5$	$t=6$	$t=7$
54	1.178	0.995	0.990	0.988	0.985	0.984	0.982	1.292	1.108	1.103	1.100	1.097	1.095	1.094
55	0.499	0.494	0.491	0.488	0.485	0.483	0.482	0.567	0.561	0.557	0.554	0.551	0.549	0.547
56	1.376	1.534	1.214	1.038	0.949	0.892	0.851	1.455	1.811	1.472	1.211	1.100	1.031	0.983
57	4.590	4.158	4.385	4.490	4.158	4.323	4.464	5.137	4.754	4.932	5.013	4.758	4.872	4.991
58	4.223	4.208	4.357	4.933	5.282	5.540	5.613	4.914	4.804	4.909	5.457	5.785	6.028	6.232
59	1.245	1.243	1.241	1.240	1.239	1.239	1.238	1.409	1.407	1.405	1.404	1.403	1.402	1.401
60	3.890	3.235	3.003	3.155	3.322	3.020	2.887	4.548	3.755	3.463	3.587	3.737	3.492	3.322
61	2.437	2.507	2.613	2.820	3.084	2.924	2.736	2.808	2.906	3.073	3.471	3.330	3.170	2.982
62	2.083	1.447	1.445	1.444	1.443	1.443	1.442	2.281	1.644	1.642	1.641	1.640	1.640	1.639
63	0.595	0.591	0.588	0.586	0.584	0.582	0.581	0.675	0.670	0.667	0.665	0.663	0.661	0.660
64	1.622	1.532	1.330	1.181	1.098	1.041	0.998	1.826	1.789	1.648	1.384	1.277	1.207	1.155
65	2.043	1.669	1.482	1.360	1.272	1.204	1.149	2.473	1.949	1.718	1.572	1.467	1.387	1.323
66	4.153	2.741	2.262	2.260	2.259	2.258	2.257	4.441	3.029	2.550	2.548	2.547	2.546	2.545
67	1.982	1.276	1.274	1.272	1.272	1.271	1.270	2.155	1.449	1.446	1.445	1.444	1.443	1.443
68	2.493	1.827	1.588	1.441	1.338	1.261	1.199	2.964	2.146	1.845	1.668	1.545	1.453	1.381
69	1.037	1.034	1.032	1.030	1.029	1.028	1.027	1.171	1.168	1.165	1.163	1.162	1.161	1.160
70	0.669	0.666	0.663	0.662	0.660	0.659	0.658	0.760	0.756	0.754	0.752	0.750	0.749	0.748

续表

指标序号	干预强度 ε=0.07							干预强度 ε=0.08						
	$t=1$	$t=2$	$t=3$	$t=4$	$t=5$	$t=6$	$t=7$	$t=1$	$t=2$	$t=3$	$t=4$	$t=5$	$t=6$	$t=7$
71	2.193	1.620	1.420	1.297	1.210	1.144	1.092	2.541	1.897	1.647	1.499	1.396	1.318	1.257
72	6.233	6.481	6.834	7.097	7.417	7.197	6.929	6.777	7.392	7.532	7.873	8.348	8.093	8.019
73	6.583	7.385	7.953	8.410	8.810	9.171	9.356	7.470	8.125	8.638	9.062	9.438	9.781	10.413
74	2.119	2.118	2.117	2.116	2.115	2.115	2.114	2.396	2.394	2.393	2.392	2.391	2.391	2.390
75	6.252	6.201	5.793	5.910	5.707	5.619	5.236	7.050	7.259	6.706	6.673	6.549	6.367	6.098
76	7.984	8.197	8.391	8.570	8.739	8.898	9.050	8.630	8.839	9.029	9.205	9.370	9.526	9.675
77	6.530	6.571	6.651	6.845	6.880	7.021	6.947	7.554	7.790	8.000	7.991	7.728	7.691	7.767
78	0.831	0.829	0.827	0.825	0.824	0.823	0.823	0.943	0.941	0.938	0.937	0.936	0.935	0.934
79	2.131	1.670	1.475	1.351	1.263	1.194	1.140	2.620	1.961	1.715	1.564	1.458	1.377	1.313
80	3.312	3.060	2.441	2.176	2.000	1.869	1.765	3.749	3.520	2.872	2.531	2.317	2.160	2.037
81	2.527	2.102	1.839	1.679	1.563	1.474	1.402	2.872	2.480	2.136	1.941	1.804	1.698	1.614
82	1.998	1.522	1.327	1.212	1.131	1.071	1.024	2.353	1.786	1.539	1.400	1.305	1.234	1.178
83	1.406	0.538	0.259	0.263	0.269	0.275	0.282	1.444	0.575	0.297	0.303	0.309	0.317	0.326
84	3.490	2.526	2.398	2.397	2.396	2.395	2.394	3.751	2.786	2.658	2.657	2.655	2.654	2.654
85	1.862	1.408	1.220	1.113	1.040	0.987	0.945	2.214	1.654	1.415	1.286	1.200	1.136	1.087
86	2.056	1.676	1.457	1.329	1.239	1.172	1.118	2.360	1.975	1.690	1.536	1.429	1.349	1.286
87	2.179	1.755	1.520	1.384	1.289	1.217	1.159	2.585	2.069	1.764	1.599	1.486	1.401	1.334

续表

指标序号	干预强度 ε=0.07							干预强度 ε=0.08						
	t=1	t=2	t=3	t=4	t=5	t=6	t=7	t=1	t=2	t=3	t=4	t=5	t=6	t=7
88	2.284	2.464	2.232	1.878	1.708	1.590	1.500	2.607	2.879	2.679	2.188	1.976	1.835	1.729
89	2.118	1.618	1.421	1.299	1.213	1.147	1.095	2.431	1.894	1.647	1.501	1.398	1.321	1.260
90	2.280	1.809	1.559	1.416	1.317	1.241	1.181	2.717	2.132	1.809	1.636	1.518	1.429	1.359
91	2.366	1.839	1.592	1.446	1.344	1.267	1.205	2.832	2.162	1.846	1.671	1.550	1.459	1.386
92	4.204	4.081	3.939	3.727	3.593	3.518	3.437	4.396	4.276	4.137	3.930	3.800	3.730	3.654

表 F-5　干预强度 ε=0.09 和 ε=0.10 下江苏传统制造业数字化转型价值生态能级跃迁影响因素边际效应测算结果　　单位：‰

指标序号	干预强度 ε=0.09							干预强度 ε=0.10						
	t=1	t=2	t=3	t=4	t=5	t=6	t=7	t=1	t=2	t=3	t=4	t=5	t=6	t=7
1	4.419	4.386	4.371	4.327	4.351	4.654	4.576	5.174	5.088	5.042	5.076	5.049	5.326	5.372
2	3.980	3.656	3.022	2.718	2.511	2.355	2.230	4.600	4.039	3.437	3.065	2.822	2.642	2.498
3	1.610	1.751	1.676	1.810	1.648	1.465	1.367	1.762	1.892	1.863	1.970	1.913	1.648	1.532
4	2.247	2.754	2.891	2.465	2.163	1.992	1.869	2.506	2.976	3.296	2.856	2.440	2.236	2.094
5	1.966	1.775	1.774	1.773	1.772	1.771	1.771	2.155	1.964	1.963	1.962	1.961	1.960	1.960
6	5.770	5.818	5.886	6.003	6.182	6.165	6.275	6.479	6.610	6.819	6.833	6.988	6.879	6.710
7	4.902	5.205	5.498	5.070	4.500	4.039	3.748	5.542	5.713	5.941	5.628	5.292	4.573	4.223
8	2.204	1.944	1.376	1.374	1.372	1.372	1.371	2.350	2.090	1.522	1.519	1.518	1.517	1.516
9	2.214	2.166	2.196	1.813	1.653	1.547	1.467	2.424	2.395	2.391	2.050	1.856	1.733	1.641

续表

指标序号	干预强度 ε=0.09							干预强度 ε=0.10						
	$t=1$	$t=2$	$t=3$	$t=4$	$t=5$	$t=6$	$t=7$	$t=1$	$t=2$	$t=3$	$t=4$	$t=5$	$t=6$	$t=7$
10	1.613	1.314	1.039	1.037	1.036	1.035	1.034	1.724	1.424	1.149	1.147	1.145	1.144	1.143
11	1.786	1.484	1.136	1.134	1.133	1.132	1.132	1.907	1.605	1.257	1.255	1.254	1.253	1.252
12	0.968	0.965	0.963	0.962	0.961	0.960	0.959	1.071	1.068	1.066	1.064	1.063	1.062	1.061
13	2.018	2.017	2.016	2.015	2.014	2.013	2.013	2.230	2.228	2.227	2.226	2.226	2.225	2.225
14	2.921	2.982	3.073	3.235	3.646	3.455	3.219	3.245	3.321	3.438	3.693	3.891	3.699	3.463
15	3.404	3.579	4.015	3.813	3.567	3.226	2.619	3.807	4.086	4.286	4.084	3.838	3.497	2.890
16	2.663	2.767	3.096	3.491	3.725	3.777	3.234	2.952	3.029	3.339	3.884	4.020	4.183	3.892
17	1.330	1.561	1.288	0.983	0.980	0.979	0.978	1.493	1.665	1.392	1.086	1.084	1.082	1.081
18	0.923	0.953	0.974	0.884	0.959	1.069	1.140	1.011	1.035	1.053	1.067	1.076	1.175	1.240
19	1.273	1.262	1.220	1.108	1.136	1.169	1.183	1.405	1.383	1.370	1.288	1.284	1.307	1.314
20	1.771	1.764	1.752	1.473	1.373	1.308	1.312	1.933	1.994	1.940	1.698	1.572	1.495	1.491
21	1.970	2.150	2.388	2.464	2.535	2.539	2.624	2.201	2.378	2.724	2.726	2.787	2.873	2.951
22	1.633	1.631	1.634	1.426	1.337	1.275	1.228	1.796	1.779	1.773	1.671	1.526	1.446	1.387
23	0.574	0.567	0.562	0.558	0.554	0.551	0.549	0.634	0.627	0.621	0.617	0.613	0.609	0.606
24	2.084	2.249	2.507	2.925	3.090	3.332	3.326	2.311	2.474	2.730	3.148	3.419	3.595	3.634
25	2.513	2.714	2.382	2.051	1.882	1.767	1.967	2.695	2.882	2.833	2.343	2.129	1.990	2.175
26	0.950	0.947	0.946	0.944	0.943	0.942	0.942	1.051	1.049	1.047	1.046	1.045	1.044	1.043

续表

指标序号	干预强度 ε=0.09							干预强度 ε=0.10						
	$t=1$	$t=2$	$t=3$	$t=4$	$t=5$	$t=6$	$t=7$	$t=1$	$t=2$	$t=3$	$t=4$	$t=5$	$t=6$	$t=7$
27	0.638	0.633	0.629	0.626	0.624	0.622	0.620	0.705	0.700	0.696	0.693	0.690	0.688	0.686
28	2.841	2.269	2.106	1.871	1.526	1.524	1.524	3.005	2.433	2.270	2.035	1.689	1.688	1.687
29	1.741	1.507	1.007	1.005	1.003	1.002	1.001	1.849	1.615	1.115	1.113	1.111	1.110	1.109
30	0.812	0.808	0.806	0.804	0.802	0.801	0.800	0.898	0.894	0.891	0.889	0.887	0.886	0.885
31	0.609	0.603	0.598	0.593	0.590	0.587	0.584	0.673	0.666	0.660	0.656	0.652	0.648	0.645
32	0.828	1.088	1.317	1.262	1.331	1.305	1.303	0.928	1.175	1.399	1.398	1.562	1.443	1.426
33	1.228	1.230	1.232	1.234	1.237	1.239	1.242	1.520	1.520	1.519	1.519	1.519	1.519	1.519
34	2.260	2.028	1.754	1.584	1.955	1.804	1.528	2.475	2.454	1.982	1.779	2.130	2.079	1.714
35	5.067	4.136	3.195	2.645	2.236	1.911	1.644	5.977	4.806	3.608	2.969	2.501	2.133	1.833
36	4.717	3.997	3.018	2.510	2.141	1.850	1.611	5.374	4.423	3.409	2.816	2.395	2.066	1.797
37	2.709	2.711	2.713	2.715	2.717	2.719	2.721	3.029	3.032	3.034	3.036	3.039	3.041	3.043
38	2.458	2.457	2.456	2.455	2.453	2.452	2.452	2.801	2.799	2.797	2.795	2.793	2.792	2.790
39	0.654	0.649	0.645	0.641	0.638	0.635	0.632	0.722	0.717	0.712	0.708	0.704	0.701	0.698
40	2.672	2.782	2.754	2.732	2.714	2.701	2.691	2.971	2.936	2.909	2.887	2.871	2.858	2.848
41	4.000	3.983	3.965	3.946	3.925	3.901	3.872	5.314	5.297	5.280	5.261	5.241	5.218	5.189
42	1.291	1.312	1.332	1.352	1.370	1.388	1.406	1.400	1.420	1.440	1.458	1.476	1.493	1.509
43	3.023	3.023	3.022	3.022	3.022	3.022	3.021	3.309	3.309	3.309	3.309	3.309	3.308	3.308

后　记

　　本书是在制造大省江苏省"智改数转"不断深化的实践背景下,研究江苏传统制造业数字化转型及价值生态构建机制的初步尝试。该研究得到江苏省软科学项目(项目编号:BR2021052)、国家自然科学基金项目(项目编号:42277493),以及优势学科建设经费项目的支持,在此表示感谢。另外,本专著也是王文平教授指导的博士研究生赵荧梅、硕士研究生赵健、杨灵研、陶李萍等组成的项目研究团队共同努力的成果,在此谨向所有为研究团队提供帮助的组织和朋友们表示衷心感谢,同时,特别感谢东南大学出版社罗杰编辑对本书付出的辛勤劳动。

　　书中错误和不足之处,欢迎同行和广大读者批评指正。